Les Cahiers de la Villa Gillet

Publié avec le concours du Centre National du Livre

Photo de couverture : David Anemian
Dépôt légal : III-98

Sommaire

« LA VOIX, DE L'INTIMITÉ À L'ESPACE PUBLIC »

« LE SUJET AUX PRISES AVEC L'HISTOIRE »

Les Cahiers de la Villa Gillet

revue semestrielle éditée
par la Villa Gillet et les éditions Circé

Directeur de la publication : Michel Cusin
Rédacteur en chef : Guy Walter
Secrétaire de rédaction : Dorothée Burillon
Rédaction : Villa Gillet, 25 rue Chazière, 69004 Lyon

ISBN : 2-84242-048-9 • ISSN : 1254-8073

L'Unité de Recherches Contemporaines de la Villa Gillet est un centre d'analyse et de diffusion de la pensée et des arts contemporains créé et subventionné par la Région Rhône-Alpes.

Elle a pour vocation d'ouvrir des perspectives transdisciplinaires sur les cultures contemporaines : littérature, philosophie, sciences humaines, arts visuels, arts vivants, musique contemporaine...
Pour cela, toutes sortes de manifestations publiques sont organisées : séminaires, conférences, colloques, expositions, spectacles, lectures, rencontres-débats...

Le séminaire « La voix : de l'intimité à l'espace public » s'est tenu d'octobre 1996 à avril 1997 à la Villa Gillet. Il a rassemblé Florence Dupont, Ludovic Janvier, Jean-François Laé, Jean-Pierre Martin, Michel Poizat, Denis Vasse.

Le colloque « Le sujet aux prises avec l'histoire » s'est déroulé les 29 et 30 novembre 1996 à la Villa Gillet sous la direction scientifique de Claude Burgelin, Geneviève Mouillaud-Fraisse et Jacques Hassoun. Il a réuni Georges Bensoussan, Claude Burgelin, Olivier Douville, Jacques Hassoun, Leslie Kaplan, Geneviève Mouillaud-Fraisse, Anne Roche, Habib Tengour et Françoise Vergès.

Les articles paraissant dans cette revue sont des *inédits*. Ils reprennent les communications aux séminaires et colloques organisés par la Villa Gillet.

Jean-François Laé
Voix, mémoire et intimité : l'homme à la rue.

Les hommes de cendres tremblent : on les dirait toujours prêts à s'effriter (...) La peur ne les quitte jamais : elle est née avec eux, ils sont nés d'elle, habitués sans doute à la souffrir, mais ils croient mourir quand ils la voient, note Joë Bousquet[1] dans son bestiaire des vies précaires d'après-guerre à Carcassonne. Cette toile de peur tissée au ventre, je l'ai toujours perçue au long de mes enquêtes menées sur les réseaux économiques souterrains, la pauvreté économique, le travail au noir, ou avec l'homme à la rue. La vulnérabilité existentielle et économique est toute faite de peurs. Enquêter consiste alors à partager une part de celles-ci, par un effet buvard, mais cette perception est aussi sans aucun doute le reflet de ma propre trouille, tant il est vrai que toute enquête est un moment de danger : va-t-on s'en sortir indemne, sans casser trop de pots de fleurs, Eet pourrais-je revenir demain ? Et cette peur redouble de force lorsqu'elle agit sur le souvenir d'hier, lorsqu'on frappe une épaule par l'arrière en appelant l'exactitude du témoignage, lorsqu'il faut impérativement contrarier le cours ordinaire d'une complaisance. Il se peut aussi que l'interaction éjecte de la solitude celui qui restait tranquille avec une telle surprise que c'est la rage et la colère qui l'emportent devant le tribunal des défauts de la terre.

Pourtant, parfois, une vraie rencontre se forme : la vue d'un visage désarme la peur, une parcelle de confiance s'établit sans trop savoir pourquoi. Désarmer l'enragé, ou du moins déjouer l'habituelle défiance en surprenant la peur ou la colère, en dégonflant les préhensions négatives, on pourrait dire que l'enjeu immédiat des interactions consiste à déplacer le danger vers un souffle d'assurance : il n'y a pas de menace à la clef.

J'ai l'habitude de travailler sur des témoignages et des conversations insolites concernant la vie matérielle – ce que les gens ont mangé hier, le dernier achat, le dernier journal ouvert, le dernier cinéma, s'ils savent nager ! leur commerçant préféré – doublés de longues notes d'observation et parfois de « documents à vif » : par exemple les mains courantes tenues scrupuleusement dans les commissariats de police, chez des gardiens d'immeubles ou ce qui nous intéressera plus directement : dans les centres d'hébergement qui accueillent les hommes à la rue[2].

A partir de l'effritement dans les expériences limites, des infimes plaintes et de ses petits vacarmes, des interactions fragiles qui produisent des histoires morcelées, je voudrais évoquer la situation de l'homme à la rue, sa mémoire et son intimité défaite dans les centres d'hébergement, avec cette question : comment peut-on perdre le dernier territoire du « moi » que constitue l'intimité ?

La main courante, c'est ce gros cahier d'écolier, tenu dans le bureau administratif. Il recueille les consignes ou les remarques de l'éducateur qui termine sa journée pour celui qui lui succède. Afin de parler des éventuels problèmes qui se posent, vous dit-on dans une position professionnelle basse ; un acte pédagogique essentiel, précise le directeur du centre. C'est ce qui conditionne le suivi de l'action, enchaîne un éducateur.

Lisons un extrait de ce cahier : « *21h30. Compte tenu de l'état de Mr Manquant, nous décidons d'appeler les pompiers. Ce monsieur tombe dans le réfectoire, de son lit, ne s'en souvient pas, ne s'alimente que ridiculement peu, a 39° de fièvre sous le bras (!) Le pouls élevé est irrégulier… Et j'en passe !!! Il s'affaiblit d'heure en heure. Nous avons décidé, en accord avec une collègue, d'en faire plus, de peur qu'il nous « claque » entre les mains. La protection civile est arrivée tout de suite, et ils n'ont pas osé bouger Monsieur Manquant. Ils rappellent eux-mêmes les pompiers qui nous l'embarquent sans hésitation jusqu'à Ambroise-Paré. Départ 22h15. Suit le numéro de téléphone de l'hôpital.* »

Que pouvons nous dire sur cette petite note ?

A. Tout d'abord, le ton familier : « et j'en passe… il peut nous claquer entre les mains… Ils nous l'embarquent sans hésitation »…. C'est bien une note dans un « entre-nous » familier, ceux qui ont l'habitude de cette routine de l'urgence.

B. Ensuite, la paralysie devant la mort qui rôde : on décide d'en faire plus, on n'a pas envie de se retrouver avec un cadavre. On agit pour éloigner le risque qu'on préférerait voir se réaliser ailleurs.

C. On peut bien sûr penser que la décision arrive très tardivement. Mais les hommes qui arrivent au centre d'hébergement sont pour la plupart en très mauvaise santé. Il est toujours trop tard. On ne peut être en alerte en permanence et envoyer tout le monde aux urgences de l'hôpital qui d'ailleurs n'en voudraient pas.

D. Mais on peut faire une autre lecture de cette note, et y lire un mouvement de l'émotion. Ces hommes sont là par aversion, on n'a aucune considération à leur égard ; mais qu'ils deviennent gravement malades, qu'une alerte soudaine se manifeste, et l'on trouve curieusement une étincelle de vie qu'il faut sauver, une anxiété ardente pour intervenir au mieux.

En toile de fond, l'aversion en ces lieux est constante, la pointe de récrimination se tient en avant : « *M. Kouan refuse de se laver et pisse dans le lavabo. Il trouve cela normal* » ou bien « *je trouve particulièrement pénible que M. Bouzi fasse remarqué constamment qu'il a une carte de présence parce qu'il a des relations rue des Bourdonnais, et qu'en prime, il a un appartement qu'il n'occupe pas. Serions-nous devenus un lieu de villégiature pour Hébergé de Luxe qui n'ont pas envie de prendre le métro le soir ?* » Mais que l'homme s'affaiblisse, que ses narines frémissent, alors l'émotion se plie vers une immense sollicitude : « *A la demande de Léopold, qui a entendu une respiration suspecte, je vais faire un tour dans le dortoir. A priori, tout est OK, la personne ronfle, tout simplement* ». A mesure que la chaleur revient, que la vie ordinaire et la santé se manifestent, le mouvement d'éloignement resurgit : « *J'ai remonté les bretelles à Mme Bon ; elle a bien compris qu'elle n'est pas la seule à souffrir, et qu'elle devrait faire l'effort de comprendre les permanents et les respecter. Mais les permanents aussi doivent comprendre, ce n'est facile pour personne. Lorsque l'on fait le choix de s'occuper des exclus sociaux, c'est aussi pour partager les difficultés et surtout être patient !!* »

La réprobation de fond se tient dans la condamnation de l'usage fait de la vie : « il faut espérer qu'ils en feront un meilleur usage ». On pourrait dire que le mouvement des sentiments est le suivant : lorsque l'homme à la rue agace au plus haut – trop bu, trop bruyant, trop vindicatif – on manifeste une insupportabilité par un violent éloignement et des mots durs. Mais qu'il tombe gravement à terre, et nous voilà en train de le réanimer avec compassion, tristesse, accablement ; une immense proximité pour le retenir en vie : on le réanime en pleurant, comme si l'étincelle de vie qui s'éteint était curieusement séparable de la personne. Pourtant, dès qu'il se remettra soudain sur pied en hurlant et en se jetant sur une bouteille, on hurlera « au fou », on aurait mieux fait de le laisser à terre.

Les sentiments vont ainsi : ils sont ballottés entre une indomptable culture de l'excès qui nous met « hors de nous » et un effondrement tellement puissant qu'on se met soudain à l'aimer.

Dans ces va-et-vient entre la digne étincelle de cette vie, comme bien commun, et l'indigne personnage qui use sa vie par un exécrable comportement, on peut lire le paradoxe des sentiments qui séparent étrangement la vie à sauver de l'homme qui la transporte.

Entre la vie et la mort, entre le mouvement vigilant pour l'étincelle et le désengagement à l'égard de la personne, les perceptions sont au centre.

On peut dire ainsi que sans attention, cet infime réel resterait dans le silence. C'est la caractéristique majeure des enquêtes sur les situations extrêmes : sans le choc de l'observation et de nos préhensions, le récit des « hommes à la rue » n'existe pas, il est la *non-trace* par excellence. Nous n'avons guère de statistiques, bien peu d'enregistrements institutionnels, pas plus de données sur cette expérience limite. De sorte qu'il ne nous reste guère que nos *préhensions* pour dire quelque chose sur ce qui lui arrive, nos préhensions qui prennent la forme qu'une société peut soutenir : elles sont en rapport avec l'acceptable ou le recevable. Alors, depuis dix ans peut-être, on commence lentement à entendre un murmure, quelques mots, parfois une mise en scène de ceux qui sont dépossédés de tout. Le champ de l'acceptable s'est élargi.

*

Prenons dans la main courante **la séquence de l'accueil** dans un centre d'hébergement. L'accueil, c'est le filtre. On demande une carte d'autorisation à chacun, on dévisage plus et plus, et on attribue un numéro de lit par un ticket. « *18h15 M. Apan s'avère un hébergé particulièrement chiant, et nous n'avons guère envie de lui renouveler sa carte pour une semaine supplémentaire. On refuse un prétendant au service car il est plus qu'alcoolisé.*

18h30 : Le lit 30 a décidé de rendre sa carte parce qu'il ne supporte pas la vie en com-

munauté. Tant mieux pour nous et tant pis pour lui. J'ai laissé Monsieur Paix entrer pour dormir dans la bibliothèque, car il a oublié de se faire inscrire.

18h40. Défilé habituel des fumeurs invétérés. Appel au Q.G. pour donner les effectifs : dortoir 1 : 63; dortoir 2 : 49.

19 h. Arrivée d'un autre hébergé, Manuel; refusé car il a été exclu hier pour alcoolisme et violence : liste rouge."

Un homme que je connais déjà depuis longtemps me raconte une nuit passée dans un autre centre : la douche obligatoire, l'eau de rinçage de sa lessive, la file d'attente pour déposer ses sacs plastiques au vestiaire, son numéro de lit : 24. Une femme expulsée, elle est trop saoule ; les escarmouches autour des lits pour cacher ses affaires sous les matelas.

Il tousse et renifle à chaque détail plus scabreux sur la soirée ; ravalant la moitié de ses mots comme pour cacher qu'il parle avec la bouche.

– Je suis franc, me dit-il, et c'est mon défaut. A l'hébergement, ils me dégoûtent. Ils nous jettent au lit à 10 heures et demie. Éjectés. Et pas le droit de fumer au lit. Puis il parle de s'engager dans l'armée étrangère. Je me dis que la guerre est la seule chose qu'il peut sentir, une étrange correspondance avec sa vie d'enfer. Cela me rappelle que l'Armée Etrangère recrute toujours ce genre d'hommes. Si ce n'est elle, c'est la prison qui les attire. Soit les lieux sans mémoire. Une même culture de l'excès.

Pour la rue et les centres d'hébergement : il a trop bu ; il est arrivé trop tard, il est debout trop tôt ; trop de fièvre, pas assez d'appétit, trop de vols, pas de communication, encore moins de promesses, trop sale, pas assez de réaction.

Ce soir là, dans la main-courante, on peut lire : « *22h : Mme Joly est rentrée saoule, comme d'habitude. Au lieu d'aller se coucher direct, comme elle me l'avait promis, voilà qu'elle fait un scandale au réfectoire, s'en prend aux autres hébergés, nous menace. Expulsion, hélas ; mais tout le monde l'a prévenue plusieurs fois. Et merde !* ». Juste après l'expulsion de Mme Joly, on peut lire : « *22h10 : Nous prenons Mme Camille en urgence à la place de Mme Joly. La place aura été libre dix minutes ! Un record. J'étais assez dégoûté comme à chaque fois que l'on expulse quelqu'un ! Et je dirais : une femme en plus ! Bien que ce soit une réflexion sexiste… Ça console que le lit soit réoccupé tout de suite.* »

La mauvaise conscience travaille les professionnels qui sont dégoûtés par ce qu'ils font. C'est bien eux qui agissent, certes, mais c'est tout autant l'institution totalitaire. Mais il est possible que la consigne de l'expulsion soit intangible lorsqu'un hébergé brandit des menaces à l'égard du personnel : dehors. Il est possible aussi que leur mission soit impossible, insupportable. Nous ferions de même, probablement. Ainsi, une extrême fatigue se lit dans la main courante, une extrême culpabilité en même temps que des pulsions négatives.

Mme Joly est revenue le matin. « *Mme Joly est venue chercher ses affaires. Elle était complètement bourrée du matin. Elle me demande pour se reposer. Je lui refuse catégoriquement. Elle rouspète et m'envoie balader. Pour une fois, j'ai un peu d'admiration.* »

Pour une fois, l'auteur de ces lignes se satisfait d'être pris à parti, comme si c'était là le signe positif d'une distance – elle ne nous colle plus à la peau – une marque d'indépendance qui, même négative, souligne un caractère encore présent. Mme Joly est encore présente en râlant. L'ambivalence des sentiments se lit dans une promesse donnée et non tenue, le scandale qui éclate, puis les escarmouches et les menaces. Puis viendra l'expulsion. Avec son flot de lassitude et de remords. On a beau la prévenir, encore et encore ; répondre à la menace par la menace ; rien n'y fait. Cela ne marche guère. Alors il faut exécuter la menace : expulsion, dehors.

Au total, ce qui se signale dans la main courante : c'est le trop totalitaire ou le trop de l'excès ; du dégoût mêlé de consolation ; pas assez de relation, encore moins de promesse, un mouvement des émotions qui va de l'immense compassion à la tyrannie de l'extrême proximité. Le centre d'hébergement, c'est l'espace des excès, l'espace précaire et aléatoire, des interactions provisoires dans lesquelles se mêlent défiance, évitement ou exclusion.

* * *

Une file d'attente devant un foyer d'hébergement, des scénarios dans la rue, les déclamations rituelles dans le métro, la négociation d'un ticket, un sommeil au creux d'un porche, un simple visage fatigué, on pourrait développer chacune de ces séquences. Mais essayons d'interroger ce qui les rend possibles et audibles aujourd'hui, pourquoi ces images contrastées se sont substituées à la carte postale d'antan ?

Il me semble que ce rapprochement vers les détails est un corrélat inévitable de l'effondrement d'un monde : une famille sur quatre a connu le chômage, soit autant d'inquiétude, de crainte du futur; et dans le même temps, s'est opéré un déplacement du *code de la proximité* à l'égard de ceux qui sont devenus les *démonstrateurs* d'un effondrement.

Ce qui a changé, c'est qu'être à la rue n'est plus une histoire de manque de chance, de loterie nationale ou de Foire du Trône. La plainte commence à prendre forme par des traits de visage, une angine de poitrine, des souliers éculés, des mains tremblantes, un corps raide comme s'il portait un corset, un rire de sang, une tête brûlée et coiffée de pansements. D'où notre soulagement lorsque l'on voit poindre une action publique qui allège un peu une vie, qui fait s'ouvrir un logement, des lieux de soins ou un Samu un peu intelligent. L'agrandissement d'une image, d'une démarche ou d'une vie possède une fonction politique, celle de créer un *contrechamp,* une prise de vue opposée à l'image panoramique en nous faisant basculer un instant du côté du détail : pieds enflés, doigts crispés, poitrine congestionnée, démarche sur la pointe des orteils ou sur l'extrémité arrière du talon. Le contrechamp joue un rôle d'amorce dont on attend qu'il dénoue le réel, éloigne le drame, plante des idéaux dans la réalité. Il opère un léger déplacement de nos dispositifs affectifs, une préhension active de ceux par qui le *comment* arrive, une aire de concernement de ce qui lui arrive puisque cela peut nous arriver.

Mais « *Comment cela lui est-il arrivé ?* » est la principale question qui nous signale une nouvelle proximité d'où découlent un échange de parole, une mobilisation de l'inquiétude comme une dette : tu peux manger sur le bord de mon assiette. Tout se passe comme si l'angoisse s'était substituée à la honte, l'angoisse de lui demander si l'on peut parler de ce qui a été perdu, *comment peut-il tenir sa famille en oubli*? Ou bien l'inverse, *comment les proches ont-ils pu l'oublier ?* Et de se demander si l'on peut toujours croire à l'inexistence de ce qui n'existe que par exception, ou encore, chercher à oublier ce que l'on en sait pour mieux voir les orteils en pointe.

La montée d'une plainte se réalise à mesure que l'angoisse augmente, lorsque dcs *affects publics* saisissent ce passé, le tiennent comme s'il était temps encore de faire qu'il n'ait jamais été, le dressent comme une indignation devant un intolérable.

C'est dans ce contrechamp que fonctionne le *télos du code des proches,* la charité. C'est lorsque le glacis de la sécurité familiale fond à vue d'œil que peut surgir une plainte, l'exposition d'une perte de soi et l'attente d'un bien.

Tandis que nos dimanches plus que jamais s'agrandissent, il semble bien que nos angoisses se soient transposées sur cette scène publique, reconnaissant une terrible parenté avec celui qui s'effrite et dont le dimanche se referme au point de devenir une prison. Cela nous rappelle aussi que ce ne sont pas les médias qui fabriquent les dispositifs affectifs. Ils ne font que de traduire nos questions : comment s'approcher des choses, avec quel zoom faire passer du « trop loin » au « plus près ». D'où parfois notre colère, pourquoi « si près », pourquoi nous mettre entièrement dans le cercle de ce monde intolérable, au cœur de la cible ?

* * *

Du côté des perceptions.

Comment s'approcher des choses ? C'est la question du sociologue. Il travaille lui aussi sur le pôle des perceptions.

Mais qu'est-ce que percevoir ?

L'on peut avancer que tout moment clef dans l'enquête est un moment de danger, un moment tendu, dans lequel ce n'est pas l'enquêteur qui agit et pense, mais où c'est le danger qui agit et pense en lui. Généralement, « j'ai été frappé par... » débute tous les récits ainsi que les notes ethnographiques. « Il est frappant de constater... » forme les prémisses de l'interprétation, la force première qui donne un sens aux choses. « Être frappé » est le régime ordinaire de l'enquête, lorsque l'attention est happée par une chose que l'on ne soupçonnait pas. Or, si nous acceptons de penser que l'expérience immédiate de l'enquête ne vaut qu'à condition d'être frappé par des émotions, alors il nous faut considérer cette expérience à partir des premiers sens : voir et entendre, les deux premiers sens sociaux comme le dit justement A. Corbin[3]. C'est pour cette raison majeure que les notes d'observation prêtent toujours à caution, on peut les prendre et les reprendre pour les discuter, émettre des doutes.

Parce que l'observation se réalise par le sentir et percevoir, nous sommes alors contraints de la considérer comme une expérience audio-visuelle, image et son en même temps, mais composés de telle manière qu'entre le « j'ai vu » et « j'ai entendu » surgit un troisième terme, « je sens que quelque chose d'important s'est déroulé» qui n'est ni visuel ni sonore, mais une perception du corps. On peut appeler cela «avoir du flair».

Et si «le flair» était un outil d'enquête que l'on faisait mine d'oublier?

Entre le su et le perçu, il ne s'agit aucunement de faire l'apologie du sentir ou du non-dit. Il convient de se garder de toute analyse de «ce qui ne se dit pas», mais pour autant, il ne faut peut-être pas jeter par-dessus bord ce que l'on éprouve lors d'une observation. En ce sens, percevoir, c'est bien éprouver quelque chose, et par là, opérer des *contrastes*. Percevoir permet justement de mettre en relief une étendue originale entre le vu et l'entendu.

De sorte qu'il n'est pas risqué de dire qu'une bonne partie de l'expérience sensible dans l'enquête nous embarrasse fortement, lorsqu'on y regarde de près.

Parce que le sensible témoigne de la réalité, il lui manque paradoxalement des preuves pour passer aux idées. Avant la connaissance par description, il y a bien une connaissance première qu'il s'agit d'identifier, celle qui préhende l'événement, l'œil, l'oreille et le nez : je sens quelque chose qui ne se voit guère. Ce «je sens quelque chose» est très embarrassant, justement parce que cela ne se voit pas vraiment, et comme je ne peux en rapporter la preuve, je préfère me taire en me bouchant le nez. Combien d'enquêtes se réalisent le nez bouché!

Or, l'apparition de la réalité se fait aussi à travers un monde sensible, qui ne livre pas la chose par transparence – il voile tout autant qu'il dévoile – mais à travers des affects – impressions, sentiments, feeling – autant d'indices ouverts sur le multiple, autant de caractères préhensifs que l'événement fait vibrer, mais qui se brisent soudainement sur l'interprétation univoque jetant violemment sur eux un écran rationnel.

Non pas un pur face-à-face entre le monde des perceptions et celui des concepts, puisqu'il s'agit de considérer que les idées sont à leur tour affectées par l'extériorité multiple des percepts. Mais ce sont sans doute les deux faces majeures de l'événement qui se bousculent sans cesse.

Être affecté par la réalité, via l'enquête, cela veut dire que des émotions et des impressions mettent ensemble dans une certaine disposition les choses et les événements, les mouvements et les intensités, une mise en disposition problématique et qui mérite un examen attentif et minutieux, car celle-ci devrait piloter les notions qui suivront.

L'événement n'est pas une conception ni une notion, pas plus une logique ou un raisonnement, ni encore une détermination ou un ratio, l'événement est ce qui s'impose aux perceptions, ce qui nous tombe dessus et nous heurte, des éléments qui résistent et nous poussent à voir et entendre, un ensemble de préhensions qui rendent la perception possible.

Souvent alogique, le réel est ce qui préoccupe et anime les percepts, une atteinte aux sensations et aux impressions, une capacité d'influer ou d'affecter un élément, une intrusion qui embarrasse plutôt qu'autre chose.

Soit tout le contraire de la détermination qui organise la connaissance. Rien de plus absurde que de construire des architectures conceptuelles qui ne se rapporteraient pas directement et immédiatement aux perceptions que nous avons des choses.

De sorte que notre méfiance de la « logique des choses » nous fait préférer une topologie ou une cartographie de ce que nous avons perçu, et qui nous fait raconter, décrire, exposer en fournissant par les sens peu à peu une connaissance.

Ainsi, les concepts peuvent être pensés comme des émanations des sens et des perceptions, et non des idées générales bâties pour étrangler les percepts, en les contraignant à venir s'inscrire dans un plan préétabli. C'est là tout l'intérêt d'une interrogation sur l'événement. C'est qu'on ne peut en parler que *sous* une description, qu'*en tant* qu'il est décrit d'une manière ou d'une autre.

Que ce soit pour l'historien, l'anthropologue ou le sociologue, cette exigence de fournir une manière ou une autre de décrire vise à expliciter comment on agence les faits, comportements, pratiques sociales en faisant varier un contexte, un arrière-plan de raisons et de croyances.

* * *

La voix, la mémoire et l'intimité marchent d'un même pas.

Il ne se souvient pas qu'il est venu hier au centre d'hébergement. Il ne connaît plus son adresse, ne sait plus le nom de ses enfants ; oublie l'adresse de sa sœur, si sa mère vit encore. Comment peut-on ne pas se souvenir ? La voix et la parole sont dépendantes du souvenir.

Dans la rue, la mémoire continue à jouer son rôle : mémoire du travail, de la famille, des grands événements biographiques. L'homme à la rue n'est pas coupé de la réalité, il s'intéresse à quelque chose : l'actualité, le sport, la nature, les animaux : chats-chiens. Mais la mémoire tend à s'effacer en même temps que se perd toute intimité.

La carrière de l'homme à la rue atteint progressivement sa limite au fur et à mesure que sa fatigue augmente. Certains jours il ne peut plus mendier. Il est trop fatigué, pas assez propre, pas assez à jeun.

Il ne trouve plus personne dont se distinguer, dont se moquer.

Il n'a plus envie de se regarder dans la glace des magasins.

Il n'a plus envie de descendre dans le métro pour se réchauffer. Plus de refuge, ni d'énergie pour en chercher un.

Il n'a pas pu respecter les règles qui lui permettaient d'occuper une cave, un parking souterrain, un jardin public, et il a été chassé.

Il n'a pas la force de se mettre en chasse pour négocier un autre refuge.

Il a atteint le point où il ne croit plus pouvoir aimer ou être aimé, le point où cette capacité est en coma dépassé.

Il ne pense même plus au sexe, il a « fermé boutique ». Il ne rêve plus à un repas somptueux ni à un voyage exotique. Il a vaincu sa souffrance, il ne la supporte plus.

Cette limite est celle de la dégradation de soi, qui résulte de la perte de l'intimité.

L'intimité ordinaire est protégée en effet par le premier cercle du *domestique,* de la vie privée ; par le deuxième cercle des relations de *parenté,* d'alliance, d'amitié ; par le troisième cercle des *relations de travail,* d'institution, d'inscription politique. Chacun de ces cercles définit un rapport à soi-même, mais aussi un rapport aux autres.

L'absence d'intimité, c'est donc aussi l'impossibilité du rapport à l'autre.

Il ne peut plus prendre le train pour aller voir son fils. Trois fois, l'assistante sociale a organisé ce voyage.

La première fois, il a dépensé l'argent du billet et des vêtements et n'est pas parti.

La deuxième fois, elle lui a donné le billet et les vêtements et il les a vendus.

La troisième fois, elle lui a donné rendez-vous pour le mettre dans le train et il n'est pas venu. Il n'y a plus d'institution possible, plus de famille possible.

Or l'univers domestique est le lieu privilégié de la construction des règles morales. C'est là qu'est ancré le « maintien de soi » et c'est là que s'origine la « dégradation de soi », lorsque l'individu se relâche et que le risque d'être délaissé, repoussé et condamné par les siens devient une réalité.

L'absence d'intimité se réalise dans la rupture extrême. Car beaucoup d'individus ont perdu le deuxième et le troisième cercle, les célibataires, chômeurs de longue durée par exemple. Ils se tiennent droits, solidement campés dans le premier cercle : celui de la domesticité. Ils surinvestissent les relations privées, cherchent à les élargir, leur accordent une importance très grande, d'autant plus grande peut-être qu'ils en connaissent par expérience la fragilité.

Les raisons pour lesquelles on quitte le dernier carré, les raisons pour lesquelles on passe définitivement à la rue, sont parfaitement connues par ceux-là mêmes qui n'y cèdent pas, qui y restent solidement campés, les personnes âgées par exemple. Pour ne pas y céder, les personnes âgées s'inventent des habitudes, des rituels. Elles multiplient les plaintes aussi, s'inventent des maladies, se répandent en récriminations, commettent des actes manqués, perdent leurs papiers, leur mémoire, leur adresse, harcèlent leurs proches, deviennent vindicatives, tyranniques, et maintiennent ainsi une sphère d'intimité.

L'absence d'intimité aboutit à un *rapport inouï avec les autres.*

L'homme à la rue ne se plaint plus à ses proches. A l'inverse il expose son malheur pour gagner sa vie : il expose ses plaies, il expose ses enfants. L'enfant qui dort dans le métro, sur les genoux de l'homme à la rue, suscite la pitié. Mais s'il est réveillé, s'il regarde, il suscite la gêne. Ce n'est pas seulement un effet de la concurrence, bien réelle. C'est l'intimité elle-même qui s'expose, les derniers bricolages qui servent à la maintenir : les cartons, dont il se recouvre pour dormir ou fermer les yeux. Ces cartons sont exposés aux yeux de tous.

A quoi bon des cartons, alors ? Il reste quelques objets, une photo au fond d'une poche. Tout au bout, la poche se déchire et les objets s'éparpillent. En laissant filer à la rue les dernières histoires de ces derniers objets, il jette son intimité dehors à l'adresse du quidam.

L'absence d'intimité aboutit à un *rapport inouï avec soi-même.*

Le corps subit des avanies qui l'usent, le dégradent : petit à petit l'homme à la rue oublie la douleur, n'a plus mal.

Un jour il se rend compte qu'il n'a plus de voix. En fait, c'est l'observateur qui s'en rend compte : on ne peut plus l'interviewer. Tout au bout, il est possible que l'homme à la rue soit devenu indigne pour lui-même, à ses propres yeux. Il faut imaginer en effet que la perte des mots pour le dire, c'est la disparition du récit que l'on se fait à soi-même tous les jours, l'évaluation de la journée passée, de ce qui été fait, des engagements tenus ou non tenus envers soi-même. L'absence ou la fragilité de ces récits est inquiétante.

Que faire lorsque quelqu'un ne peut plus nous offrir ne serait-ce que le récit de son malheur ? Raconter sa vie, se présenter avec une façade, en public, en privé, dans l'intimité, c'est la base même des relations ordinaires.

Nous pouvons accepter d'une personne âgée que le récit s'affaiblisse ou s'embrouille, qu'il s'estompe en même temps que la mémoire. Mais il est insupportable de penser que le récit intime ne puisse plus donner une forme à ce qui arrive, aux événements en train de se faire. Les agents des institutions vont justement sélectionner leurs clients sur la base de cette forme minimum d'engagement, leur capacité à raconter quelque chose de cohérent, à se raconter.

Il en va de même pour le sociologue, pour nous mêmes.

C'est la preuve d'une appartenance à une communauté des égaux où chacun peut s'adapter, échanger, s'engager. Donc, le dernier récit est en quelque sorte un *compteur* : le compteur du « dépérissement de soi ».

* * *

Revenons sur notre propre rive, la rive de nos perceptions. Quel est le problème pour celui qui enquête ?

Que veut donc dire préhender ? La préhension consiste à introduire le trouble dans ce qui est observé, en oubliant le nom que porte la chose que l'on regarde.

C'est une posture du *trouble*. Et pourtant, on sait que notre préhension ne peut saisir que ce que l'on peut *soutenir*, dans le sens fort du terme : soutenir un regard violent, maintenir l'écoute d'une déchirure, voir parfois l'insoutenable que l'on oublie aussitôt.

Ce soutien du regard peut parfois s'effondrer, on tourne la tête, les choses deviennent inacceptables, le propos salace, l'attitude pleine de vengeance ou de haine.

Au point que soutenir ne soit plus une affaire purement individuelle et psychologique, mais soit de l'ordre des sensibilités publiques.

C'est pourquoi la préhension est bien inscrite dans un univers collectif d'*acceptabilité*. Le heurt des affects n'est pas lié à ma froideur ou à ma légèreté, à mon pathos ou à ma seule intimité. C'est plutôt l'expression d'une émotion que l'on supporte et que l'on porte à la connaissance et qui, par là-même, s'éloigne du pathos[4].

La différence est là : le trouble n'est plus l'élément individuel d'une expérience subie, il devient un outil d'expression et de manifestation des affects de l'enquête, un élément actif et contrôlé pour dire ce que l'on a compris dans une perception. Tenter de situer ses affects à l'égard de l'enquêté, c'est se donner les moyens d'une véritable compréhension, si toutefois l'on fait précéder la préhension : j'appréhende avant de comprendre[5].

Il me semble donc que parler de l'homme à la rue, c'est s'inscrire dans le cadre d'une grande *préhension* de l'infamie incluant le détenu, le toxicomane, le travailleur sans travail, l'ancien pensionnaire de la DASS, le jeune en déroute, le vieux routier de l'Armée du Salut ou encore l'ancien légionnaire, qui marque quelque insigne offense, une échappée du monde comme l'adieu suprême d'un mourant, sur la piste muette d'une fin sans histoire. Je pense au *Grand Escroc* de Melville : « *On ne le verra plus dans les demeures des colons; il se peut que les larmes viennent aux yeux d'anciens compagnons, lorsque quelque hasard leur parlera de lui; mais ils n'iront jamais à sa recherche, ni ne l'appelleront; ils savent qu'il ne viendra pas. (...) Le Chasse-Indien est pour ainsi dire entré dans la tombe, et Terreur est toute son épitaphe.* »[6]

Melville et Foucault nous rappellent cette vérité première : le Chasse-Indien ou l'homme infâme n'a pas de biographie, pas de passé ni de futur, une même impénétrabilité. Il ne reviendra pas, comme un marin toujours en mer, qui pousse parfois la conscience tourmentée de la puissance publique à recompter nuitamment, recensant patiemment ses va-et-vient, le nombre de soupes données, les vêtements échangés, les blessures soignées de ces corps agités et torturés. On ne peut lui parler puisqu'il ne parle guère.

On ne peut se fier ni à ses vociférations ni à ses cris qui déchirent nos civilités, pas plus qu'à ses gémissements réticents ou à ses silences : cela ne vaut rien, c'est un vaurien. On ne peut que le préhender.

En ce sens, préhender, c'est entrer dans une *crise majeure.*

Une crise de nos affections qui se mettent à s'assurer de la constance de ce qui se déroule sous nos yeux, témoignent de la réalité avant d'explorer leur consistance théorique. Si nous concevons bien l'enquête comme faisant totalement partie de ce dispositif où le réel importe, où les affects attestent une réalité, alors il faut la considérer comme une membrane qui est à la fois une atteinte et une attente, sensible aux effets de proximité, aux systèmes d'émotions qui opèrent un éloignement ou un rapprochement, souvent des oublis : le tintement des pièces dans un bol tendu, une déclamation faite d'excuses, la présence insistante du mal dire.

De sorte que lorsqu'une société s'interroge sur ces vies sans histoire, en l'absence de trace, elle exprime pour une part, via l'enquêteur, sa propre sensibilité aux malheurs, une modalité de ce qui est éprouvé au sein d'une culture, en un temps et un contexte donnés.

Alors, dans ces conditions, enfin une histoire peut se raconter, constituer une trace ; elle est le produit d'une atteinte à la vie observée et une attente dans laquelle nous parlons d'une inclinaison, peut-être provisoire, celle d'une commune humanité. Le récit n'a pas d'autre fonction que de porter témoignage, de construire une trace qui se commue en sens travaillé, pour autant qu'il est repris dans une plainte, un discours, des archives, des analyses, une interprétation. Une quinzaine d'années d'exercice de l'enquête m'ont ainsi convaincu que cette pratique trouve son expression dans un engagement fort de nos affects, une soumission à ce que l'on éprouve immédiatement, comme règle première du récit.

Mais pourquoi donc s'acharner à prendre des récits là où la vie infâme est justement dans l'absence d'une histoire cohérente et rationnelle ? Il serait tellement plus facile de faire un travail d'observation, de faire des fouilles institutionnelles, d'interwiever des intermédiaires, le SAMU social ou des agents de la RATP ! D'autant que les mots que nous recueillons sont sens dessus dessous, si faibles, si décousus.

Le pari que je fais consiste à restituer dans leur intensité les affects d'une coprésence, autour de quelques hommes que nous avions connus voilà dix ans, lors de notre enquête sur *L'argent des pauvres,*[7] des hommes retrouvés dans une situation d'isolement, dans un mélange d'excès et de déroute, d'acharnement à survivre, et en même temps misérables. Entreprendre de savoir comment ils avaient été écartés, puis étouffés, engagés sur une route obscure, puis poussés dans la rage. Cela exigeait que nous acceptions les « brèves » et les fragments de discours qu'ils nous donnaient, même lorsque ceux-ci étaient incohérents ou violents, dénonciateurs ou parfois pathologiques.

Car nous n'avons pas affaire seulement à des mots, des phrases, des arguments, de la logique ou du raisonnement. Voilà l'embarras majeur dans lequel nous sommes : nous avons affaire à des cris, des appels, une tempête d'affects, si l'on considère bien que ceux-ci ne sont pas de la psychologie ou du pathos, mais une matière sociale à travailler.

Se plaindre, solliciter, supplier, quémander, gesticuler, ruser, hurler, insulter, dénoncer, oublier, gémir ou grogner, c'est bien cela qui alimente le récit, les histoires que l'on peut recomposer, les séquences marquantes et les questions existentielles qui méritent d'être dites. Mais pas seulement. Il a fallu aussi se forcer à dire le plus nocturne, le plus malaisé, le plus interdit ou le plus scandaleux : des représailles ou une punition, une réprimande ou un sévice, une querelle qui dégénère en cruauté.

Le récit n'est pas qu'une liste de mots, un propos cohérent ou du discours, c'est bien plutôt un état d'esprit, une impression physique, une émotion ou de l'insupportable dont il faut rendre compte.

Recevoir un récit, c'est *mobiliser ses affects* pour atteindre une attitude ou une posture, un effort ou une résistance, un trouble ou une espérance, une ivresse ou la fin d'une vie. L'objectif n'est pas de dresser un énième tribunal, de reconnaître une injustice majeure ou un intolérable appelant un monde meilleur, mais d'éprouver plus ordinairement les formes du malheur, les sensibilités à l'œuvre dans l'énoncé d'une impuissance.

* * *

Qu'est-ce qu'un récit ?

Donne-moi ton récit, c'est la formule de l'enquêteur.

Donne-moi ton récit est une invitation à la confiance, une ouverture vers une interaction par laquelle l'enquêteur déploie ses affects, réagit aux propositions, déplace une question ou une description, suggère une relance sur une séquence, rétablit une information ou propose une interprétation un peu en décalage.

Donne-moi ton récit, c'est s'engager dans une fusion et une résistance au récit même, en le prenant et en le retournant, en l'explorant avec le récitant sur des chemins qui peuvent déplaire ou contrarier, en le ployant vers une autoréflexion. Ce retour réflexif vise à faire que le récit ne soit plus un obstacle – ce qui sépare l'analyse d'elle-même, mais ce dans quoi il plonge en acceptant un détour ou un étonnement, un choc ou une déconvenue. C'est dire que les catégories de pensée, les protocoles de traitement sont nécessairement mis à mal; ils se heurtent plus ou moins violemment aux attitudes et aux postures, aux résistances et aux ruses.

Donne-moi ton récit, c'est aussi rendre compte d'une expérience problématique dans un espace-temps : la fatigue, l'attente, le désespoir de l'homme à la rue ou celui qui demande le RMI, celui qui vend au carrefour un journal rédempteur ou bien qui attend un hébergement provisoire. A condition de se tenir solidement à l'intérieur des affects, attentif à ce qui reste des expériences passées et qui subsiste sous les cris et les étranges plaintes, à côté des ressentiments et de la lassitude, lorsque les événements observés contredisent les mots, lorsque les corps dénient les décisions annoncées.

Si les récits creusent bien la faille qui sépare les mots et les pratiques, ils forment le lien même qui unit les mots aux hommes qui les énoncent. Et c'est là sans doute que le récit ouvre à une autre dimension : il ne s'agit plus de traquer les événements pour ce qu'ils disent, mais d'y lire une image inversée, celle de notre société qui se dérobe, infiniment plus lointaine, dressant ses cages de verres pour disposer des scènes et des écrans, faire disparaître «le client» dans la cérémonie des institutions.

En ce sens, le récit de l'homme infâme est un pari, puisque l'on ne peut rien dire sur lui de certain. Dès que vous le tenez en main, vous l'engagez dans une procédure d'interprétation des plus incertaines, dans une trajectoire globale et significative, mais où l'auto-désignation est faible; pas vraiment une biographie tellement les trous sont immenses, plutôt un cadastre ou un constat qui arrête les choses qui sont arrivées.

Or, comment arrêter cette vie indéterminée qui reste là, plantée comme un mur blanc ? Comment trouver une prise autre que celle qu'on veut bien nous donner, des lambeaux de mots, quelques souvenirs, des réactions épidermiques, un refus, un témoignage qui trahit maintes fois ses faiblesses et ses mensonges.

Comment s'assurer d'une permanence, d'une répétition au seuil d'une parole toujours déplacée, à l'écart de ce qui vient de se dire, dans un bien-fondé repris dans un nouvel emboîtement ou dans un hors-là ? De sorte que la parole soit toujours trouée, morcelée, défaite, « puzzlée », poussant l'enquêteur à reconstituer les bouts d'une modalité d'existence.

Écrire le récit de l'homme infâme, c'est refuser l'éclatement épars pour proposer une cohérence probable, inscrire les diverses affaires dans une logique plausible, effacer l'effacement pour y décrire un vraisemblable, reprendre une séquence-épave pour la faire naviguer comme un radeau que l'on aurait renfloué avec nos perceptions.

Par exemple, prenons l'illusion d'être dans un espace totalement ouvert, la rue, qui exprimerait la multiplicité des possibles, tant de fois décrite par le sociologue comme puzzle de rôles et de fonctions, dans laquelle longtemps l'enquêteur peut se fourvoyer.

En effet, sans domicile, l'homme refuse de me dire d'où il vient. Et pourtant, je perçois dans son langage un long passage dans une institution, une bonne connaissance de la police, l'art de se faire arrêter pour se faire mettre aux arrêts, une consultation psychiatrique, des horaires scrupuleusement respectés.

Qu'est-ce donc que ce temps à la rue si ce n'est un temps verrouillé, ponctué par des spasmes institutionnels qui avalent et recrachent l'homme infâme ? Que faire d'autre dans cette impuissance que de combler les blancs par ce que je sais de cette institution, de la police et de la mise aux arrêts, des consultations médicales ?

L'incroyable de son récit, c'est que cet homme ne vit que par ce heurt premier aux institutions : hôpital psychiatrique, internat, foyer d'hébergement, Armée du Salut, Centre d'action sociale, vestiaire, service des urgences, police, contrôle du sac plastique, église, comme si la rue n'était qu'un prolongement de ceux-ci, un espèce de déversoir ou de doublure. Pour l'homme à la rue, celle-ci n'est pas une coupure ou un noman's land, un espace ouvert mais bien plutôt un lieu institutionnel, un lieu cadastré qui code les va-et-vient, les entrées et les sorties, à la fois le visage et le masque de ces dernières. La rue est le lieu du blanchiment des institutions : elle ne nous appartient pas… Mais nous la tenons.

C'est pourquoi ces hommes parlent tant des « institutions » dans la rue, comme si celle-ci était faite de quatre murs, suggérant la présence d'un contrôle permanent, d'une peur doucement terrifiante d'un enfermement – accusé, couchez-vous –, non pas le jeu des gendarmes et des voleurs, mais celui de l'échappée belle d'un dispositif de contrôle et qui se heurte à ce seul langage : je ne veux pas coucher là-bas. De sorte que l'homme à la rue devient l'extrémité d'un excédent, un reliquat institutionnel, avec le corps raidi et la démarche lente de celui qui est sorti de sa boîte mais qui la transporte sur son dos courbé.

Pour lui, la rue est une extension institutionnelle à l'envers d'une structure de la distraction à la Simmel[8]. C'est la raison pour laquelle, lorsque vous le croisez, vous ne lui demandez pas : comment allez-vous ? Car vous savez qu'il est détenu : arrêté et empêché, emparé par quelque chose qui le garde ; retenu dans cette extension institutionnelle. Seuls, ses codétenus lui parlent.

Ainsi, cette perception de l'omniprésence des institutions ne se tient pas dans les seuls mots que l'homme à la rue peut tenir et veut bien nous donner. Elle se tient dans ce long travail de traduction, partant du plus singulier, une immense fidélité à ce qui se vit, pour rendre raison de ces pratiques où la vision de la rue n'est pas la nôtre, mais une transposition partielle des institutions qui l'absorbent et le recrachent, le soutiennent et le poussent dehors… pour chercher du travail !

Ce que nous préhendons, en négatif, dans le récit le plus singulier et le plus extraordinairement inventif, c'est régulièrement cette doublure des institutions d'aide qui n'ont de cesse de maintenir cette fiction à laquelle sans aucun doute nous adhérons, qui veut qu'un homme doit bouger, aller et venir pour trouver des ressources, faire comme s'il… travaillait.

Pour finir, je dirais que faire jouer les perceptions dans l'enquête, dans la préhension même des mots et des observations, cela veut dire que les émotions font du *pathétique* l'indice d'une qualité, compriment le langage, opèrent des contrastes, comme un opérateur actif dans la formation d'une histoire. Sur un autre plan, je dirais aussi qu'il est grand temps d'arracher la réflexion sur les affects à la psychologie et à je ne sais quel pathos, pour réaffirmer sa matière sociale, sa place comme outil d'enquête ayant la capacité d'exprimer une relation ou une co-présence, une force pour fracturer les mots et les discours. Les affects sont un outil de préhension totalement ouvert sur un dehors, ils réintroduisent le corps dans l'enquête même. Par eux, enfin, une sociologie charnelle devient possible.

Pour finir sur le mouvement des sentiments, je vous propose une dernière lecture de la main courante. « *3h du matin. J'appelle les pompiers pour le lit C repos. En pleine crise. Elle se plaint d'avoir mal au ventre et plus bas. Je ne vous raconte pas la tête des pompiers; car en plus, elle est à moitié déshabillée et crie tout ce qu'elle peut, au point que je dois l'enfermer dans le bureau pour qu'elle ne réveille pas tout le centre!*

Les pompiers l'emmènent illico presto.

Pauvre jeune femme persuadée qu'elle va mourir... Ce n'est pas drôle. Elle semble avoir de gros problèmes psychologiques et ne semble pas être à sa place dans notre centre; car elle a vraiment besoin d'un soutien permanent et surtout de ses propres racines ».

Ces phrases, on les a lues mille fois à l'hôpital psychiatrique, depuis Charcot, et sans doute avant encore. Elles nous invitent à réfléchir sur le territoire de l'offense. Le centre est offensé d'être le lieu d'accueil de malades... ils relèvent de l'hôpital.

La personne est offensée d'être enfermée dans un bureau : elle ne possède jamais de territoire personnel, condition première de l'intimité. Elle souille et contamine; on appelle les pompiers. Les pompiers ont peur, ne savent quoi en faire. Aux Urgences, il y a fort à parier qu'on la renverra à l'hôpital psychiatrique qui, à son tour, demandera qu'on la soigne ailleurs, puisqu'elle a mal au ventre.

La boucle est bouclée.

On la retrouvera dans trois jours à la rue, ce territoire même de l'offense, puisqu'il faut y dormir en paix et que la chose est impossible. Territoire brisé de l'intime... et perte des mots. La perte de la voix rend fou. C'est bien la rue qui rend fou; et non l'inverse. C'est la perte de soi dans la rue qui fait perdre la voix.

NOTES

1. *Le médisant par bonté*, Gallimard, 1980, p. 69. (1ère éd. 1945).
2. Je remercie Annick Colombo qui a exploré la main-courante d'un centre d'hébergement à l'occasion d'un DEA de Sociologie (*Être sans domicile fixe et survivre dans une institution*, Paris 8, 1996.).
3. « Histoire et anthropologie sensorielle », *Anthropologie et sociétés*, vol. 14, n° 2, 1990. La vue et l'ouïe sont les deux sens les plus sociaux; le toucher, c'est l'expérience des objets; le goût et l'odorat sont les deux sens de la survie. Sans doute pense-t-il ici à l'empoisonnement.
4. Nous avons expérimenté le récit comme connaissance dans « Célibataire à la rue », *Actes de la Recherche en Sciences Sociales*, juin 1996.
5. Sur ce problème entre préhension et compréhension et le point et la vue qui forme le point de vue, entre percepts et concepts, nous nous sommes expliqués dans « Écoute-voir », *L'Homme et la Société*, 1995.
6. H. Melville, *Le Grand escroc*, Point-Seuil, 1984 (Minuit, 1950), p. 238.
7. Seuil, 1985.
8. Simmel s'intéresse essentiellement à la panique fusionnelle de l'urbanité, aux civilités urbaines, bien loin des situations extrêmes dont nous parlons.

Florence Dupont

Hécube : l'aphasie, le cri, le chant dans Les Troyennes *de Sénèque*

Les *Troyennes* comme beaucoup d'autres tragédies de Sénèque, et même bien d'autres tragédies antiques[1], commencent par le spectacle d'un héros, ici une héroïne, écrasé par un *dolor* qui l'anéantit. Immobile et muette, Hécube est une image pathétique, dont la posture se retrouve de fresque en fresque, selon la rhétorique de l'image commune aux orateurs et aux peintres[2].

Le *dolor* est une catégorie romaine dont la traduction française par « la douleur » ne rend pas compte de la valeur culturelle, car dans le *dolor,* à la souffrance du sujet douloureux, s'ajoute un enjeu social : ce qui est brisé en lui est la possibilité d'une relation aux autres et au monde, relation sans laquelle à Rome il n'y a pas de vie possible. Le *dolor* engage donc le douloureux sur une voie qui peut le mener à la mort par impossibilité et refus de vivre. Hécube qui a perdu son époux et ses enfants souffre, elle n'a plus ni cité ni famille, sans descendance et sans amour elle n'a plus d'espace humain où vivre. Son seul environnement social est constitué par la collectivité des Troyennes en deuil.

En outre tout *dolor* romain est vécu comme une atteinte venant de l'extérieur de soi, un malheur qui vient des autres, le malheur d'Hécube lui a été infligé par les Grecs qui lui ont tout pris, sa famille, sa maison, sa cité. Pis encore, elle se juge coupable de ses propres malheurs et de ceux de sa communauté, puisque mère de Pâris, elle a enfanté l'auteur du désastre. Le regard des autres l'accuse, elle se refuse à leur pitié, leur *miseratio.* Elle refuse de partager leur deuil. Sa colère, *ira,* que suscite toute douleur, colère qui pousse à la vengeance réparatrice, ici ne peut que se retourner contre elle-même.

Coupée des autres femmes, elle est menacée dans son excès de *dolor,* de pétrification et d'aphasie, car il n'y a à Rome de gestes que vers l'autre, de paroles qu'adressées aux autres. Or elle ne peut s'adresser ni à ses ennemis ni à ses amies.

Ici comme ailleurs la tragédie va donc s'édifier sur un silence, une immobilité surmontés. Ce silence est aussi celui de l'image fixe, du tableau inanimé en trompe-l'œil, une *Ilioupersis,* comme on en voit sur les murs de Pompéi[3] et avant en Grèce, la peinture de la Prise de Troie, où s'intègre le corps prostré de la vieille reine ; le texte du poète est là pour animer l'image initiale, le temps de la pièce, jusqu'à ce que tout se fige à nouveau, dans l'image finale, autre façon de peindre l'*Ilioupersis* en centrant le tableau sur le départ des captives[4].

Animer Hécube n'est pas une mince tâche, car Hécube est une de ces grandes figures mythologiques de la douleur qui comme Philomèle ou les Héliades échouent à réintégrer l'humanité, faute d'avoir eu accès à temps au deuil humain, d'avoir pu donner à leur cri de douleur, la forme des mots du deuil. En effet, pour animer les grands douloureux, la parole ordinaire ne suffit pas, leur *dolor* est incurable par les moyens humains, soit ils se métamorphosent soit ils ne reviennent à la vie, et cela uniquement dans la tragédie, que par le chant du *furor,* qui est au-delà de la voix humaine. Ce chant du *furor* les fait sortir de l'humanité pour entrer dans l'univers des monstres mythologiques.

La maîtrise culturelle du dolor *et le deuil*

La culture a les moyens de répondre au *dolor* ordinaire frappant un individu et de le ramener au sein de la communauté en le libérant de sa solitude. Ces moyens sont des pratiques ritualisées grâce auxquelles, la douleur sauvage, cruelle, – crue –, va être maîtrisée, domestiquée, adoucie, dans le cadre d'une prise en charge collective du malheur, grâce à des rituels du corps et de la voix.

Le deuil est un de ces rituels permettant aux grands douloureux de réintégrer la société des hommes, en vivant les événements les plus violents comme une des formes de l'expérience humaine. Car il donne les mots, les gestes pour vivre sa douleur, la dire selon un langage commun. En outre, la communauté accompagne le *dolor*, les pleureuses s'associent aux gestes et aux paroles de deuil. Ce qui brise la solitude du malheur, réintroduit une forme de sociabilité en même temps qu'un contrôle social.

Le deuil introduit d'une part aux rituels funéraires qui se termineront par l'enfermement du mort dans un tombeau et un dernier sacrifice qui purifieront le groupe pollué par la mort d'un de ses membres, il provoque d'autre part des conduites de consolation, venant de la communauté, afin de faire revenir les grands douloureux à la vie, en les sollicitant par des mots et des paroles.

Le deuil est donc un moment transitoire entre la mort et la vie, où les mortels en deuil sont déchirés entre la société humaine et les défunts de leur famille, eux-mêmes sont en quelque sorte des morts-vivants, exhibant les marques d'un refus de vivre qui est essentiellement un refus du *cultus*; sales, hirsutes, couverts de cendres, le visage sanglant, ils ne sacrifient plus, ne mangent plus, ils restent prostrés, silencieux, le regard éteint. Il sont terrifiants et misérables.

Ce rituel de deuil certes, à Rome, est commun aux hommes et aux femmes, mais c'est aux femmes essentiellement qu'il convient de le célébrer et en particulier aux mères. C'est pourquoi les « mères en deuil » sont une figure emblématique dans l'antiquité, de la douleur violente qui frappe les êtres humains quand la mort fait irruption dans une famille[5].

La métamorphose d'Hécube

Au début des *Troyennes*, Hécube, la mère en deuil par excellence donc se trouve et se veut exclue de ces procédures qui permettent la réintégration des grands douloureux dans la collectivité humaine. La tradition mythologique grecque a fait d'elle une des figures de la démesure dans la souffrance. Son image est depuis des siècles celle de la mère hurlante sur les rivages de Troie.

On connaît l'histoire d'Hécube : épouse de Priam, roi de Troie, elle voit au cours de la guerre de Troie, mourir presque tous ses enfants, parmi lesquels Hector, Pâris, Polyxène; au moment de la prise de la ville, son époux, Priam, est égorgé par Pyrrhus, le fils d'Achille, sur l'autel de Zeus. Enfin elle trouve sur la plage, gisant, le corps de son fils Polydore qu'elle croyait en sécurité chez des hôtes thraces. Un deuil excessif est donc attaché à la fin d'Hécube et dans plusieurs récits, ne pouvant assumer humainement sa douleur, les paroles et les gestes du deuil humain lui devenant inacessibles, Hécube, se fige dans un geste du deuil, arrêtant ainsi la dynamique du rituel et donc son retour à la vie et se métamorphose prenant le corps et la voix d'un deuil éternel, elle est devenue une mère en deuil pour l'éternité. C'est ainsi que chez Ovide[6]

> .... *Priamea coniunx*
> *Perdidit* ***infelix*** *hominis post omnia* ***formam***
> *Externasque* ***nouo latratu*** *terruit auras*
> *L'épouse de Priam, perdit dans son malheur, finalement, son apparence humaine et fit retentir sous des cieux étrangers des aboiements terrifiants, comme on n'en avait jamais entendus.*

Elle perd sa forme et sa beauté humaines, elle se confond par le corps et la voix avec sa souffrance, en prenant la forme d'une chienne hurlante ; sa métamorphose est la réalisation de deux métaphores traditionnelles, celle du hurlement de douleur qui ouvre un deuil et qui est entendu comme un cri assez sauvage pour être à la limite de la bestialité, celle de la chienne dont la progéniture nombreuse en fait une figure de la maternité.

Cette métamorphose se fait en deux étapes correspondant aux deux premiers moments du deuil.

> *Troades exclamant ;* ***obmutuit*** *illa dolore*
> *Et pariter* ***uocem lacrimas****que introrsus obortas*
> *Deuorat ipse dolor;* ***duroque simillima saxo***
> ***Torpet*** *et aduersa figit modo lumina terra* [7]
> *Les Troyennes poussent un cri. La douleur l'a rendue muette, sa douleur dévore les larmes et les mots qui jaillissent d'elle ; aussi dure qu'un rocher, elle reste immobile, les yeux fixés vers la terre.*

Comme la douleur est trop forte, avant même de pouvoir pousser un cri, l'héroïne est terrassée, muette et immobile : « la douleur dévore la voix et les larmes », c'est-à-dire deux formes socialisées du langage ; *torpet* : elle est saisie de paralysie. Les deux vont de pair, privée de langage, Hécube est réduite à une rhétorique de l'image. La pierre à laquelle est elle est comparée, est la matière d'une statue mais par sa froideur et son immobilité, ainsi que son insensibilité, *duro,* elle est la mort[8]. Dans la rhétorique plastique, elle devient une statue allégorique du *dolor.*

Dans certains récits Hécube se transforme définitivement en rocher[9], mais le plus souvent elle passe par une seconde étape du rituel, celle du cri :

> *... At haec missum* ***rauco cum murmure*** *saxum*
> *Morsibus insequitur* ***rictuque in uerba parato***
> ***Latrauit, conata loqui***[10]
> *Mais elle, avec un grognement sourd, montre les dents quand on lui jette des pierres, et retroussant les lèvres, elle se prépare à prononcer des mots mais ne pousse qu'un aboiement quand elle essaie de parler.*

Sa bouche se prépare à proférer un cri humain, embrayant sur une parole articulée, *loqui, uerba.* Mais cette bouche déformée par la douleur, qui montre les dents, *rictus,* au lieu d'être maîtrisée par la parole humaine, bascule dans la bestialité, en devenant la gueule de l'animal homologique d'Hécube, le chien. Cette bouche aboie, *latrauit,* entraînant tout le corps d'Hécube dans une forme canine.

C'est quand le douloureux pétrifié commence à s'animer, que se situe l'instant périlleux du cri, dont la violence normalement devrait être canalisée dans le chant lugubre : *luctus.* Mais Hécube, elle, ne passe pas outre cet instant, elle reste possédée par le « souvenir » du malheur, prisonnière du passé, ou plus exactement de ce qui devrait être le passé mais qu'elle maintient dans un présent éternel : elle se fige à jamais dans ce cri qui devait être un passage et lui rendre par le rituel du deuil le mouvement et la parole :

> *... ueterumque diu* ***memor*** *illa malorum*
> *Tum quoque Sithonios* ***ululauit maesta*** *per agros* [11]
> *Se souvenant longtemps de ses malheurs passés, elle hurlait son deuil à travers les campagnes Sithoniennes*

Le verbe *ululauit* [12] appartient à la fois au registre animal et au registre humain, il dit le hurlement des chiens et des loups comme le hurlement des pleureuses, la métamorphose se déclenche à partir de ce souvenir, *memor,* qui va prolonger excessivement la douleur, maintenant les *mala* dans le présent, transformant un cri humain en hurlement animal. Hécube se confond donc à jamais avec la race des chiennes, à moins qu'elle ne sauve son identité mythologique d'une autre façon, en devenant dans une ultime métamorphose, la statue en pierre d'une chienne[13]. Le rocher servant d'amer aux marins ou de repère aux voyageurs sur terre, rapellera par sa forme, comme le ferait une statue, l'histoire d'Hécube dont il devient le *monumentum.*

Hécube tragique

La tragédie offre donc une alternative à ces métamorphoses, en donnant une voix et une parole différentes aux grands douloureux. Car si la pantomime romaine met en scène des récits de métamorphoses mythologiques, ce n'est pas le cas de la tragédie[14]. Le héros tragique sort de l'humanité selon un trajet spécifique qui s'origine dans le *dolor*, continue par le *furor*, et s'accomplit dans le *nefas*, le crime final où le héros coïncide avec son image mythologique.

Le *furor* qui permet au héros d'être absent à lui-même, le libère de son immobilité douloureuse, lui rend une voix et un corps. C'est son corps qui s'anime le premier, d'abord dans une violence désordonnée, ensuite maîtrisée par la danse, il retrouve ainsi une bouche humaine, qui chante, et enfin une parole articulée[15]. Cette parole du furieux est celle d'un monstre qui manipule son apparence humaine, lui fait jouer une humanité qui n'est plus la sienne. Le trajet du héros tragique est donc le spectacle de la perte de son corps et de sa voix puis de sa reconstitution en un être nouveau, artificiel et terrifiant, par la danse et le chant. Cette performance spectaculaire n'est culturellement possible qu'à cause des conditions d'énonciation propres au théâtre latin, où dans les *cantica*[16] le *cantor* et le *ludius* se répartissent le texte chanté et la gestuelle d'un même personnage et qui donc installent au cœur du dispositif théâtral romain une esthétique de la séparation du corps et de la voix. D'une façon générale, à Rome, le texte, dit par l'acteur ou chanté par un chanteur, anime l'image du personnage en venant de l'extérieur et ce ne sont pas l'expression de sa personne, encore moins de son intériorité. Les relations entre le corps et la voix chez un personnage ne reproduisent pas celles qui ont cours chez un homme libre, mais plutôt celles qui unissent un esclave et son maître.

Le silence d'Hécube

Quand un héros est en proie au deuil au début d'une tragédie, le point de départ de son itinéraire tragique est le même silence puis le même cri qui était le point de départ de la métamorphose dans les autres récits. Mais au lieu de s'arrêter dans une transformation de son corps en pierre ou en chienne, Hécube, comme tout héros de tragédie, accomplit au début des *Troyennes* la première étape de son itinéraire, en passant du *dolor* au *furor*, en pervertissant le chant du deuil né du cri premier.

La tragédie s'ouvre sur Hécube terrassée par la douleur. Immobile et silencieuse, elle est une ruine parmi les ruines de Troie, elle n'est qu'un spectacle :

> *Me* ***uideat*** *et te Troia.*[17].
> *Qu'on me regarde et qu'on te regarde aussi, Troie.*

Il peut sembler paradoxal de dire que ces paroles sont celles d'une muette, d'une forme pétrifiée, et pourtant, c'est bien, selon nous, ainsi qu'il faut les entendre. Voici comment Hécube commente le spectacle qu'elle offre, comme elle commente celui-ci de la chute deTroie :

> .... *non umquam tulit*
> ***documenta*** *fors maiora, quam fragili loco*
> *starent superbi.* [18]
> .... *jamais la Fortune n'a offert plus bel exemple*
> *de la fragilité des puissants.*

Ces premiers mots de la tragédie s'accrochent au spectacle que le public a sous les yeux, en termes rhétoriques d'*exemplum*, spectacle d'une forme féminine prostrée et d'un tableau de l'*Ilioupersis* qui sert vraisemblablement de décor à la *scaena*. La chute de Troie est récupérée comme métaphore de la Fortune, elle rappelle que la cité orientale, riche et puissante, orgueilleuse et tyrannique, œuvre des dieux, un jour est tombée, bel apologue pour les moralistes :

> ... *Columen euersum occidit*
> *pollentis Asiae, caelitum egregius labor*[19]
> *Elle est tombée l'œuvre sublime des dieux*
> *La colonne de la puissante Asie*

Il s'agit d'un lieu commun de l'antiquité. Toute cité jadis glorieuse et aujourd'hui ruinée donne lieu au même commentaire, l'*Anthologie palatine* en donne cent exemples, disant la disparition de Sparte, Thèbes ou Troie[20].

Une fois repéré le type de discours à l'œuvre, c'est-à-dire une *ekphrasis* rhétorique dans sa forme particulière d'exégèse moralisante, peut-on en faire la parole du personnage d'Hécube sur la scène ? A quel *ethos*, à quel *pathos* raccrocher ces mots ? Quel rapport avec l'héroïne douloureuse dont la posture prostrée est une donnée incontournable de la tradition ? Ces mots-là ne peuvent avoir Hécube pour sujet, ce n'est pas là l'éloquence d'un corps prostré : ils ne sont pas des paroles de douleur ou de deuil, car ils supposent qu'Hécube et Troie soient constituées en *monumentum*; autrement dit ces paroles accompagnent un regard extérieur, semblable à celui des spectateurs, qui contemplent Hécube et Troie. Ce regard fait fonctionner l'image, Hécube et Troie, comme un *monumentum*, et le commentaire qui accompagne ce regard donne un sens à ce *monumentum* qui devient un *documentum* sur la fragilité des trônes. Maintenant, comment comprendre cette disjonction entre le corps douloureux, Hécube, et une parole qui lui est attribuée par le texte mais qui n'est pas la parole de sa douleur ? Puisqu'en fait, pendant qu'Hécube se tait, le tableau parle.

La réponse viendra encore de l'*Anthologie Palatine*, car le contexte énonciatif où nous retrouvons ce type de parole est l'épigramme démonstrative, c'est-à-dire l'inscription tracée sur une œuvre d'art, tableau ou sculpture, et offerte à la lecture du passant ou du visiteur[21]. Elle indique à son lecteur le mode d'emploi de l'image. En en faisant un *exemplum* elle lui offre une lecture rhétorique possible. En outre, ce qui nous rapproche plus encore de notre prologue des *Troyennes*, ces inscriptions, font parler l'objet qui les supporte[22], par exemple un tableau représentant le cheval de Troie sur fond de ville en flammes :

> « *Je fus jadis l'illustre ville de Priam, que les Grecs en dix ans ne purent anéantir ouvertement et dont seul eut raison un lâche cheval de bois. Ah si seulement Epeios était mort avant de construire cet engin de rondins ! Car les Atrides n'auraient pas allumé le feu qui ravage les toits, je ne serais pas en train de m'effondrer avec mes temples* ».

Mais qui parle ? Le sujet que nous traduisons par « Je », est le démonstratif de première personne « *Hade* », qui renvoie au sujet de l'énoncé, c'est-à-dire l'Ilion figurée dans le tableau ; ce sujet parlant n'est pas le référent de l'image, mais l'image en tant que telle qui parle de la chute de Troie, à l'irréel du présent et de Troie elle-même au passé[23]. Le passant prête donc sa voix non à Troie mais à l'image qui fonctionne comme une prosopopée de Troie. Ainsi l'écriture a un double effet d'animation, elle donne la parole à un tableau qui la délègue à ce qu'il représente, une ville prise et détruite, l'un et l'autre étant par nature muets.

Un autre jeu de lecture, dans une autre épigramme, au lieu de faire parler l'image fait parler l'absence d'image. L'association peinture-lecture fait donc voir l'invisible, la peinture étant présente au degré zéro, puisque l'inscription ne se comprend que par référence au fait que normalement elle serait placée sur un tableau : Troie n'est plus rien que cette inscription dans la poussière du temps. Mais, en outre, si cette inscription aujourd'hui a toujours du sens, c'est qu'elle s'adresse à un lecteur d'Homère ; or tout homme qui sait lire le grec l'a appris dans Homère, lire cette inscription et connaître Homère relèvent d'une seule et unique compétence :

> *Voyageurs, moi la ville dont tout le monde parle, Ilion la sainte, célèbre autrefois pour ses remparts et ses tours, la cendre des siècles m'a dévorée. Mais je gis dans Homère, protégée par des portes de bronze. Les lances des Achéens tueuses de Troyens ne pourront plus me déterrer, car ma tombe sera les bouches des Grecs.*

L'inscription, dans son énoncé, est la dénégation du support qui serait le sien : la tombe de la ville. Mais les villes n'ont pas de tombe, et l'inscription renvoie le passant à un autre monument qu'il porte en lui, le texte d'Homère. Il est donc le tombeau de Troie, dont il dit la gloire chaque fois qu'il cite Homère. Cet épigramme fait parler le désert qui a succédé à Troie disparue, une image vide. La mort est silencieuse et l'absence, invisible. Le peintre lui donne un visage, l'écriture, avec l'aide du lecteur, une voix.

On peut à partir de ces épigrammes faire la proposition suivante. Les premières paroles d'Hécube dans les *Troyennes* ne sont pas encore les paroles de son personnage, mais du tableau dans lequel elle est insérée, l'*Ilioupersis.* Ainsi est-ce l'image d'Hécube et non le personnage qui se commente elle-même, en tant qu'image, « *documenta fortis maiora* », exactement comme elle commente l'image de la prise de la ville. Le commentaire se superpose au silence du personnage, enfoui sous son voile.

On reconstitue ainsi l'efficacité théâtrale de cette ouverture, qui sinon nous échapperait. Comment imaginer en effet ce personnage d'Hécube començant à moraliser sur son sort, en dehors de toute émotion et en contradiction avec toute la tradition ? En fait le prologue joue sur une attente : quand et comment Hécube, le personnage, va-t-elle parler ? Comment va-t-elle surmonter ce silence pétrifié d'un deuil excessif? Première surprise, la parole qui surgit dans l'espace scénique n'est que la lecture de l'image offerte par la *scaena*. Quelqu'un lit le commentaire rhétorique de cette image, l'action n'est pas commencée. Par ce moyen le poète prolonge la fascination des spectateurs, dont l'attention est d'abord captée par la splendeur funèbre d'une *Ilioupersis* peinte sur le mur de scène, avant de détourner leur attention vers l'action elle-même[24].

Encore un délai, encore un retard, car le commentaire moral n'est que le début d'une *ekphrasis*, d'une description du tableau, qui se poursuit[25] :

> ***En*** *alta muri decora congesti iacent*
> *tectis adusti*
> *Voici gisants, les hauts murs incendiés, aux multiples splendeurs*
> *sous les toits effondrés*

Ce n'est pas Hécube qui parle mais le tableau lui-même, suscitant sa lecture narrative. Voix neutre et blanche, sans ego, qui conduit le regard des spectateurs lui faisant parcourir le décor. Comme souvent lors d'une *ekphrasis* un recit se mêle à la description[26]. Ce récit peut faire parler les personnages du tableau, qui racontent ce qui a précédé l'image. C'est ce qui arrive ici.

Le premier verbe à la première personne utilisé par Hécube, *testor*[27] est un performatif qui donne son poids d'action à la parole. Elle parle comme témoin du passé et convoque en garantie de son témoignage les dieux et les morts, Hécube, à la fois à l'origine de la perte de la Ville et victime de tant de deuils, parmi les dernières survivantes; elle continue à commenter le tableau quand elle témoigne contre elle, attestant qu'elle seule est coupable de tout ce désastre, elle seule qui parlait mais qu'on n'entendit pas. On peut noter ici qu'Hécube a déjà un passé de femme à la parole silencieuse.

La voix d'Hécube n'est toujours pas celle du personnage de la tragédie en action, celui-ci reste une image muette que l'*ekphrasis* apostrophe en termes convenus[28].

> *Sed quid ruinas urbis euersae* ***gemis*** *?*
> *Mais pourquoi gémis-tu sur les ruines de ta ville rasée ?*

Doit-on reconstituer un début de sonorisation musicale du tableau : « *gemis* » et y reconnaître l'amorce du passage à l'action théâtrale par ce gémissement sortant du tableau, indépendant des paroles d'Hécube? Ce gémissement serait le « cri » d'Hécube-personnage ? Ce « cri » suscitant les *lamenta* des Troyennes dont la description suit immédiatement.

En tout cas la voix qui décrit le tableau quitte Hécube pour présenter celles qui constituent le chœur de la tragédie et qui ne sont encore, elles aussi, que des images, les Troyennes. Elle suit leur disposition dans l'espace, non loin de la scène du tirage au sort[29] :

> *Dominum* ***ecce*** *Priami nuribus et natis legens*
> *Sortitur urna : praedaque* ***en*** *uilis sequar*
> *Voici qu'on tire au sort un maître pour les brus de Priam et ses filles ; me voici moi qui partirai aussi avec elles bien que je sois un butin sans valeur*

en se situant elle-même dans leur troupe,

> ***Hic*** *Hectoris coniugia despondet sibi*
> ***Hic*** *optat Heleni coniugem,* ***hic*** *Antenoris ;*
> *Nec dest tuos, Cassandra, qui thalamos petat*
> *Mea sors timetur, sola sum Danais metus.*
> *Celui-ci se réserve l'épouse d'Hector, celui-ci souhaite la femme d'Hélénos, celui-ci celle d'Anténor ; il y en a même qui visent ton lit, Cassandre. Moi on craint de me tirer au sort, je suis la dernière peur des Grecs.*

Ici va se terminer le silence d'Hécube. Quand la description a présenté les Troyennes, le chœur a commencé à émettre une plainte funèbre, qui a peut-être suivi le gémissement d'Hécube[30]. Le texte n'y fait allusion que lorsqu'elle cesse :

> ***lamenta*** *cessant*

Ces *lamenta* sont d'un point de vue sonore proches du gloussement des poules[31], ce sont des petits cris de douleur, pas encore un chant funèbre. Ils s'arrêtent soudain. Destinés à accueillir la douleur d'Hécube et répondre à son cri, ils n'ont pas de raison d'être tant que dure son silence.

Le chant d'Hécube

Hécube ne criera pas comme une chienne qui a perdu ses petits. Elle est d'emblée au-delà du deuil. Si elle se relève pour parler et dicter ses ordres aux Troyennes, ce n'est pas qu'elle ait réintégré l'humanité et qu'elle veuille donner les mots et les gestes qu'il faut au malheur. Installée immédiatement sans préalable dans le rituel, elle est une nouvelle énigme dont la solution viendra par la suite. On comprendra plus tard qu'Hécube se manipule dans son deuil afin d'en pervertir l'efficacité rituelle.

Celui-ci va commencer au signal donné par Hécube après qu'elle aura relancé les plaintes des femmes[32] :

> *… Turba captiuae mea*
> ***ferite palmis pectora** et **planctus date***
> *et iusta Troiae facite. Iamdudum **sonet***
> *fatalis Ide, iudicis diri domus*

ici débute la partie chantée – *canticum* – sur une musique de *tibia*.

Hécube échappe donc à la métamorphose, en entrant dans la tragédie, par la musique. Au lieu, comme dans le récit d'Ovide de se figer progressivement, en passant ou non par la forme canine, ici, au contraire Hécube est une image figée, le personnage d'un tableau, qui s'anime par des moyens qui lui sont propres, l'*ekphrasis*, où après s'être soi-même commentée, elle entame un gémissement de douleur, réintégré dans un chant de deuil traditionnel.

Mais nous ne sommes pas dans une esthétique de la représentation, chanter sur scène un chant de deuil, c'est lui ôter toute réalité, ne serait-ce que parce que la musique de scène n'est pas la musique des funérailles, la *tibia*, par exemple, remplace, la trompette, *tuba*. Précisément cette déréalisation du rituel permet qu'il soit identifié comme tel mais privé de sa *uis*, son efficacité et sa signification. Ensuite détourné et perverti par Hécube, il trouve une autre *uis*, une autre efficacité et une autre signification, puisqu'il devient un chant magique qui fait revenir les morts.

La perversion du deuil

Le chœur chante un deuil qui imite le rituel que connaissent les Romains[33] :

Non rude *uulgus lacrimisque nouum*
lugere iubes

Hécube mène le deuil tout en étant le coryphée[34]

uulgus ***dominam*** *uile sequemur*
non indocile lugere *sumus*

Les ordres donnés par Hécube sont redondants par rapport au rituel, mais permettent à la fois une reconnaissance de l'exactitude de ce rituel, de l'orthopraxie des pleureuses, en même temps que le rituel est déréalisé, et va servir à autre chose qu'à pleurer Priam.

En effet, Hécube s'installe dans le chant rituel, dès la seconde strophe, empruntant ainsi un langage du corps et de la voix qui lui permet de maîtriser le premier cri du deuil -*lamenta.. gemitus* – afin d'en faire un chant magique. A la fin de cette strophe, au moment où Hécube devrait prononcer le nom attendu de celui qu'elle devrait pleurer, Priam, résonne comme la transgression absolue, le nom d'Hector[35]:

Hectora flemus
C'est Hector que nous pleurons

qui reviendra une seconde fois dans la strophe suivante, repris en écho par le chœur (118), et continue à être le destinataire du deuil jusqu'à la fin de la troisième strophe. Or Hector est enterré depuis longtemps et son tombeau sur la scène atteste qu'il est passé de l'autre côté, qu'il appartient définitivement au monde des morts, il ne convient plus désormais de le pleurer. La phrase d'Hécube qui précède la *nominatio* d'Hector :

solitum flendi uincite morem
Sortez des pleurs habituels, surpassez-vous !

prend ainsi tout son sens, ce deuil est *insolitus* [36]. Et cet insolite est à la fois celui du destinataire du rituel et de la musique funèbre.

En pleurant Hector une seconde fois, Hécube le réinstalle dans l'espace ambigu du deuil qui n'est ni celui de la mort ni celui de la vie, où les vivants endeuillés rencontrent les fantômes et les cadavres frais. Ce retour en arrière, cette annulation du temps se réalise d'abord par le retour du sang versé[37]: les cicatrices laissées sur le corps des pleureuses par le deuil d'Hector, qui sont la mémoire de ce deuil, se rouvrent, les effets de la mise au tombeau sont annulés, Hector va revenir avec toute sa puissance néfaste et contaminante de mort revenant hanter les vivants.

En sens inverse et complétant la transgression Hécube refuse de pleurer Priam, non pas directement mais par le détour de la dénégation. Après avoir lancé les pleureuses[38] ;

> ***Priamo*** *uestros fundite fletus*
> *Répandez vos larmes pour Priam*

Elle les arrête brutalement[39] :

> *Alio lacrimas flectite uestras*
> *non est Priami miseranda mei*
> *mors, Iliades '*__Felix__ *Priamus' dicite cunctae*
> *Tournez ailleurs vos larmes*
> *la mort de mon cher Priam n'a rien qui mérite la compassion*
> *Troyennes, dites toutes « Heureux Priam ! »*

Non seulement elle ne pleurera pas rituellement Priam mort dont le corps traîne sur la plage, mais encore elle le frustre de ces larmes au moment même où elle l'a installé dans l'espace du deuil. Pis encore, elle lance les Troyennes dans un refrain joyeux célébrant le bonheur de Priam, *felix Priamus. Felix* dont le sens conjoint le bonheur et la fertilité, Priam le père de cinquante fils et de cinquante filles et qui les a tous perdus est l'*infelix* par excellence.

Hécube opère donc une inversion au sein du deuil. Elle pleure les morts déjà enterrés et abandonne les cadavres réclamant un rituel funèbre. Elle fait célébrer le bonheur et la prospérité du roi déchu de Troie, privé à jamais de descendance. Elle reprend les gestes et la musique d'un rituel funèbre, la chorégraphie et la structure du chant, mais à l'intérieur de ce langage de la douleur, elle construit par sa parole un système de références inversées. La mort y est le bonheur et la vie le malheur, ainsi la communauté endeuillée des Troyennes au lieu d'ouvrir la voie de l'autre monde aux morts récents, afin qu'ils laissent les hommes en paix, ouvre la voie aux morts enfouis afin qu'ils reviennent tourmenter les vivants. Le rituel funèbre voit sa fonction inversée. C'est pourquoi dans les scènes suivantes les fantômes d'Achille et d'Hector vont apparaître, l'un à l'armée grecque, l'autre à Andromaque.

Tragédie et rhétorique de l'image

Ce que nous venons de décrire dans les *Troyennes*, se retrouve dans les autres tragédies de Sénèque. Le *furor* du héros, que ce soit Atrée, Médée ou Phèdre, est précédé d'une première étape d'aphasie et d'immobilité, effet d'un *dolor* extrême. Il retrouve par le *furor* un nouveau corps d'abord muet. Le chant, ensuite, lui permettra d'accéder à une parole parfaitement maîtrisée, même si cette maîtrise n'est pas un retour à l'humanité : désormais le furieux va se manipuler lui-même comme une marionnette identique à lui-même, mais une marionnette privée de son humanité.

Lors de cette première étape de la tragédie, qui correspond souvent au prologue, l'usage de la rhétorique de l'image et l'usage de la rhétorique de la voix permettent d'introduire dans l'espace scénique le personnage en pièces détachées. Ainsi Hécube est d'une part une image peinte, un personnage de l'*Ilioupersis* dont la silhouette immobile se confond d'abord avec le tableau qui sert de décor. La lecture de cette image se fait d'autre part selon la tradition rhétorique de l'*ekphrasis*. Il s'agit d'un commentaire narratif et moral qui est en-deçà de l'action tragique proprement dite. Le chœur des Troyennes, le deuil excessif d'Hécube, le spectacle de la ville en flammes, tout cela constitue des lieux communs rhétoriques du récit mythologique et de sa représentation picturale.

La tragédie va consister, ensuite, à faire bouger les silhouettes peintes, à donner corps au récit, à créer un espace fictif, la scène, qui n'est plus ni de la peinture ni de l'éloquence ni de la poésie lyrique, mais se situe au-delà de ces différents genres esthétiques. Lorsque les mots du poète s'articulent à l'image du peintre ce n'est pas pour réaliser une *mimèsis* plus parfaite mais pour créer une réalité virtuelle. Le débrayage du réel se fait grâce à l'imitation qui à Rome est déréalisation et non représentation.

Dans cet univers virtuel de la scène le cri d'Hécube qui la fait basculer dans la métamorphose chez les poètes lyriques, est un silence, la nuit qui se fait en elle, le vide immense qu'une folie lucide, maîtrisée vient combler de sa terrible, surhumaine efficacité.

Notes

1. Karl Reinhardt, *Eschyle, Euripide*, trad. franç. éd. de Minuit, Paris, 1972 et O. Taplin, *The Stagecraft of Aeschylus*, Oxford, 1977.
2. Jacqueline Lichtenstein *La couleur éloquente*, Flammarion, Paris, 1989; Agnès Rouveret *Histoire et imaginaire de la peinture ancienne*, EFR, Paris-Rome, 1989, P.129-157, Françoise Frontisi-Ducroux, *Du masque au visage*, Flammarion, Paris, 1995.
3. Karl Scheffold Rouveret 1989 :135-139 Pausanias X, 25-31.
4. Sur l'animation d'un tableau par la parole cf. : Emmanuelle Valette-Cagnac, « La galerie de tableaux comme inventaire mythologique et exercice d'exégèse. Notes sur les fonctions culturelles de l'*ekphrasis.* » *Détournements de modèles* Pens, 1993, p ;1-42, que nous utilisons souvent dans cet article.
5. Nicole Loraux, *Les mères en deuil*, Le Seuil, Paris, 1990, sur Hécube p. 59, 61-2 et *passim.*
6. *Métamorphoses* XIII 404-406.
7. 538-541.
8. J.P. Vernant, *Figures, idoles et masques*, Julliard, Paris, 1990, p. 25-34.
9. Virgile *Enéide*, II, 32.
10. 567-569.
11. 570-571.
12. *ulula* est l'effraie, *ululare* désigne le cri de cet oiseau, c'est le hurlement des loups – Virgile, *Enéide*, VI, 257 –, le cri des Gaulois sur le champ de bataille – César, *Guerre des Gaules* V, 37, 3 –, et les lamentations des femmes *Enéide*, IV, 667.
13. Hygin, *fables*, 90, 111, 249.
14. Lucien, *de saltatu. Hercule sur l'Oeta* de Sénèque présente le contre-exemple d'une métamorphose, celle d'Iole, 173-225, qui échoue, parce que justement on est dans la tragédie.
15. Cf. par exemple Sénèque, *Médée*, 382-395
16. Le *canticum* est chanté et dansé, par opposition au *diverbium* qui n'est que déclamé.
17. Vers 4.
18. Vers 4-6.
19. Vers 6-7.
20. *Anthologie palatine*, IX, 101 et 102, 103 (Mycènes), 151 (Corinthe) avec le deuil éternel des alcyons, 250 (Thèbes), 104 (Argos), 152, 153, 154, 156 et 62 (Troie), 155 (Sparte).
21. Rouveret 1989 : 136-137 L'auteur montre que les inscriptions traditonnellement associées aux tableaux permettaient de lever l'ambiguïté qu'impliquait toute image. Ainsi l'*Ilioupersis* de Polygnote à Delphes décrite par Pausanias comportait au moins le nom des personnages.
22. Sur les objets qui parlent cf. François Lissarague, « Paroles d'images » in *Ecritures* II, Le Sycomore, Paris, 1985, p. 71-94 et Jesper Svenbro, *Phrasikleia*, La Découverte, Paris, 1988.
23. *Anthologie palatine* IX 152. Sur cet usage de « *Hode* » dans ce type d'énoncé cf. Svenbro 1988 : 33-51.
24. Pour des exemples de descriptions antiques de tableau cf. Philostrate, *La galerie de tableaux*, Paris, Belles Lettres, coll. La roue à livres, 1991. Pour la descritpion d'une *Ilioupersis* cf. Pausanias, X, 25-31.
25. Vers 16-17 Nous avons indiqué en gras les déictiques, marques de la description.
26. Valette-Cagnac 1993.
27. Vers 29.
28. Vers 41 Ce dédoublement est caractéristique des prologues de tragédie romaine, où un personnage est poussé vers l'action soit par un double vocal de lui-même, soit plus clairement encore par une allégorie de la fureur tragique comme dans *Thyeste.*
29. Vers 57-58.
30. Vers 64.
31. Pline l'Ancien, X, 155.
32. Vers 64-67.
33. Vers 78-79.
34. Vers 81-83.
35. Vers 99.
36. Vers 111 et 117.
37. Vers123-125.
38. Vers 132.
39. Vers 142-145.

Jean-Pierre Martin

Moi-voix et mi-voix suivi de *Réincarnation de Samuel Beckett*

Pourquoi, à un moment de l'histoire du roman, le mythe de la voix dans l'écrit est-il devenu à ce point central ? Une telle question se confond pour une bonne part avec celle de la fascination – fascination pour la voix, mais aussi fascination de la voix et des voix (pluriel et singulier souvent indécidables). Cendrars, Céline, Queneau, Beckett, Pinget, Duras, Sarraute, bien d'autres encore : autant de manières d'écrire et de penser la voix ; autant de manières de capter, dans l'énergie vocale d'une fiction ou d'un monologue imaginaire, les voix multipliées d'un monde haut-parleur où s'affrontent le subjectif et le grégaire. Mais ce peut être soit pour réaffirmer l'intensité d'une voix triomphante, soit au contraire pour en affaiblir l'écho et en abaisser le volume.

On pourrait distinguer deux ères contemporaines de la voix, deux esthétiques et deux morales de la voix. La première esthétique tenterait de donner l'illusion de la voix (à la façon dont auparavant le roman voulait donner l'illusion du réel). On pense immédiatement à Céline, qui croit ou fait croire à une « sincérité » de la voix (« le langage émotif, le seul sincère »). La voix en ce sens serait l'écriture elle-même, l'écrit-parlé qui s'invente dans le travail d'une langue. Cette voix-sujet qui dit je, qui dit son émotion, est le fil, le filet qui relie l'auteur à son « fidèle » lecteur. C'est l'ère de l'autosuffisance de ce que j'appellerai le moi-voix (Didier Anzieu parle d'un « moi-peau »). C'est aussi l'ère de l'autopromotion de ce texte très particulier qu'est l'écriture à la Céline, qui joue sur tous les tableaux, qui confond toutes les modalités vocales, dans un roman-autobiographie-pamphlet-mémorial. Le politique dans la langue prend le masque du sujet dans sa voix. Cette posture littéraire qui cherche dans la voix le singulier, l'original, le trait à soi, le *reconnaissable*, la marque distinctive, se prolonge sous d'autres formes chez Duras, avec une histoire et des motivations très différentes.

Dans la seconde esthétique, le roman déçoit cette illusion. Il la dénonce, il joue avec, il la questionne, et d'une certaine façon il renonce à elle. C'est une morale de l'écriture qui se défie de l'histoire, mais aussi de la voix (qu'elle peut même parfois désigner comme un trompe-l'œil, un trompe-l'ouïe, une utopie un peu obsolète), ou du moins, d'une vérité post-romantique de la voix – ainsi Queneau, Pinget, Beckett ou Sarraute. Le roman nous parle alors, autant ou plus que de la voix, de la mêlée des voix, des voix emmêlées et aliénées, et plutôt du ils pluriel que du je. Il défascine et démythifie *la* voix en la réinsérant dans le réseau des altérités vocales, des multiples tonalités qui sautent aux oreilles.

La posture qui me semble la plus significative de ce point de vue est celle de Beckett dans ses romans français de l'après-guerre. Beckett ne cesse de baisser le volume de la voix, et de présenter la question de la voix comme une question sans réponse. A Céline, j'opposerai donc de façon privilégiée Beckett – et plus particulièrement, au dernier Céline, le Beckett de *L'Innommable* (écrit en 49, publié en 1953). Ces deux attitudes antinomiques à l'égard de la voix, pour éloignées qu'elles soient l'une de l'autre, ne sont pas étrangères à une mythographie moderne de la littérature qui, faisant dépendre la toute-puissance de l'écrivain de son retrait fondamental, met cependant ce retrait en voix et en image. A travers elles, se pose déjà la question du rapport entre la voix dans l'écriture et la voix sensible, enregistrée ou fantasmée.

La culte de la voix et le charme du tic

Commençons, plutôt que par l'illusion de voix dans le texte, par les traces de la voix physique, par sa mise en scène sonore. La voix de Céline a une histoire ; ce ne peut être tout à fait la même après les « pamphlets », après la guerre, après les camps. Malgré ses dénégations (il prétend fuir les journalistes), Céline n'a pas alors pas dédaigné les micros ou les entretiens. Il a largement consenti à se mettre en voix (comme on dit se mettre en scène) dans des interviews qu'il transforme parfois en de longs monologues, où il dit à peu près toujours la même chose, avec quelques variations (émotion, style, musique).

L'interview, ou bien l'entretien enregistré (radio ou télé) est une sorte étrange de paratexte, d'un genre assez nouveau : on n'a pas encore retrouvé, à ce jour et à ma connaissance, des traces enregistrées de la voix d'Homère ou de Mme de Sévigné. Ce doublage de l'œuvre prend chez Céline une dimension historique particulière, pour deux raisons. D'une part, Céline lui-même a sans doute eu conscience que pour présider à sa propre réhabilitation, il fallait qu'il se commente lui-même, qu'il double sa voix écrite ; qu'il n'hésite pas, au cours de cette autopromotion (je suis le plus grand, le dernier musicien du roman, etc.) à emprunter les voix de la logosphère – cet anneau mouvant de parole médiatique qui, selon Bachelard, encercle la planète. D'autre part, un tel doublage permet de relayer l'effet de voix dans l'œuvre par l'effet de voix dans la mémoire sonore, d'élever l'écoute à la dignité d'une lecture et même d'une relecture. La trace d'une voix physique est ainsi, comme jamais peut-être, *valorisée* : parce qu'elle serait déjà la manifestation sonore d'un style, l'image acoustique d'un phrasé ; parce qu'elle correspondrait très exactement à une voix dans l'écriture. Si vous êtes habitué à l'écriture de Céline à partir de *Guignol's band*, vous *entendez* les trois points, les exclamations – bref, le ton Céline. A l'inverse, pour prendre un exemple patent d'inadéquation entre la voix entendue et l'écriture, le bredouillage dans la voix physique de Modiano se démarque de l'écriture de ses romans.

Il faudrait ici, plutôt que citer, donner à entendre. Donc, imaginez que j'appuie sur le bouton « play ». Voici comment débute un chorus de Céline, un des plus connus, qui date de 1957, à l'occasion du lancement de *D'un château l'autre* : « Eh bien, voilà ! Ayant vécu dans bien des endroits, sous des climats différents et dans des conditions différentes, je me trouve à présent prié de donner mon impression sur mes chefs-d'œuvre dans un décor de chaise électrique… Mais ça ne va pas me troubler du tout, je vais dire tout ce que je pense, et personne ne m'empêchera de parler. »

Ce qui frappe, dans la manière de s'adresser de Céline, c'est qu'il commence par décrire une situation, une condition : celle de l'homme bâillonné et assiégé, voire condamné ; mais il le fait de manière oblique (ce « décor de chaise électrique », c'est le studio), très elliptique, oblitérant tous les sous-entendus historiques (« des climats différents », « des conditions différentes », pour évoquer d'une traite l'Amérique et l'Afrique, mais aussi Sigmaringen, le Danemark, Meudon), appelant à la connivence ses fidèles lecteurs, ses lecteur *in petto*, procédant par allusions, par quelques notations impressionnistes (« personne ne m'empêchera de parler... »). Il met ainsi la voix en situation. Cette mise en scène, on pourrait l'appeler position de la voix, ou manière de voix comme on dit manière de table. La voix audible de Céline, comme la voix du texte célinien, est précisément située. Son lieu est à la fois biographique et historique. Sa pose anti-intellectuelle et populiste est indissociable de la construction d'une image, celle de l'écrivain peuple et réprouvé (très significatif, à cet égard, est le subjonctif populaire, « soye », employé à deux reprises dans la lettre de présentation du manuscrit du *Voyage* adressée à Gaston Gallimard en décembre 1931).

Cette voix cabotine et séductrice, jusque dans ses ratés et ses hésitations, ses reprises « un peu asthmateuses », comme dit Queneau à propos de l'écriture, donne une illusion de spontanéité, une impression de continu (elle nous fait prendre le métro). Elle sait faire du bruit dans nos oreilles, saturer notre espace auditif, créer un effet de naturel autant qu'un effet peuple, un effet de flou séducteur qui correspond bien à son désir d'écrire « nature, tel quel, tout à trac ». Sa force est sans doute de ne pas correspondre à ce qu'on attend encore à cette époque de la voix d'un écrivain – tant du point de vue de la diction que du point de vue du lexique. Il suffit d'écouter Gide, Malraux ou Mauriac. Le modèle de la diction, surtout pour Malraux, c'est Sarah Bernhardt.

Et en même temps, comme toutes les voix enregistrées, ce n'est pas tout à fait une voix physique ; c'est une trace évanescente, une présence-absence ; restituant une voix sans corps, elle renouvelle au fond la notion d'aura (au sens de Walter Benjamin, c'est-à-dire, apparition unique d'un lointain) : remontée dans le temps, magie de la machine (magnétophone, radio...), voix d'outre-tombe, concurrence déloyale aux tables tournantes. Photographiant une icône de la voix, la gardant en mémoire, l'onde radiophonique, avec le recul du temps, semble redoubler la sacralisation du texte et la mythographie de l'écrivain. Par une sorte de retournement, la reproduction de la voix de Céline, loin d'impliquer une « déchéance de l'aura » (c'est ainsi que Benjamin voit « les transformations dans le médium de la perception contemporaine[1] »), l'intensifie et la réactive. Céline accroît son aura posthume par la répétition de son discours.

Le moi-voix post-romantique

Multiples sont les modèles de la voix chez Céline : la voix mystique, celle qui se dit venir des profondeurs de l'être, proférant son texte, dicté de soi à soi ; la voix enregistrée, radiophonique, qui renouvelle l'imaginaire de la voix ; la voix qui sourd de la rue ; enfin et surtout la musique, la voix musiquée, le jazz ou le scat de la langue où s'oublie le sens. La « petite musique » prétend ainsi échapper au symbolique et à la signification, ressusciter l'union mythique entre la voix et le corps, entre la parole et l'écriture. Mais il faut pour cela que ce soit *ma* petite musique. « Toute voix dit avant tout : quelqu'Un parle, un je. » (Valéry) La voix célinienne est, dans tous les sens, possédée : je possède une voix émotive, elle est mienne et en même temps je suis possédé par elle. Ses postulats sont des affirmations de maîtrise : le je c'est moi, je suis dans ma tête à moi ; ma langue c'est moi, j'invente une langue à moi seul, une langue sujet, une langue de l'émotion ; la voix c'est moi : ma voix correspond à ma tête, ou plutôt à mon corps émotif ; et enfin ma voix tend à rejoindre une langue peuple qui serait langue de vérité.

Produire un artefact de voix personnelle (dans la parole comme dans l'écriture), dire et redire sa singularité, la fabriquer, c'est aussi la ressasser, cultiver *le charme du tic*, créer une nouvelle attente et ne jamais la décevoir. On tend à confondre l'invention de langue et l'invention de voix : l'imaginaire langagier de Céline sécrète une illusion de voix tripale et triomphale, incarnée en particulier dans les tics de la ponctuation, dans les effets répétitifs de langue qui se mêlent aux effets peuple. La langue de Céline se prend pour une voix, laquelle s'identifie à un je. Le tourniquet célinien flatte l'ère de l'individu, son illusion de liberté et d'indépendance, d'autonomie et de souveraineté.

Le culte de la voix masque le travail de la langue. Il postule l'équation : voix égale singularité, autonomie, subjectivité. Il implique une croyance dans l'expressivité, une mythographie de la littérature qui s'identifierait à une mythologie de la voix comme expression même du spontané, comme émanation d'un cœur intime et d'une vérité du sujet. On pense à ce que René Girard appelle le mensonge romantique : « Le vaniteux romantique ne se veut plus le disciple de personne. Il se persuade qu'il est infiniment original. Partout, au XIXe siècle, la spontanéité se fait dogme, détrônant l'imitation[2]. »

Pourquoi suis-je parti de Céline ? Parce qu'il illustre tout particulièrement la fascination néo-romantique ou post-romantique pour la voix. Ce qui fait en particulier son « originalité » très ostentatoire, c'est la rencontre entre la voix triviale et la voix tripale. Il est vrai que cette fascination pour la voix a certainement culminé aussi avec Artaud. L'illusion de la voix en littérature rejoint l'illusion néo-romantique du cri (comme si, écrivant, on criait). Je pense à l'expression de Breton : « Le cri d'Artaud part des cavernes de l'être ». Mais avec Céline, la bouche d'ombre se trivialise. Elle parle à la fois *à la cantonade* et au fidèle, au coin de l'oreille et au coin de la rue. La pose « fils du peuple » se mêle à la pose « tout à trac ». Aller au bout du tic égocentré, c'est peut-être retrouver en même temps quelques stigmates d'une parole grégaire. En tout cas, c'est ne jamais se demander : D'où vient cette voix ? De quoi est-elle faite ?

Honte et leurre de la voix

Céline ne peut pas, ne veut pas se poser la question de la relativité, de la socialité, de la grégarité de la voix. C'est précisément la question que posent Sarraute, Beckett, Pinget ou Queneau : celle, en même temps, du paradoxe de la voix, ou du leurre de la voix, de cette illusion d'une voix singulière, de ce mirage d'une adéquation entre la voix et l'écrit. Ecrivain ou lecteur, on ne cessera pas de se demander : De quoi est faite notre voix ? D'un je-ne-sais-quoi, dira-t-on, d'un presque-rien, qui ferait son originalité. Mais aussi, et surtout, et d'abord, de la voix des autres. Ma voix, ma prétendue voix, est bourrée de mimétismes (les ancêtres, les parents, les maîtres, les amis admirés), étranglée d'ascendances, striée de tics irrépressibles, encombrée de tons héréditaires et de tons acquis, bridée de signes mondains, étouffée par l'atavisme et l'héritage. Tel est le paradoxe ou l'ambivalence de la voix. D'une part, « le je ou le moi est le mot associé à la voix. » (Valéry) D'autre part, « Moi se fait de tout ». (Michaux). La voix, elle-même, se fait de tout. Le moi-voix est un étranger dans sa propre voix.

D'où le primat de l'oreille sur la voix. Notre voix est d'abord une oreille sensible, un appareil enregistreur, une sorte de caisse de résonnance où se répercutent l'autre en soi, les livres lus et les phrases entendues, les paroles ordinaires qui courent partout – ce que ne cessent de nous rappeler, de multiples façons, les romans de Queneau, Pinget, Sarraute ou Proust.

D'où aussi la honte de la voix : c'est moi et c'est l'autre, c'est moi traversé par l'autre, ce n'est pas vraiment moi et pourtant ça l'est, comme ma signature. La honte de la voix, le sentiment de son aliénation, est certainement pour Robert Pinget, comme pour Beckett, un ferment du désir d'écriture : « Hier soir enregistrement à la radio, j'ai fait connaissance avec ma voix, d'une affectation à gifler, j'avais honte vis-à-vis des autres mais ils m'ont dit gentiment qu'on reconnaissait bien ma voix[3]. »

L'autre conception esthétique et morale du rapport à la voix, ce ne serait donc plus chercher à faire coïncider une voix et un je, à exprimer le moi-voix – illusion romantique. Ce serait au contraire dire l'aliénation, l'altérité, et l'altération de la voix, évoquer son malheur traversier comme son gai savoir ; chercher d'autres voix dans l'écriture, essayer d'échapper à sa propre voix.

Sourdine et mi-voix

On pourrait envisager certains romans de voix comme des résistances au moi-voix. Ainsi dans l'écriture de Queneau, Beckett, Pinget, ou Sarraute, s'entend, en même temps qu'un travail sur la voix ou le ton, une contre-voix, une résistance à l'autosuffisance de la voix, en tant que sujet à la fois singulier et historique, hystérique et politique.

Beckett oppose la voix d'emprunt, on pourrait dire le mi-voix, au moi-voix. « J'ai toujours écrit pour une voix... » : écrire *pour une voix*, en lieu et place d'une voix, non pas écrire *la* voix. Ce que Beckett pointe continuellement, c'est le mensonge de l'écriture de voix (mensonge romantique au sens de René Girard), le leurre de la voix écrite comme illusion de singularité.

La voix de Beckett est l'exact contraire de la vocifération et de l'exclamation célinienne : « Et doucement mon petit espace vrombit, à nouveau[4]. » Elle ne se situe pas, ne nous met pas en condition. Elle désigne au contraire toujours, en même temps que son caractère improbable, la *distance* qui nous sépare d'elle. Quand Céline dit : « on ne m'empêchera pas de parler », Beckett répond : je ne peux pas m'empêcher de parler.

C'est dans *L'Innommable* (1949) que la démythification de la voix, sa mise en question, est à son point culminant. Ce livre se présente d'abord comme une parodie de dissertation philosophique sur la voix. Cela donne au texte de Beckett une allure singulière, qui n'est pas de l'ordre du vraisemblable romanesque, mais qui dénie également une authenticité vocale : la critique du roman chez Beckett est *en même temps* une mise en question de la voix et de tout système d'énonciation littéraire.

La voix est présentée dans *L'Innommable* essentiellement comme une *question* : « mais c'est entièrement une question de voix, toute autre métaphore est impropre. » D'ailleurs, « tout est une question de voix[5] » : c'est-à-dire que non seulement la voix est une question, non seulement elle est en question, mais elle est *la* question, la seule. Cette interrogation cardinale porte en particulier sur le ratage pour ainsi dire congénital de la voix, question subsidiaire et pourtant fondamentale, qui pourrait s'énoncer de la façon suivante : la voix est-elle une voix ? N'est-elle pas plutôt un ersatz de voix, une expérimentation de la voix nécessairement vouée à l'échec ? Beckett commente, dès le début du livre, cet échouage : « Cette voix qui parle, se sachant mensongère, indifférente à ce qu'elle dit, trop vieille peut-être et trop humiliée pour pouvoir jamais dire enfin les mots qui la fassent cesser, se sachant inutile, pour rien, qui ne s'écoute pas, attentive au silence qu'elle rompt, par où peut-être un jour lui reviendra le long soupir clair d'avent et d'adieu, en est-elle une [6] ? »

Le texte de Beckett parle du même coup de lui-même en tant qu'illusion de voix. A travers la question : « cette voix qui parle en est-elle une ? », on peut entendre aussi : « Cette voix qui écrit en est-elle une ? ». Et l'on trouve ceci encore, quelques pages plus loin : « Peut-on parler d'une voix dans ces conditions ? Sans doute que non. Pourtant je le fais. D'ailleurs, toute cette histoire de voix est à revoir, à corriger, à démentir. N'entendant rien, je n'en suis pas moins la proie de communications. Appeler ça des voix, pourquoi après tout, du moment qu'on sait qu'il n'en est rien[7]. » Jouant sur l'ambiguïté orthographique ou homophonique (dont la conscience est certainement aiguisée par un rapport d'étrangeté au français) du mot « voix », Beckett dévoile l'indistinct de la voix, son insaisissable ou son innommable : si toute cette histoire de voix est « à corriger », c'est qu'elle oscille précisément entre une voix et des voix, entre je et l'autre. De telle sorte que la voix dans *L'Innommable*, hésitant constamment entre un singulier instable et un pluriel cannibale, raconte un conflit qui la dépasse, entre cette « putain de première personne », et le ils grégaire. « Je vais le leur arranger leur charabia » [...] « je ne dis rien, je ne sais rien, ces voix ne sont pas de moi, ni ces pensées, mais des ennemis qui m'habitent[8]. »

Le roman comme illusion de voix

Beckett défait l'illusion de la voix brute et singulière, c'est-à-dire l'illusion d'une voix qui coïnciderait avec un lieu, un ici, un langage intérieur, un corps et un sujet. Il nous dit que le je est innommable, qu'il est une imposture ; qu'il n'y a de langue qu'étrangère ; que la voix c'est les autres.

Dans son lexique, la « voix » est l'exact opposé des voix narratives, de la voix selon les narratologues. Ce n'est pas un système d'énonciation, une modalité narrative. C'est au contraire le *ratage* de tout système d'énonciation, un je-ne-sais-quoi résiduel et utopique : ce qui éventuellement (ce n'est pas sûr) reste quand on a tout raconté, quand on ne veut plus raconter, quand on a épuisé tous les possibles du récit, quand on a joué avec toute la panoplie des représentants en existence et des voix d'emprunt. Un tremblement, une incertitude, une vacillation ou un vertige. Bref, quand la voix est chez Céline un je, un sujet triomphant, sûr de lui, elle est chez Beckett une métaphore fragile. Métaphore de quoi ? Du distinct sans doute, du sujet impossible qui, émergeant faiblement, par sa faiblesse même, sa ténuité ou sa viduité, du bruit environnant (les bruits « coupent, percent, lacèrent, contusionnent »), cherche à se distinguer de la langue des autres, des voix plurielles, innombrables, anonymes, bourdonnantes ou vociférantes.

Le bruit environnant, c'est en particulier l'histoire ou les discours de vérité. Beckett semble marquer, dès ses premiers textes en français, la mise au rancart de toute voix politique, de toute voix de harangue. Ainsi dans une nouvelle intitulée « La fin » : « Depuis quelque temps déjà un bruit m'écorchait. Je n'en cherchais pas la cause, car je me disais, il va s'arrêter. Mais comme il ne s'arrêtait pas, je fus bien obligé d'en chercher la cause. C'était un homme monté sur le toit d'une voiture automobile, en train de haranguer les passants. Du moins c'est comme cela que je comprenais la chose. Il gueulait si fort que des bribes de son discours parvenaient jusqu'à moi. Union... frères... Marx... capital... bifteck... amour[9]. »

Cioran dit qu'avec Beckett, on a l'impression qu'on pourrait se passer de l'histoire. C'est peut-être au contraire la difficulté à se passer de l'histoire qui se dit à travers ces détours, ces traques et ces impasses de la voix. Pour définir un ici qui soit un ailleurs de l'histoire, il faut en quelque sorte désincarner la voix. On pourrait lire *L'Innommable* comme une sorte de méditation sur l'auteur-illusionniste d'une voix impossible ; comme une sorte de fable sur ce tour de passe-passe qu'est la polyphonie, voix multiple et mystificatrice du roman ; enfin comme une allégorie sur la voix tout court, en tant qu'incarnation fantasmatique du texte.

Beckett va autant qu'il est possible au bout de la question de la voix. Pour dire qu'il n'y a pas de voix, qu'elle est une chimère ; pour dire le vertige de la ventriloquie, le leurre du charabia. Avoir voix, ce serait posséder la langue, être l'origine de sa propre langue – illusion romantique. Et pourtant, il ne faut pas cesser de désirer la voix, de la rechercher, de tendre à elle : « Ah comme je voudrais me découvrir une voix dans ce concert. »

Une troisième voix ?

D'un côté, la voix proférée et pamphlétaire, radio Céline, avec sa mythologie post-romantique, resacralisante et visionnaire ; de l'autre la voix blanche, brisée, fantomale, radio Beckett, et sa mythologie questionnante ou allégorique : ce sont deux modèles du cap au pire de l'après-guerre. Ils détiennent des enjeux à la fois politiques et littéraires. Ces deux « voix » opposées correspondent aussi à deux figures antinomiques de l'écrivain, à deux imaginaires de l'adresse dans le paysage littéraire : du côté des Céline, on croit à la voix, on prend la parole et on la garde ; du côté des Beckett on n'y croit guère, on ne cesse de questionner l'espace et le temps de la voix, comme l'espace et le temps de la fiction.

On aura compris que je préfère le mi-voix de Beckett. Et en même temps on voit bien que cette voix diminuée, ce peu de voix correspond à une perte, à un effacement. Il faudrait peut-être quand même bien en retrouver, de la voix. Comment ? Je ne sais pas, non vraiment, je n'en sais rien. Il faut voir, il faut chercher une voix, une autre peut-être.

RÉINCARNATION DE SAMUEL BECKETT

« Il n'y a personne, il y a une voix sans bouche, et de l'ouïe quelque part, quelque chose qui doit ouïr. »

Il est temps de remarquer que tout ce qui précède, je le disais en d'autres termes le soir du 18 décembre 1996, à la villa Gillet ; que tenant des propos sur la fascination exercée par la voix, j'avais imaginé ce soir-là de me livrer à un exercice pratique (on n'a pas tellement l'occasion au fond, parlant littérature, d'expérimenter). Il est temps du même coup d'excuser une mystification qui, si elle n'a pas eu des conséquences dramatiques, aura pu donner au public l'impression désagréable d'avoir été la proie d'un imposteur, voire d'un escroc. J'ose pourtant espérer que depuis ce soir-là, parmi mes auditeurs, il n'en est aucun dont la vie ait été irrémédiablement bouleversée. Je n'ai jamais fait de fausses factures. Pourtant, je me sens coupable. Il est temps de m'expliquer.

Beckett a, semble-t-il, toujours refusé d'être enregistré. J'ai pu le vérifier en France, aussi bien qu'auprès de la BBC. J'avais imaginé, la veille, dans un instant d'euphorie, d'enregistrer ma propre voix, et de la présenter, au cours de ma conférence, comme celle de Sam. Bien peu l'ont reconnue – je veux dire, la mienne. L'attente était trop forte, trop fort le désir de la voix de l'autre, Sam – absent ce soir-là. Je présentais la chose à peu près ainsi, sur un ton de camelot :

« Voici pour la première fois dans le monde, (ai-je dit avec un grand accent de sincérité) (c'est là mon tort, je le confesse), pour vous, la voix de Beckett. Je crois que c'est le seul enregistrement disponible. Il a été piraté. Par qui, comment ? Comment ai-je réussi à l'obtenir enfin, hier ? C'est mon secret. Vous allez donc, exceptionnellement ce soir, entendre Beckett lisant en français quelques phrases qui sont au début d'une pièce qu'il a écrite pour la télévision, *Ghost trio* (1977). C'est un scoop. Au moins, vous ne serez pas venu pour rien. »

Et suivaient ces phrases enregistrées par moi la veille, des phrases qui étaient bien, elles, de Beckett : « C'est une faible voix que la mienne. (Un temps). Veuillez en tenir compte et tendre l'oreille. En aucun cas son volume ne sera modifié, ni dans un sens ni dans l'autre. »

C'était tout. Mais beaucoup, tout de même : message venu de l'au-delà, message unique disparu et retrouvé, massage bienfaisant, chavirant. Toutes oreilles tendues. Silence impressionnant. Un grand cru. La voix est un petit Jésus en culotte de velours. Je pensais qu'on me poserait des questions, qu'on s'étonnerait. J'avais sous-estimé l'imperceptible de l'ironie, le pouvoir de la fascination, ainsi que mon propre vertige narcissique à jouir de l'imposture. La plupart d'entre vous ont trouvé cette voix « extraordinaire », en ont senti la « grande bonté » et la profondeur. Je les en remercie. Je m'écoute, depuis, avec plus d'indulgence.

On aime être fasciné ; on n'aime pas être leurré. Pourtant cette petite mystification, dont les effets ont dépassé mon intention, et dont j'ai été à demi-conscient, me semble rétrospectivement pédagogique au plus haut point. Elle confirme à quel point la question de la voix touche à la religiosité. Le fait que Beckett refuse de donner une image de sa voix physique est très cohérent avec une esthétique qui fantomise la voix dans l'écriture. Mais ce fantomisme de la voix chez Beckett exerce à son tour une fascination. Ce manque (comme pour Michaux) fait encore signe, cet effacement induit l'intensité d'une autre présence. Gardant son halo, la voix spectrale, absente et désirée, perpétue une aura traditionnelle de la littérature – presque comparable à celle d'Homère en somme. C'est une fascination sans autopromotion, inverse de celle de Céline.

Mille excuses pour cette fausse révélation ; pour cette (dé) mystification inachevée. Qu'elle nous fasse tous réfléchir, les enfants. Vigilance à l'égard du velouté de la voix dans tous ses états, ses vertiges et ses impostures.

Depuis cette expérience, de multiples rebondissements me jettent dans une cascade d'incertitudes. D'ailleurs, j'ai perdu le souvenir du moment fatidique et sacrilège où j'aurais osé contrefaire devant un micro une voix inconnue autant que prestigieuse. Une amie me téléphone l'autre jour spécialement de Dublin, rien que pour m'énumérer les apparitions de Beckett « on the air » – ainsi dit-on sur les ondes dans la langue d'Orson Welles. Ces apparitions hypothétiques seraient au nombre de trois : 1. un enregistrement disponible auprès des archives de Radio Eireann, intitulé « The capital of ruins » (déjà je suis sceptique, j'ai lu dans un numéro d'*Europe* que Beckett n'a jamais prononcé ce texte dactylographié pour la radio ; et dans le même numéro, Ludovic Janvier, qui en connaît un rayon sur la question, déclare : « il n'y a pas d'enregistrement de la voix de Beckett ») ; 2. Un enregistrement de *Lessness* par Beckett, que Martin Esslin posséderait (je n'ai pas encore vérifié). 3. Une émission sur Beckett sur Arte, où on le verrait et on l'entendrait s'adressant à des acteurs allemands (je n'ai pas la télé). Tout cela en anglais.

L'autre jour, j'ai rencontré quelqu'un qui prétendait même avoir un enregistrement de la voix de Beckett en français. J'en doute. Mais je ne suis plus sûr de rien. Peut-être, après tout, était-ce la voix de Sam, le 18 décembre 1996. Affaire à suivre.

Notes

1. Benjamin, *Ecrits français*, Gallimard, 1991, p. 144.
2. René Girard, *Mensonge romantique et vérité romanesque*, Grasset, 1961, p. 29.
3. Robert Pinget, *Le renard et la boussole*, Minuit, 1955, p. 163.
4. Beckett, *Malone meurt*, Minuit, 1951, p. 78.
5. Beckett, *L'Innommable*, Minuit, 1953, p. 64 et 98.
6. *Ibid.*, p. 34.
7. *Ibid.*, p. 82.
8. *Ibid.*, p. 100.
9. Beckett, *Nouvelles et Textes pour rien*, Minuit, 1958, p. 101-102.

Michel Poizat

Jouir de la voix

La voix est un objet sociologique non identifié. Même les travaux effectués dans le domaine appelé la sociologie de la culture où peuvent être analysés de façon riche et approfondie par exemple le rapport et ses évolutions de telle ou telle couche sociale à l'art musical ou lyrique, même ces travaux restent muets sur ce qui précisément fonde ce rapport, à savoir l'enjeu de la voix comme telle. Symptomatique en est le remarquable ouvrage d'Antoine Hennion pourtant intitulé *La passion musicale*[1] mais qui s'attache exclusivement à décortiquer les médiations sociales qui articulent tout à la fois la production et la réception (ou « consommation ») du fait musical ainsi que le discours qui est tenu à son propos. Dans ces recherches – je pense également au *Paradoxe du musicien*[2] de Pierre-Michel Menger –, la dimension sociologique est analysée dans ses modalités mais jamais dans le cadre d'une interrogation originaire, fondatrice, sur le lien qui noue le social et la voix comme telle. Et pourtant, s'ils reconnaissent un effet du social sur le rapport à l'objet musical ou lyrique, n'y a-t-il pas lieu de s'interroger, *en amont*, sur la dimension sociale de la voix elle-même, sur la voix comme élément constitutif même du lien social ?

Ce dont nous parlent pourtant tous les jours les commentateurs socio-politiques épiloguant sur la répartition des *voix* exprimées lors de telle ou telle consultation électorale et sur laquelle repose l'organisation même de nos sociétés démocratiques.

Ce dont nous parle également le tribun politique qui de sa voix proclamée du haut de la tribune, électrise, comme on dit, les foules pour le meilleur ou – le plus souvent – pour le pire.

Ce dont nous parle aussi la foule des groupies rassemblées dans les hurlements d'adoration adressés à son idole pop, rock ou rap.

Ce dont nous parlent les larmes et les ovations frénétiques des passionnés d'art lyrique rassemblés dans l'enceinte sacrée de l'opéra autour de la jouissance de leur *diva* pour la voix de laquelle ils sont prêts à parcourir terres et mers voire à sacrifier père et mère (ou peu s'en faut !).

Qu'y a t-il donc dans la voix pour mobiliser ainsi non seulement le sujet mais le *corps social* comme tel ? Rappelons pour donner la mesure de cette mobilisation que l'état français, en pleine crise économique, n'a pas hésité (ou si peu !) à consacrer plus de deux milliards et demi de francs à la construction d'un nouvel opéra à Paris, à la Bastille.

La voix donc : objet sociologique non identifié.... par les sociologues.

La voix est, par ailleurs, un objet psychanalytique tout récemment identifié puisque c'est dans les années 1960 que Lacan la définit comme objet pulsionnel au cours de ses séminaires sur « Les psychoses », sur « l'angoisse » et sur « les quatre concepts fondamentaux de la psychanalyse ». Freud n'a, en effet, que peu parlé de la voix. Et il n'a parlé de la musique que, c'est bien connu, pour se déclarer « ganz unmusikalische ». Ce qui est un peu une coquetterie, comme le montre Edith Lecourt dans son ouvrage *Freud et le sonore* [3] mais qui exprime bien quand même la lucidité de Freud sur un de ses points aveugles ou... sourds ! Il repère bien en tout cas ce qui le gêne dans le rapport à la voix ou au musical, comme il s'en explique dans sa correspondance avec Romain Rolland : il répugne à être envahi par quelque chose qu'il ne comprend pas.

C'est précisément par l'envahissement des voix hallucinées qui assaillent le psychotique que Lacan aborde la question de la voix en l'articulant, d'une part à la question du signifiant et de la marque qu'il imprime sur l'être humain, et d'autre part à la question de la jouissance. C'est ce dernier point qui paradoxalement va nous renvoyer à la dimension sociale de la voix. Car si la jouissance est un objet sociologique lui aussi non identifié, c'est par la régulation sociale de la jouissance que j'ai été amené à me poser la question de la voix en tant que sociologue, mais en sociologue qui n'évacue pas l'implication du sujet de l'inconscient dans les phénomènes qu'il étudie.

La voix est donc un objet de jouissance, un objet pulsionnel et à ce titre, soumis à régulation sociale. Cette approche de la voix a pour effet de décaler radicalement le propos sur la voix et a pour conséquence de destabiliser complètement le sens commun sur la voix. **Car, dans cette perspective, la voix pour autant qu'on peut en jouir, ce n'est pas ce qu'on entend.**

Voilà un énoncé soit franchement énigmatique, soit franchement déroutant. C'est à cet énoncé que je vais tenter de donner du sens tout en montrant que le renversement ou le réajustement de perspectives qu'il implique est particulièrement heuristique et qu'il permet de rendre compte de bon nombre de choses concernant la voix qui sans cela resteraient rangées, soit du côté de l'incompréhensible, soit du côté d'un indicible mou, véritable paresse de l'esprit qui sévit particulièrement dans le domaine qui nous intéresse ici ce soir.

La voix en tant qu'objet de jouissance ce n'est donc pas quelque chose qui émarge au registre de l'acoustique. Si étrange que cela puisse paraître c'est pourtant quelque chose dont on aurait pu se douter bien avant que la psychanalyse ne permette de le formuler. Plusieurs faits bien connus depuis toujours en sont en effet des indices. L'impossibilité par exemple de définir les caractéristiques acoustiques des voix les plus porteuses de cette promesse de jouissance en quête de laquelle le passionné d'opéra se met en marche. La diversité en est infinie et indéfinie. Quel rapport entre la voix de Maria Callas et celle de Leontine Price ? C'est souvent au contraire leur singularité qui en fonde le pouvoir et une singularité elle aussi totalement indéfinissable : il n'est que de voir l'impuissance à les décrire d'une critique réduite au ressassement de métaphores floues, répétitives, toujours *ad hoc*, jamais, et pour cause, organisée en un système d'évaluations et de valeurs cohérent. On ne peut même pas parler de conformité de ces voix à un modèle, un idéal esthétique, même si ces modèles sont parfaitement établis bien qu'extrêmement labiles selon les lieux et selon les époques voire selon les modes. Car c'est souvent la transgression de ces idéaux qui est productrice de cette émotion si puissante.

Il y a bien d'autres faits qui auraient pu mettre la puce à l'oreille de la présence dans la voix d'un enjeu d'une tout autre nature qu'acoustique. Prenons par exemple le comportement, que dans certains cas extrêmes on pourrait qualifier de véritablement compulsif, d'enregistrement par les grands passionnés d'art lyrique de ces moments « live », comme on dit, où leur diva adulée leur offre ces instants tant recherchés. Enregistrements effectués clandestinement et d'une qualité tellement médiocre la plupart du temps qu'acoustiquement, au sens strict, c'est à dire au regard de l'analyse acoustique, ils n'ont plus rien à voir avec les caractéristiques acoustiques réelles de l'événement dont ils constituent la trace. Et pourtant, chaque fois qu'ils les réécoutent, la même émotion les étreint sans que la répétition vienne en éroder la puissance. Ce qui, entre parenthèses, distingue radicalement ce phénomène de celui du souvenir, de l'évocation par la photographie, dont l'émotion qu'elle peut provoquer s'efface très vite sous l'effet de la répétition et de la familiarité. L'enregistrement de la voix recrée l'émotion, la jouissance, elle ne la rappelle pas.

Il est enfin un autre ordre de phénomènes qui nous amène à nous interroger sur la véritable nature de la voix, en ce que la voix est porteuse d'effets aussi puissants, voire aussi ravageurs pour le sujet, c'est celui de la voix hallucinée. La psychiatrie s'est longtemps interrogée en vain : l'halluciné entend-il « réellement » quelque chose ou « croit-il » entendre ? Question sans réponse, que l'approche lacanienne permettra de dépasser précisément en sortant la voix du registre de l'acoustique.

Car c'est justement par cette entrée que Lacan a été amené à poser la voix dans le champ psychanalytique, à la définir comme objet pulsionnel, comme modalité de ce qu'il a appelé l'**objet *a***, comme objet de jouissance. Et c'est ce qui confère sa cohérence à la réflexion que je voudrais vous exposer ce soir, dans la mesure où la relecture par Lacan, le « démontage », selon son expression, de la notion freudienne de pulsion, lui permet d'une part d'inscrire la voix dans le pulsionnel, et d'autre part d'inscrire le pulsionnel dans le social.

Si donc on peut jouir ainsi de la voix, c'est parce que la voix est un…. objet de jouissance. Qu'est-ce que cela veut dire si l'on ne veut pas en rester à une formule digne de Diafoirus ?

Voix et pulsion

Le terme de pulsion dans son acception freudienne stricte n'est pas habituellement rapporté au social, sauf – et c'est Freud lui-même qui pose le problème de cette façon dans *Malaise dans la civilisation* – quand il s'agit de repérer que, selon ses propres termes :

« Il est impossible de ne pas se rendre compte en quelle large mesure l'édifice de la civilisation repose sur le principe du renoncement aux pulsions instinctives et à quel point elle postule précisément la non-satisfaction (répression, refoulement ou quelque autre mécanisme) de puissants instincts. Ce « renoncement culturel » régit le vaste domaine des rapports sociaux entre humains, et nous savons déjà qu'en lui réside la cause de l'hostilité contre laquelle toutes les civilisations ont à lutter »[4].

Pour préciser la nature de cet objet Freud parle d'objet perdu pour bien indiquer justement à quel point la dynamique pulsionnelle se manifeste par quelque chose qui est de l'ordre de la recherche, de la quête d'un objet qu'on aurait perdu et dont la récupération est d'une importance absolue.

Une telle formulation présente toutefois un inconvénient. Bien que Freud ait bien pris soin de préciser qu'il s'agit d'un concept limite entre le *psychique* et le somatique, le lecteur peu attentif peut avoir tendance très vite à dériver vers une conception très biologisante de cette notion, tendant à réduire la pulsion à une sorte d'énergie vitale très liée aux besoins du corps. Le concept d'objet, dès lors, a tendance à se réifier : l'objet, c'est ce qui viendrait satisfaire le besoin. Du coup, on ne peut plus comprendre ce que Freud ne cesse de répéter : n'importe quel objet peut satisfaire la pulsion. On ne peut plus comprendre non plus le véritable sens d'objet perdu. Là encore la notion se chosifie, la perte, le manque deviennent conjoncturels : les objets sont perdus, momentanément absents ou manquants mais comme un livre est momentanément « manquant » chez l'éditeur. C'est pourquoi, dans son « démontage de la pulsion », Lacan préfère parler de « manque, de vide de l'objet » plutôt que d'objet perdu et il indexera le caractère contingent de l'objet pulsionnel en l'appelant objet *a*.

Lacan, dans son analyse de la notion, en donne une version résolument structurale, mais qui non seulement n'est pas contradictoire avec l'approche freudienne mais la conduit à son terme logique. Plutôt que d'objet perdu, il préfère donc parler de **manque** de l'objet et pour pouvoir rendre compte de la notion de satisfaction de la pulsion devenue problématique puisque l'objet de la pulsion se caractérise par son manque et son absence, il ne trouve pas de meilleure formule que de dire que la pulsion **fait le tour** de l'objet, tour étant à prendre dit Lacan « avec l'ambiguïté que lui donne la langue française, à la fois, *turn,* borne autour de quoi on tourne et *trick,* tour d'escamotage »[5].

Le but de la pulsion, c'est bien, selon les termes freudiens, la satisfaction, mais c'est une satisfaction d'un trajet, d'un parcours, non de l'atteinte d'un objet.

Comme le dit Lacan :

« La pulsion saisissant son objet apprend en quelque sorte que ce n'est justement pas par là qu'elle est satisfaite »[6]. L'objet n'est donc opératoire qu'en tant qu'il manque.

Il est toujours difficile de conceptualiser une notion dont la propriété fondamentale est de se présenter sous la forme d'un manque (en d'autres domaines, ce n'est pas sans raison si le zéro fut d'invention relativement tardive et surtout s'il n'est pas généralisé à tous les systèmes de numération inventés, eux, partout par l'être humain). C'est pour rendre compte de cela que Lacan préfère l'expression objet *cause du* désir à celle d'objet *du* désir. Cette dernière tend en effet à induire l'idée qu'il y a quelque chose de substantiel, même si on en reconnaît le caractère « obscur », qui peut venir combler le désir. Parler d'objet *cause* du désir renvoie, au contraire, à l'idée que quelque chose manque, enclenchant de ce fait la dynamique du désir, sans préjuger de sa capacité à satisfaire le désir. La satisfaction pulsionnelle est ainsi selon le qualificatif de Lacan « paradoxale ».

L'explicitation lacanienne met de plus l'accent sur la place fondamentale qu'y occupe l'emprise du langage sur l'être humain si bien que, dans sa perspective, ce qu'on appelle pulsion, ce n'est finalement pas autre chose que les diverses modalités du rapport qu'un organisme vivant entretien avec l'Autre du fait que la nécessité, les besoins de cet organisme passent par « les défilés du signifiant », selon l'image de Lacan. Articulant ainsi psychique, organique, rapport à l'Autre, rapport au langage, la logique lacanienne de la pulsion non seulement « s'ouvre à la voix » mais en fait un véritable paradigme de l'objet pulsionnel.

Mais alors, qu'est-ce que ça veut dire précisément pour la voix d'être marquée du sceau du manque, de la perte, propre à l'objet pulsionnel ?

Dans sa *Leçon de musique*[7], Pascal Quignard repère bien ce comportement du mélomane à la recherche d'une voix perdue. Mais il le rattache à une perte réelle, celle de la voix d'enfant que le jeune homme perd à la période de la mue. Pour intéressante (et admirablement écrite) qu'elle soit, cette hypothèse n'est guère satisfaisante. S'il est vrai, en effet, que l'homme « s'accroche » à cet objet plus fréquemment ou surtout plus étroitement que la femme, celle-ci n'est pas pour autant absente du terrain où tout ceci se joue. Mais surtout cette idée ne nous dit rien de ce qui pourtant constitue un symptôme patent de l'art lyrique : le questionnement constant, voire obsessionnel, sur le rapport parole / musique, c'est à dire, selon nous, le rapport signifiant / voix, pierre d'achoppement de toute l'histoire de l'art lyrique depuis le *parlar cantando* de Monteverdi au *Sprechgesang* de Schoenberg.

L'objet-voix de Lacan est tout autre et non seulement permet de rendre compte de cette problématique mais la place au cœur même de la notion. Comment donc la voix peut-elle se constituer comme un objet d'une aussi étrange nature. Comment dans le rapport à l'Autre, la voix peut-elle se constituer comme « manquante » et s'élaborer en quelque chose dont la formidable puissance d'attraction se fonde sur le fait qu'elle vient à manquer pour le sujet qui dès lors va n'avoir de cesse de vouloir en retrouver la jouissance. Quête toujours vaine et illusoire mais sans cesse relancée en vertu du postulat freudien selon lequel la pulsion est dotée d'une force constante.

Pour le comprendre, il faut se référer d'une part à la description établie par Freud dans *L'Esquisse d'une psychologie scientifique*, du rapport qui se noue par la voix, le cri, entre le nourrisson et la mère, plus généralement et plus justement, l'Autre avec un grand A; et d'autre part aux prolongements apportés par Lacan à la réflexion freudienne.

Posons d'abord le postulat, même si ce postulat n'est que l'hypothèse nécessaire pour faire tenir la construction élaborée à partir de ce qui est effectivement observé et analysé, cette hypothèse échappant quant à elle à toute observation directe de cette situation originaire supposée. Le postulat de départ est le suivant : aux origines de son existence, sous l'effet d'une tension endogène, le bébé, l'*in-fans*[8] marqué par la prématuration caractéristique de son espèce qui le rend entièrement dépendant de l'autre pour subvenir à ses besoins, le bébé donc pousse un cri. Peu importe que ce premier cri soit « le » premier cri ou n'importe quel autre – on verra que ce « premier » cri est mythique ou en tout cas hypothétique. Ce qui importe, c'est que ce cri soit une pure manifestation sonore vocale liée à un état de déplaisir interne et qu'à ce cri l'Autre (ce peut être la mère, et la plupart du temps ce sera elle, mais ce peut être n'importe qui d'autre), l'Autre donc, d'une part *attribue* une signification à ce cri, l'*interprète* comme le signe de faim, de soif, etc. et, d'autre part, apporte à l'enfant quelque chose, lui procurant, par l'apaisement de la tension qui suscita son cri, une satisfaction première.

De cette première satisfaction une trace restera dans le psychisme de l'enfant associée à une trace de tous les éléments qui procurèrent à l'enfant cette décharge de sa tension interne, que ce soit l'apport de nourriture, de contact physique, de stimulation sonore ou de tout à la fois.

A ce stade-là, il faut bien comprendre que ce « premier » cri n'est pas a priori un appel, encore moins une demande, il est simple expression vocale d'une souffrance. C'est l'Autre qui, lui attribuant une signification, l'élève au statut de demande, y inscrivant au passage la marque de son propre désir à elle («Qu'est-ce que tu veux mon bébé ?» phrase derrière laquelle il faut ajouter en filigrane : «Qu'est-ce que je veux que tu veuilles? Que tu me laisses tranquille ou que je m'occupe de toi ?...» [9]). Pour schématiser à l'extrême, la «réponse»[10] de la mère sera bien sûr d'une nature et d'une modalité très différente selon la position occupée par l'enfant dans le désir de la mère, selon par exemple que cet enfant a été ou non désiré par elle.

Si nous disons que ce premier cri, ou plus exactement, que cette supposition d'un premier temps où la jouissance se réalise pleinement, est mythique ou hypothétique, c'est qu'à partir du moment où ce premier temps est objet d'une interprétation et produit des effets, cette «pureté» originelle se trouve à jamais perdue, prise qu'elle est dans le système de significations qui se trouve mis en place dès l'intervention de l'Autre. Or ce n'est qu'à cet état de «cri-demande» que l'expérience nous confronte, l'état de «pureté sonore» initiale disparaissant à jamais aussitôt que ce cri est lancé et qu'une signification lui a été attribuée...

Mais venons-en à une deuxième phase, celle qui s'ouvre lorsque à nouveau sous la pression d'un besoin quelconque, le bébé se remet à pousser un cri. Dès ce second cri, rien n'est plus comme avant : il ne s'agit nullement de la répétition de cette première situation, car ce second cri est déjà inséré dans un réseau de significations émanant de l'Autre et inséré dans une dialectique marquée de son désir. Dès cette seconde phase, de «pur» qu'il était, le cri devient «pour» : pour quelqu'un, pour quelque chose. Il n'est plus simple expression vocale, mais demande pour obtenir le retour de l'objet de cette jouissance initiale, il est d'ores et déjà élevé au rang de signifiant...

Or ce qui pourra être apporté à l'enfant pour apaiser sa tension, ce deuxième objet ou cette deuxième série d'objets ne seront jamais complètement identiques aux premiers, ne serait-ce que parce qu'ils sont insérés dans une situation qui ne peut plus être la même du seul fait des traces laissées par la première. Le premier objet de jouissance ne peut donc jamais être retrouvé à l'identique : il est irrémédiablement perdu.

Et pour ce qui nous occupe ici, dans la mesure où, au cours de cette première expérience de jouissance, c'est la voix, dans sa simple matérialité sonore qui est en jeu, il y aura une recherche de cette matérialité sonore à partir du moment où, dès cette deuxième phase, elle est perdue comme telle derrière la signification que l'Autre lui a attribuée et derrière l'impossible retrouvaille à l'identique de ce premier objet de jouissance, ce dernier prenant alors valeur de paradis perdu. On peut même dire, selon le mot de G. Pommier,[11] que l'enfant dans cette affaire est littéralement *dépossédé* de son cri comme simple matériau sonore vocal puisqu'il n'existe en fait, du point de vue en tout cas de son efficacité, qu'à partir du moment où l'Autre ne le considère pas comme pure émission vocale gratuite, voire ludique, mais qu'il l'inscrit dans l'ordre signifiant, lui donne un sens et apporte un soulagement au déplaisir de l'enfant. Selon une formulation de G. Pommier :

> « La voix en elle-même, sa matérialité a fonctionné un instant comme "appeau" (...) qui attire et impose un dit, une interprétation de la mère. Ce télescopage où la signification déporte le cri, produit un travail de fission où le son prend statut de signifiant. Il laisse derrière lui, inutile au regard de la signification, le squelette de sa matérialité sonore. Ce reste ne veut rien dire, il s'agit de l'objet perdu, de l'objet freudien que Lacan a désigné de la lettre petit a, eu égard à son manque de signification » [12].

C'est ainsi qu'autour de cette construction, c'est tout le rapport de l'enfant à l'Autre qui se trouve mis en place, c'est tout le rapport de l'enfant au langage qui se trouve engagé.

Ainsi formulée, cette problématique place en son centre l'émission vocale sonore. Nous allons voir qu'elle est *in extenso* transposable dans le registre du gestuel / visuel. De fait, dans sa description qu'il consigne dans *L'Esquisse,* Freud précise tout à fait clairement que « le besoin de décharge », « la manifestation à l'extérieur de la modification interne provoquée par la tension » va s'effectuer par le moyen de la motricité »[13], dont le cri n'est qu'une des manifestations. Ce qui d'ailleurs est d'expérience quotidienne : lorsqu'il est sous l'emprise d'une tension interne, le bébé s'agite et gesticule autant qu'il crie. Si donc, parce que, par exemple, il est sourd, l'Autre répond non pas au cri sonore comme tel mais au geste désordonné du bébé en souffrance, l'embrayage du sujet dans le symbolique s'effectuera des plus normalement au niveau gestuel. Cette composante gestuelle reste d'ailleurs toujours présente même dans la situation « canonique » d'un sujet et d'un Autre, entendants. Elle est certes reléguée au second plan car la dimension du sonore tend très vite à prendre le pas mais elle reste quand même toujours là comme en témoigne le fait que toute relation de langage s'accompagne de gestes, non pas signifiants mais expressifs. Dans la situation « sourde » c'est simplement un renversement de plans qui s'opère : le gestuel devient prévalent sur le vocal ; le sonore est relégué au rang d'accompagnement secondaire mais subsiste quand même, comme en témoigne le fait que les sourds « signants » peuvent accompagner leurs signes de mouvements de la bouche et de certaines émissions vocales, non pas signifiantes elles non plus, mais expressives.

L'objet pulsionnel n'est donc pas caractérisé par une substance mais par un vide, une désubstantiation. Sa fonction n'est donc pas liée à une caractérisation sensorielle déterminée ni même à une modalité sensorielle spécifique. Sa fonction est définie par une position dans une structure, tout comme – pour reprendre l'analogie avec les mathématiques – le zéro qui, par définition, ne peut avoir d'existence matérielle mais tient son caractère, ô combien opératoire, des opérations qu'il autorise de par la place qu'il occupe dans la théorie des nombres.

Il y a un autre aspect découlant de cette approche de la voix en termes d'objet pulsionnel sur lequel il convient d'insister : c'est l'implication du corps, de l'organique, dans la voix. La psychanalyse, il faut le rappeler, présente la particularité épistémologique de nouer le biologique au psychique et réciproquement. Notamment justement à travers ce concept de pulsion. Là encore, que la voix concerne le corps, rien de nouveau : tous les chanteurs, tous les professeurs de chant le savent bien qui passent l'essentiel de leur cours à des exercices sur le corps, le souffle, la posture, préalables à tout exercice vocal proprement dit. La voix, c'est donc du corps, et, compte tenu de ce que j'ai dit précédemment, on peut la définir comme la part de corps qu'il faut mettre en jeu, qu'il faut consentir à perdre, qu'il faut donc sacrifier pour produire un énoncé signifiant. Cette définition m'amène à ce phénomène qui pour être d'expérience quotidienne, n'en surprend pas moins toujours quand je l'évoque : la **disparition de la voix** derrière le signifiant.

Quand quelqu'un prend la parole, on est souvent au début capté par les caractéristiques de sa voix, son accent… mais très vite cela disparaît sitôt qu'on fait attention au sens de ce qui est dit, à tel point que pour ceux qui, par exemple, sont bilingues et qui fonctionnent en milieu bilingue il leur arrive fréquemment d'être incapables de se souvenir en quelle langue telle ou telle chose leur a été dite, alors même que les caractéristiques acoustiques des deux langues sont radicalement différentes et ne peuvent être confondues. Cela se produit exactement de la même façon et pour les mêmes raisons avec la « voix gestuelle » des sourds « signants". Ils peuvent un instant être accrochés par la façon de signer d'un tel ou un tel mais très vite tout cela est relégué derrière la signification de l'énoncé signé. Cela est si vrai que, comme cela m'a été à plusieurs reprises rapporté par des entendants bilingues oral / LSF, ayant affaire à des sourds bilingues oral / LSF, là aussi, il leur arrive d'être incapables de dire si la conversation qu'ils ont eu la veille s'est passée en LSF ou en français oral.

Mais à l'inverse, si quelque phénomène vient s'attaquer au signifiant, soit par exemple du fait de l'introduction d'une temporalité étrangère à celle de l'énonciation signifiante, soit en empêchant l'articulation de par une hauteur mélodique incompatible avec la prononciation de certains phonèmes, alors la voix réapparaît comme telle. Et c'est précisément là la fonction de la musique : subvertir le signifiant, empêcher de signifier en rond ! Il en est exactement de même pour la voix gestuelle du sourd signant. Ce phénomène a d'ailleurs donné à Lacan l'occasion d'une de ses rares références aux sourds. « En effet, dit Lacan, si le sourd-muet est fasciné par les jolies mains de son interlocuteur, il n'enregistrera pas le discours véhiculé par ses mains »[14]. On peut également de la même façon parler de chant gestuel ou signé quand quelque chose de la voix gestuelle vient modifier les signes, les amplifier, les moduler, les enchaîner au point parfois de les rendre difficiles à déchiffrer, dans le seul but d'en développer la beauté gestuelle.

Ces exemples montrent bien deux choses : d'une part qu'au regard de ce qui intéresse la psychanalyse la voix ne se caractérise pas par une modalité sensorielle particulière ; et d'autre part, que la voix en tant qu'objet de jouissance, objet pulsionnel, se définit par le rapport qu'elle entretient avec le corps d'un côté et avec le langage de l'autre. Cette relation est complexe et ambivalente puisque sans corps, sans voix, il ne peut y avoir d'énoncé de signifiants, mais comme on vient de le voir, voix et signifiant sont dans une relation de destruction réciproque ou plus exactement dans un jeu de cache-cache perpétuel, l'un masquant l'autre et réciproquement.

Pour conclure : dans cette perspective, la voix en tant qu'objet pulsionnel se trouve à la croisée de trois chemins : l'organique, en tant que touchant au corps, le psychique en tant que lié à la structuration même du sujet, dans son rapport à l'Autre et à son désir, et le sociologique en tant que le rapport à un objet de jouissance d'une part crée du lien social mais est d'autre part en même temps soumis à régulation sociale. Une telle conception de la voix articulant son effet de jouissance au rapport qu'elle entretient avec le signifiant et non à une quelconque caractérisation sensorielle peut sembler déroutante. Elle permet pourtant de rendre compte de nombre d'aspects connus et bien décrits, au moins par les spécialistes, mais jamais interrogés quant à leur motivation profonde. Leur étrangeté est même souvent relevée mais elle est alors rapportée à ces catégories que je qualifiais tout à l'heure de paresseuses : l'ineffable, l'indicible, l'insondable, quand ce n'est pas à la folie ou à la déraison de l'humanité. Je vais prendre trois exemples.

La passion de la voix

Mon premier « terrain », pour reprendre une terminologie d'anthropologue, a été celui des passionnés, des « accros », des « fous » d'opéra, tribu étrange s'il en est, mais dont les mœurs curieuses s'expliquent particulièrement bien à la lumière de l'élaboration théorique que j'ai tenté d'esquisser. Comment en effet ne pas être frappé par l'aspect d'errance qui les caractérise ? Une quête parsemée d'épreuves (longues et pénibles files d'attente pour obtenir une place ; sacrifices financiers importants ; voyages incessants pour suivre telle ou telle interprète, au gré de ses représentations). Comment ne pas y voir la quête d'un graal inaccessible. Comment ne pas voir également dans l'étrange plaisir qui s'empare du mélomane dans ces moments de jouissance lyrique si ardemment recherchés, tous les symptômes de l'expérience de la perte. Quand en effet tout semble concourir à la jouissance de cet objet tant convoité : la qualité d'une interprète dès lors quasiment déifiée, puisqu'on la nomme Diva, la force d'une œuvre, la réceptivité de l'auditeur, bref tout ce qui semble aboutir enfin au succès de l'entreprise.... que ressent alors ce passionné d'opéra : une intense jubilation ?, une explosion de joie ? Pas du tout : il s'effondre dans les larmes. Je vous livre le témoignage que j'ai un jour recueilli sur les marches du Palais Garnier : « Ça m'est arrivé un jour à Bayreuth d'avoir les larmes qui coulaient mais je ne savais pas pourquoi... C'était à *Parsifal,* à la fin du IIe acte :... je pleurais et je ne savais pas pourquoi je pleurais... J'étais surpris... : je me disais : « mais pourquoi je pleure ? »... et je ne pouvais pas m'en empêcher : ça coulait, ça coulait... Je ne sais pas d'où ça provient ça. Et puis il y a le fait de vouloir te lever, de vouloir applaudir et vouloir crier « Bravo » : et puis le « Bra... » il part et le «...vo » il ne part pas. Tu t'effondres sur ta chaise et tu ne peux plus rien faire, tu es complètement h.s., court-circuité : c'est comme si tu avais reçu une décharge électrique trop forte. » Le dit « plaisir musical » est décidément un bien étrange plaisir qui s'exprime par toutes les marques du deuil et de la souffrance. Mais précisément, ces instants ne marquent-ils pas une espérance déçue ? l'expérience de l'impossible des retrouvailles entre un sujet et l'objet tant désiré, l'expérience du vide de l'objet ?

« L'opéra n'est jamais à la hauteur des espoirs qu'on y fonde » écrit la sociologue Frédérique Patureau dans une étude sur l'Opéra de Paris s'attachant à repérer entre autres les mécanismes qui poussent à l'investissement toujours croissant de l'État dans ce genre d'entreprise. N'est-ce pas le constat au niveau socio-économique d'un processus dont les fondements pourraient bien être tout autres que socio-économiques et s'articuler aux effets de l'enjeu de jouissance qui s'y loge ?

A un tout autre niveau, c'est l'histoire même de l'opéra comme genre culturel qui se trouve éclairée de la prise en considération de cette dimension pulsionnelle dans le cadre de sa gestion sociale. Elle en constitue même d'ailleurs un puissant révélateur puisque le genre opéra a toujours mis explicitement au cœur de sa problématique le rapport parole / musique. Et cela jusque dans la gestion même de ces lieux où il est autorisé de jouir de la voix que sont les opéras. Le partage, tout au moins à l'origine, entre l'Opéra Garnier et l'Opéra comique est en effet explicitement fondé sur la place de la parole dans les œuvres produites respectivement sur ces deux scènes : autorisée salle Favart, la parole était interdite de séjour à Garnier. Les opéras sont à cet égard au sens strict des maisons de tolérance ce qui là encore avait bien été repéré notamment par Bernard Bovier-Lapierre quand il se pose la question titre de son livre *Faut-il fermer les maisons de plaisir* [15] ? Mais en amont de cela c'est toute l'histoire et l'évolution du genre opéra que l'on peut décrire comme la résultante d'une tension entre deux pôles : recherche d'une jouissance hors-sens de la voix d'un côté, maîtrise par le verbe de l'autre. A l'attraction dominante de l'un de ces pôles succède toujours l'attraction dominante de l'autre selon un mouvement d'oscillation qu'avait bien remarqué Jacques Bourgeois quand il analysait ce qu'il appelait « le mouvement pendulaire » de l'opéra. C'est ainsi qu'au *parlar cantando* dc Monteverdi qui lui-même réagissait à la dissolution de l'intelligibilité du texte entraînée par la polyphonie, ont très vite succédé les envolées lyriques du *bel canto* baroque des castrats napolitains ou vénitiens. La réforme d'un Gluck vint ensuite réintroduire la volonté de donner la primauté au texte auquel succéda à nouveau la recherche des sommets lyriques à travers les grands airs du *bel canto* romantique si violemment vitupéré par Wagner, maître d'œuvre à son tour d'une réforme visant à réintroduire la prééminence du verbe et du sens. Une telle oscillation, qui devait d'ailleurs finir par devenir le thème même d'un opéra, le *Capriccio* de Richard Strauss, est particulièrement symptomatique de la gestion de cette tension entre voix et signifiant, moteur même de la dynamique pulsionnelle en jeu ici. Car pour qu'une oscillation se maintienne, il faut en effet qu'une force lui soit appliquée en permanence : le repérage de cette dynamique pulsionnelle me paraît particulièrement apte à rendre compte de cette force.

La régulation de la voix

Mais face à une force pulsionnelle toute société se doit de réagir par la mise en place de systèmes de régulation chargée de la gérer, de la contenir. J'en arrive ici au deuxième exemple que je souhaite donner de la capacité de la problématique développée ici, à ordonner, à conférer une logique à des matériaux socio-culturels qui peuvent à première vue en sembler dépourvus. Le terrain que j'aborde donc maintenant concerne la façon dont les instances religieuses, plus particulièrement celles du christianisme primitif et celles de l'Islam se sont posé la question de la légitimité de la place du chant et de la musique dans le culte qu'il convient de rendre à Dieu.

Nous allons donc voir à travers le double exemple du christianisme et de l'islam que, sur cet objet apparemment futile qu'est la voix, le musical, ce que j'appellerai d'un mot le *lyrisme,* va s'affirmer avec insistance la nécessité d'instaurer quelque chose qui est de l'ordre de la loi : prescription, interdit, et leur corollaire : transgression, faute et péché.

Dans les premiers temps du christianisme s'est développée chez ceux qu'on appelle les Pères de l'Église une controverse sur la légitimité du recours au chant et à la musique dans le culte. Une controverse en tout point identique a divisé les docteurs de la loi islamique quelque six cents ans après, au début de l'essor islamique. Je vais en résumer très brièvement les principaux aspects car cette question est très oubliée de nos jours bien qu'elle ait occupé historiquement une place très importante dans les préoccupations des fondateurs des églises en question. Cette question est d'ailleurs encore très vive dans l'islam d'aujourd'hui, comme en témoigne les emprisonnements et même les assassinats de musiciens et de chanteurs partout ou les intégrismes islamiques se manifestent.

Très schématiquement donc, les Pères de l'Église, comme les docteurs de la loi islamique, se sont divisés en deux tendances. La première considérait que le recours au chant, au lyrisme, ne pouvait trouver sa légitimité que dans la stricte mesure où elle pouvait mieux faire passer le message divin auprès des esprits faibles que nous sommes. Argument que je caricaturerai par l'adage : « On n'attrape pas les mouches avec du vinaigre », ou bien « C'est la sauce qui fait passer le merlan ». Dans cette optique, le chant ne trouve sa légitimité que dans une stricte soumission aux textes sacrés. Tout déploiement lyrique devait être proscrit au nom du danger de séduction satanique attribué au chant en tant que tel et au plaisir qu'on peut y trouver. Une position extrême s'est même clairement déclarée dans les deux religions, posant explicitement le chant et la musique comme science satanique portant véritablement atteinte au Verbe sacré et de ce fait devant être purement et simplement prohibés.

A l'inverse et dans le même temps, a été soutenue l'idée radicalement antagonique selon laquelle l'essence du divin, d'être au-delà de toute parole humaine, ne pouvait trouver meilleur moyen d'accès que le lyrisme qui lui aussi transcende la parole. Le lyrisme devient dans cette perspective le moyen privilégié de communiquer avec Dieu, de participer même de l'essence du divin. Du coup, c'est la parole qui, considérée comme d'essence humaine, se voit envisagée comme obstacle à cette relation et se voit diabolisée. Autour de cette controverse, l'Islam s'est carrément clivé entre les tendances mystiques des Soufis qui, tels par exemple les derviches tourneurs, vont jusqu'à l'extrême de la transe musicale dans leurs cérémonies, et les tendances qu'Henry Corbin appelle « légalitaires » qui excluent du culte toute expression musicale et lyrique.

Le christianisme, quant à lui, a fini par adopter une position médiane mais au prix de tout un dispositif de réglementation, de normalisation définissant ce qui pouvait être chanté, comment cela devait être chanté et par qui cela pouvait être chanté. Travail colossal de législation sans cesse remis sur le tapis au gré bien sûr des transgressions qui ne cessaient de se produire.

Nous nous trouvons là devant de puissants appareillages élaborant des positions **éthiques** à l'encontre de cet enjeu pourtant anodin en apparence. Et ceci selon une tension entre deux pôles : angélisation ou divinisation de la voix d'un coté, diabolisation de l'autre. Ce qu'il est intéressant de souligner, c'est que bien avant Freud et Lacan, les appareils religieux ont parfaitement repéré que l'enjeu de jouissance et donc la nécessaire régulation qui en résulte, se situait bien dans le rapport que la voix entretient avec la parole. C'est ce qu'exprime avec on ne peut plus de clarté saint Augustin quand, dans ses « Confessions », il déclare : « J'incline plutôt, sans émettre toutefois un avis irrévocable, à approuver la coutume du chant dans l'Eglise, afin que, par les délices de l'oreille, l'esprit encore trop faible puisse s'élever jusqu'au sentiment de la piété. Mais, quand il m'arrive de trouver plus d'émotion dans le chant que dans ce que l'on chante, je commets un péché qui mérite punition, je le confesse ; et j'aimerais mieux alors ne pas entendre chanter. »[16]

La voix sourde

Le troisième exemple que je souhaite vous développer, va sans doute vous sembler paradoxal puisque il touche à la surdité. Il est pourtant un corollaire directe de la logique qui sous-tend le caractère pulsionnel de la voix dans ses implications sociales. J'ai dit en effet que la voix, dans sa valeur de jouissance ne se définissait pas par une particularité sensorielle déterminée, et relevait de la catégorie du manque. J'ai déjà fait allusion à la pertinence du mot voix dans la situation du sourd-muet de naissance recourant à la langue des signes. En tant que corps parlant, le sourd non seulement se trouve donc concerné par la question de la voix au même titre que l'entendant, mais il occupe face à l'entendant, une position tout à fait particulière et paradoxale. Car il découle de cette logique le fait que **pour l'entendant, pour la société entendante qui l'entoure**, le sourd-muet incarne littéralement et doublement la dimension pulsionnelle de la voix. De ce fait il tombe sous le coup d'une répression pulsionnelle renforcée de la part des instances chargées de cette régulation, en l'occurrence les instances éducatives. La présence dans la question sourde de cet enjeu pulsionnel puissant me paraît là encore de nature à rendre compte de l'étonnante passion, et même on peut dire de la violence qui président aux relations entre entendants et sourds, ainsi que – à nouveau et comme par hasard – de l'étonnante et répétitive oscillation historique des discours et des méthodes touchant à l'éducation des enfants sourds-muets. C'est qu'en effet le sourd présente à l'entendant un « trop » de voix, une surprésentification, si je peux dire, de la composante pulsionnelle de la voix qu'il déploie dans deux registres :

– dans le registre sonore tout d'abord où il manifeste une voix qui avant le dressage à la parole qui peut lui être appliqué, n'est pas support de langage, une voix donc épurée au maximum de toute fonction de support de langage, une voix pulsionnelle pure en conséquence. Une voix qui, même lorsqu'il a appris à parler, présente – sauf exceptions – des caractères d'étrangeté marqués. L'association avec la voix animale est bien entendu immédiate, ce qui se rencontre à tous les détours du discours éducatif sur l'enfant sourd. L'une des motivations inconscientes de l'oralisme est certainement de faire disparaître la voix en tant qu'objet pulsionnel derrière la parole, le signifiant, selon le processus que j'ai exposé tout-à-l'heure.

Mais en plus du registre sonore, le sourd qui parle par gestes, par signes, met tout son corps en voix, si je peux dire, amplifiant considérablement la surface de présentification de la pulsion en jeu dans la prise de parole. Il va donc se trouver ici confronté à tout le processus de régulation mis en place socialement sur la gestualité dans son ensemble et sur la gestualité liée à la parole en particulier. Chaque société, chaque culture organise en effet une régulation éthique définissant les bons gestes, les beaux gestes et les gestes réprouvés. Je renvoie ici au travail de J.-C. Schmitt, *La Raison des Gestes dans l'Occident Médiéval.*[17]

Le sourd manifeste donc en fait, bien malgré lui, un excès de la composante pulsionnelle de la voix. Ce « trop » pulsionnel c'est, entre parenthèses, ce qui me paraît sous-tendre un certain imaginaire sur la sexualité du sourd, cette hyper-sexualité qu'on attribue souvent aux sourds « livrés sans contrainte à leurs seules passions » (c'est une citation de l'abbé Deschamps, « rival » oraliste de l'abbé de l'Épée) et aussi peut-être cette idée si bizarre qui fait de la surdité une conséquence de la jouissance masturbatoire, c'est-à-dire d'une jouissance non réglée. En tant donc qu'il présentifie pour les entendants un « trop » de voix, le sourd va se trouver confronté à une **surrégulation** sociale. La tension entre oralisme et gestualisme, son investissement passionnel important, la présence continuelle dans cette controverse d'arguments éthiques, d'arguments irrationnels voire mystiques, son oscillation, ses renversements, l'effort permanent pour trouver une position médiane me paraissent en effet des manifestations caractéristiques d'un tel processus.

Il est d'ailleurs frappant de retrouver dans les débats autour de cette question des propos et des attitudes qui rappellent étrangement ceux que j'évoquais tout-à-l'heure à propos de la légitimité du chant dans le culte et notamment cette bi-polarisation explicite angélisation-diabolisation. Les propos sur l'obscénité des sourds « gesticulants » sont légion (la gesticulation étant elle-même au Moyen-Âge rapportée au diabolique). Moins fréquent, le discours référant à l'angélique la voix gestuelle du sourd est cependant présent. En voici pour preuve ce que dit l'abbé Fauchet lors de l'éloge funèbre de l'abbé de l'Epée qu'il prononça en 1790 à la demande de la Commune de Paris : « M. de l'Epée ne se contente pas de faire de ses Sourds et Muets de naissance des machines ingénieuses qui paraissent comprendre et signifier des paroles ; il en fait des esprits purs qui saisissent plus exactement que nous et transmettent plus rapidement des idées. Il leur apprend le langage universel de l'intelligence avec lequel on peut s'entendre et se communiquer dans tous les idiomes de l'Univers (...). La précision est incroyable, la rapidité paraît surnaturelle. Nous tâtonnons avec nos paroles, ils volent avec leurs signes. Nos esprits rampent et se traînent dans de longues articulations ; les leurs ont des ailes et planent sans ralentissement dans l'immensité de la pensée (...). Et c'est, en effet, Messieurs, le langage des anges que parlent les disciples de M. de l'Epée. »

Face à cette surprésentification inconsciente de la dimension pulsionnelle de la voix, l'instance sociale éducative va donc développer une double stratégie de régulation, de maîtrise de ce « trop » que le sourd lui présente, s'appliquant pour l'une au registre sonore, pour l'autre au registre gestuel, chacune se débrouillant comme elle peut avec l'autre registre. Ce sont les deux fameuses méthodes oraliste et gestualiste. A cet égard vous voyez que dans cette perspective, les options oralistes et gestualistes sont envisagées comme deux stratégies de régulation pulsionnelle déterminée l'une comme l'autre par un même projet éducatif : tenir à distance cet objet pulsionnel obscène que le sourd donne à voir et à entendre. Cette approche se différencie radicalement des analyses sociologiques classiques qui opposent fondamentalement les deux méthodes et tendent à faire de l'une, l'oralisme, une méthode oppressive de l'éducation de l'enfant sourd, alors que la seconde en constituerait une modalité libératrice. La perspective dans laquelle je me place ici possède le mérite à mon sens d'éclairer le renversement qui s'est opéré au fameux congrès de Milan en 1880 se prononçant pour le rejet de la langue des signes malgré une centaine d'années de réussite gestualiste dans l'éducation des enfants sourds. Ce renversement embarrasse la sociologie de la surdité classique qui n'en rend compte qu'au prix de la théorie du complot sous l'influence des exigences de l'exploitation des sourds par un capitalisme sauvage alors en plein essor. Ce qui, pour le moins, n'est guère convaincant, même si ces facteurs ont effectivement pu jouer.

Je voudrais maintenant pour conclure évoquer deux autres chantiers sur lesquels je commence à travailler en ce moment et qui se prêtent particulièrement à une investigation sur la place que la voix y occupe, dans l'orientation que je tente de vous préciser ici. Il s'agit de l'enjeu de la voix dans les processus identitaires et celui de l'enjeu de la voix dans le politique.

Tout processus identitaire social met en œuvre à un moment ou à un autre une manifestation vocale, sonore ou gestuelle, souvent les deux. C'est par exemple la question du rôle de l'hymne dans ses divers registres (national, sportif, religieux) et du slogan (je rappelle qu'à l'origine, *slogan* désigne le cri de guerre des clans écossais). Là encore, il faut bien constater la surdité d'une sociologie des faits identitaires pourtant de plus en plus prolifique. Comme le numéro spécial de la revue *Sciences humaines* intitulé *Identité, Identités* vient tout récemment de m'en fournir encore une preuve. On y trouve en effet un article entièrement consacré aux manifestations identitaires auxquelles donnent lieu les matches de foot sans qu'y figure la moindre annotation – même tout à fait incidente – sur la place – pourtant fort peu discrète – que la voix y occupe, alors même que cet article est illustré par la photo grand format d'un supporter en pleine vocifération agrémentée, qui plus est, d'une grosse caisse !

Quant à l'enjeu de la voix dans le politique, il suffit de se poser la question pour en découvrir l'évidence. Du tribun haranguant les foules aux voix qui s'expriment dans les votes, de la *vox populi* à la *vox Dei,* le politique se fonde pour une large part sur des rapports de voix. La passion du politique y trouve certainement l'un de ses ressorts et l'enjeu de pouvoir qui caractérise le politique trouve certainement à s'ancrer dans les pouvoirs de la voix si souvent signalés mais dont on commence seulement à repérer quelques-uns des fondements dans la dynamique pulsionnelle dont elle est l'objet, tantôt sublimé, divinisé, tantôt ravalé, satanisé.

Indications Bibliographiques

BOVIER-LAPIERRRE, Bernard, (1998), *Opéras : Faut-il fermer les maisons de plaisir ?* Presses Universitaires de Nancy.

FREUD, Sigmund, (1979), « Esquisse d'une psychologie scientifique » traduit de l'allemand, (1895), par Anne Bermann, in *La naissance de psychanalyse,* Paris, P.U.F.

HENNION, Antoine, (1993) *La Passion musicale,* Paris, A.M. Métailié.

LACAN, Jacques, (1973), *Le Séminaire, livre XI, Les quatre concepts fondamentaux de la psychanalyse,* Paris, Le seuil.

LACAN, Jacques, (1994), *Le Séminaire, livre IV, la relation d'objet,* Paris, Le Seuil.

LECOURT, Edith, (1992) *Freud et le sonore,* Paris, L'Harmattan.

MENGER, Pierre-Michel, (1983), *Le paradoxe du musicien; le compositeur, le mélomane et l'État dans la société contemporaine,* Paris, Flammarion.

POIZAT, Michel, (1986), *L'Opéra ou le cri de l'ange; essai sur la jouissance de l'amateur d'opéra,* Paris, A.M. Métailié, 293 pages.

POIZAT, Michel, (1991), *La Voix du diable : la jouissance lyrique sacrée.* Paris, A.M. Métailié, 250 pages.

POIZAT, Michel, (1996), *La Voix sourde, la société face à la surdité.* Paris, A.M. Métailié, 291 pages.

POMMIER, Gérard, (1982), *D'une logique de la psychose.* Paris, Point-Hors-ligne.

QUIGNARD, Pascal, (1987), *La leçon de musique,* Paris, Hachette.

SCHMITT, Jean-Claude, (1990) *La Raison des gestes dans l'Occident médiéval,* Paris, Gallimard.

Notes

1. Cf. Bibliographie.
2. Cf. Bibliographie
3. Cf. Bibliographie
4. Freud, *Malaise dans la civilisation* (1929 / 1983), PUF, p.47.
5. Lacan, (1973) *Séminaire XI, Les quatre concepts fondamentaux de la psychanalyse,* Le seuil, p.153.
6. *Ibidem.*
7. Cf. Bibliographie
8. « In-fans » rappelons-le : étymologiquement, « qui ne parle pas ».
9. Bien entendu, ce n'est pas en termes de volonté consciente qu'il faut interpréter ce « vouloir ».
10. Ce terme de « réponse » est bien entendu impropre puisqu'il n'y a pas à proprement parler de « demande ».
11. G. Pommier, émission France Culture, « La voix », le 24 mai 1984.
12. G. Pommier, (1982), *D'une logique de la psychose,* Point-Hors-ligne, p. 40.
13. Freud, (1895-1979), « Esquisse d'une psychologie scientifique » in *La naissance de la psychanalyse,* PUF, p. 336.
14. Lacan, J, *Le séminaire. Les psychoses.* 1981, Le Seuil, p. 154.
15. Cf. Bibliographie.
16. *Confessions,* Livre X, XXXIII,49-50, 1980, Desclée de Brouwer.
17. Cf. Bibliographie.

DENIS VASSE
La voix, la parole et le corps

Dans la voix, le souffle de la vie et le son des mots s'articulent en une vibration unique qui dit le sujet vivant dans un rapport aux autres. Ainsi en témoigne le fameux : « C'est moi » répondant à la question : « qui est-ce ? » adressée à celui qui frappe pour qu'il se fasse reconnaître.

En elle, le souffle donne à la langue son accent, son rythme, ce qu'il y a de plus intime et de plus cellulaire, de plus ouvert ou de plus superficiel. Mais aussi, en elle, la manière de parler donne au souffle la vibration du cristal des mots ou la profondeur de leur écho. En cette limite vivante d'où elle jaillit, où elle chante, se brise, se force ou s'éteint, la voix exprime dans le monde des ondes captées par les sens, l'intime de l'intime. Elle a un rapport privilégié avec la vérité qui parle et c'est pourquoi elle excelle à trahir. Elle est résonance de l'inconscient où elle plonge, à moins qu'elle n'en surgisse dans l'air où elle se répand.

Lorsqu'elle n'est pas écoutée, qu'elle n'est pas reconnue comme la marque d'un sujet, elle est réduite à un instrument pour chercher à dire et à comprendre, elle est utilisée pour maîtriser le discours sans le laisser parler. Mais elle ne dit rien non plus à celui-là qui ne chercherait à en entendre que la musique par crainte de comprendre ce qu'elle dit et d'avoir à répondre en son nom…

Ne pas se laisser toucher par la voix ou la priver de ses inflexions subjectives, c'est ne pas reconnaître la dimension d'altérité de la parole en nous. Avec la voix, c'est de ce rapport à l'Autre qu'il s'agit. Elle fait résonner la parole originaire en nous : elle nous constitue en effet en sujet parlant dans un corps – en « je » et / ou en « tu ». Avec elle, c'est de l'esprit qu'il s'agit en nous et entre nous.

le 20 janvier 1997

Les mots ne sont vivants que d'être prononcés par une bouche ou entendus par des oreilles : à l'articulation de la bouche et des oreilles, qui révèle dans l'opacité de la chair la dimension du « cœur », celle de l'Autre. Cette dimension d'ouverture à la rencontre et de rencontre dans l'ouverture fait de l'autre – de l'altérité – la dimension exigée de la PAROLE en vérité. Cette dimension de la parole que l'on retrouve dans la mobilisation des affects à leur entrecroisement avec le sens des mots, nous l'appelons la voix. Être touché au cœur, souffrir, aimer, se réjouir, avoir de la peine, c'est éprouver un corps dans un rapport à la parole.

> « Le mot est un corps qui ne veut dire quelque chose que si une intention actuelle l'anime et le fait passer de l'état de sonorité inerte (Körper) à l'état de corps animé (Leib). Ce corps propre du mot n'exprime que s'il est animé (sinnbelebt) par l'acte d'un vouloir-dire (bedeuten) qui le transforme en chair spirituelle[1]. »

Il n'y a de conscience du corps éprouvé en vérité que dans ce rapport de la chair et des mots, même et surtout si ce rapport s'avère être un lieu de mensonge.

Pour éviter de souffrir, d'aimer, de se réjouir, d'avoir de la peine, le corps va justement se dissocier de la parole : la substance des mots, la voix, est atteinte. Et cette dissociation peut aller jusqu'au pire des dédoublements, jusqu'à l'excès de l'indifférence mutique où le corps ne résonne plus aux mots : il n'y a plus que des mots ordonnés par une signification abstraite.

Les mots ne font plus frémir la chair dans un effet de parole : ils sont sans voix, imaginairement réduits au système logique d'un vouloir dire sans désir de l'Autre.

Nous connaissons la gamme des effets de dissociation de la parole : mutisme, psychose, surdité psychique, troubles de la prononciation, de l'articulation, logorrhée, bégaiement, parasitage, autisme, bavardage…

Sauf pour le dernier cité, peut-être, de tels troubles font que nous sommes consultés et c'est à cause d'eux – directement ou indirectement – que ceux qui font profession d'écouter ne peuvent que rester ouverts à ce qui parle en offrant leur corps aux résonances de la voix dans les mots : en interprétant.

Certes, interpréter, ce n'est jamais rationaliser, trouver une raison ou des raisons à ce que l'on dit. C'est prêter sa voix aux mots pour que le sens caché, oublié, refoulé, y révèle le sujet que le mensonge, l'oubli ou le refoulement (la jalousie) n'autorisent plus à parler. La voix touche au cœur ou au ventre. Elle fait vibrer l'imaginaire de la chair, le moi, jusqu'à ce que le sujet se trouve décollé d'elle, délogé du point imaginaire auquel il est fixé comme un objet. Et le symptôme de cette *fixation*, c'est la *répétition*.

Quand ils parlent vraiment, les mots ont deux faces.

Ce qui se répète indéfiniment, c'est ce qui ne s'accomplit pas en vérité : ce qui ne prend pas corps, ce qui ne fait pas vivre. Faute d'être entendu et / ou d'entendre ce qui parle en lui, l'homme se trouve alors rivé à lui-même, à l'image qu'il a de lui-même.

Il est identifié à cette image qu'il veut toute dire sans y parvenir jamais.

Dans la voix, le sujet garde son mystère tout en y introduisant celui auquel il s'adresse. La voix résonne et prend sens au cœur de l'autre comme en lui-même. Ce mystère est celui de l'ouverture à l'Autre, de l'ouverture à ce qui arrive depuis l'origine et dont notre chair parlante, notre corps garde mémoire, sans même que nous le sachions, de génération en génération.

Nous avançons sur cette voie en suivant la trace que les mots laissent dans le corps. La voix est la substance des mots dits. En apparaissant et en disparaissant, cette substance laisse en nous la trace des mots, elle nous mène à la découverte du sens et / ou à l'invention (la trouvaille) de l'inconscient. Elle nous autorise à suivre ce qui parle en nous (et entre nous) jusqu'en ce point où la parole se perd : dans le symptôme, mais aussi, et de symptôme en interprétation, jusqu'à ce refus jaloux de croire que « ça parle en nous » hors de la conscience que nous en avons, jusqu'au désir du sujet inconscient.

Repus que nous sommes d'informations, de musique, de sons, de bruits, de science, nous suivons le contenu (imaginaire) de nos mots plus que nous n'écoutons.

C'est que les mots ont deux faces directives :

– une qui nous conduit à l'extérieur de nous-mêmes là où <u>nous savons</u> ce que nous disons,

– une qui nous indique, au plus intime de nous-mêmes, de notre « moi », un lieu où ça parle et dont nous ne savons pas ce que ça dit, un lieu que ne peut maîtriser aucun discours, ni non plus la totalité des discours : un lieu qui est leur origine même. La leur et la nôtre.

Le refus jaloux de croire que « ça parle en nous » vraiment instaure la confusion entre ces deux faces. Le langage perd son sens, et les mots, non référés à ce qui parle en nous, nous incarcèrent dans les mots des autres comme en une toile d'araignée qui nous digère, nous neutralise et nous réduit à rien.

Tant que les « mots », dans l'articulation de leurs deux faces directives, ne médiatisent pas *ça qui parle en nous* et qui n'est jamais réductible au contenu des mots, nous ne naissons pas comme *sujet d'Autre.* Nous restons suspendus comme un nuage ou comme une maison dans les airs à moins que ce ne soit comme un étron au-dessus du vide, étron qui ne pourrait sans disparaître abandonner le ventre qui l'évacue.

Écoutez plutôt ce que me disait un patient de 35 ans :

> Les mots autour de ma mère, comme vous dites,
> ils m'entortillent… quand je les dis
> et ils vous entortillent aussi…
> Quand je les dis, elle est là…
> c'est comme s'il y avait, à tous les deux,
> une entreprise d'absorption
> ça m'évoque la digestion… digérer, neutraliser… tout ce qui…
> (il ne termine pas la phrase, ce qui arrive souvent
> comme si les mots eux-mêmes étaient neutralisés, digérés).
> …Je pensais à aller sous la table
> c'est la honte qui fait se cacher…
> cet englobement auquel je participe
> cet espèce d'organe protecteur et emprisonnant
> me donne l'impression d'être à côté des gens.
> Il y a une espèce de barrière que je me construis…
> C'est quelque chose de mou et de résistant en même temps
>
> DV : un utérus
>
> Oui, c'est ça… qui me commande en même temps.
>
> DV : mieux le ventre que l'utérus.
>
> Oui, parce que… c'est très digestif quoi…

y'a un truc qui me vient, c'est : « tomber »...
tomber comme une merde...
tomber comme une merde... enfin c'est... (soupir).

La règle de la psychanalyse – la libre association des idées, il faudrait dire des mots, des motions, des sentiments, des lettres – ne peut que conduire, en suivant la trace des mots, sur le chemin de cette origine parlante qui fait, de la chair, un corps d'homme, une espèce, et un genre : le genre humain. Elle y conduit dans la mise en œuvre d'une parole qui vient buter sur tous les endroits où elle se perd dans les mots, ou dans la chair, dans les symptômes de la pathologie mentale comme dans ceux de la pathologie somatique, dans la distorsion du mensonge.

Le chant du prisonnier

Je me souviens d'une jeune femme qui, ayant déjà « fait » une psychanalyse de cinq ans, avait été projetée chez moi avec la certitude masochiste que je n'accepterais pas de la recevoir. J'avais accepté et après un temps d'attente s'était engagé un travail dur, difficile, scandé par des peurs et des passages à l'acte. Enfermée sur le versant paranoïaque de notre système psychique, elle ne réussissait ce qu'elle faisait que pour se prouver qu'elle n'était pas capable de le poursuivre... dans l'exaspération répétitive d'un abandon d'elle-même à son fantasme d'abandon pris pour origine.

Sa plainte revendicative était toujours la même à propos des enfants qu'elle enseignait : *ils refusent d'entendre ma voix, ils ne m'entendent pas.* Et elle concluait :

> il y a en moi une petite fille qui pleure depuis toujours, mais pourquoi ?
> A vouloir ne pas qu'on me tue, je me tue.
> Je ne suis pas née dans le bon nid.

Sa haine vis-à-vis des enfants ou plus exactement la haine qu'elle pensait que les enfants avaient à son égard – vous l'avez compris, elle vivait dans la projection – n'avait d'équivalent que celle qu'elle avait vis-à-vis de ses parents ; haine soigneusement cadenassée sous les dehors de préoccupations filiales et de savoir-faire fraternel.

Rien ne parlait en elle, disait-elle. Ce n'était pas le silence, c'était le vide. Souvent elle souhaitait, pour être soulagée, qu'on inventât une petite machine qui se mettrait dans l'oreille et qui parlerait (c'était bien avant l'invention du *baladeur*!).

Rien ne parle en elle et personne ne l'entend, les enfants veulent la dévorer. Telle est sa certitude exaspérée, agrémentée d'une phobie des araignées, telle qu'elle se calfeutre dans son studio pendant ses jours de congé.

Au cours d'un long travail, une première brèche a fissuré le mur des défenses qui paraissaient infranchissables et la tenaient prisonnière de l'isolement et de la peur. Elle s'est pratiquée, cette brèche, au souvenir de la voix qu'elle portait au cœur... C'était celle d'un *prisonnier* que son père avait recueilli dans le pays où ils vivaient, dans sa famille, recueilli et probablement sauvé. Lorsqu'il travaillait, *cet homme chantait.* La chaleur de cette voix, elle la ressentait encore. Par elle, il lui parlait et elle se faisait entendre de lui.

Mais, un beau jour, *il est parti.*

Elle vécut ce départ comme un redoublement de l'abandon par des parents fantasmatiquement considérés comme responsables de son isolement, comme le redoublement d'une naissance dans un nid qui n'était pas le sien.

Car la névrose d'abandon s'étaye sur le fantasme selon lequel il n'est pas possible que je sois né de ces parents-là qui sont les miens : la pensée en est insupportable. Un tel fantasme trouve souvent une sorte de corrélat dans la réalité familiale : la propre intelligence de l'enfant se heurte à des parents obtus et c'est une souffrance intolérable pour lui *de n'être pas entendu*, de n'être pas reçu dans le registre où ses dons le font vivre. Dans un retour de manivelle *masochiste*, l'enfant va se massacrer par vengeance sur lui-même, ce qui est l'impasse de la jalousie lorsqu'elle ne se développe pas dans l'horizon d'un pardon qui la rend structurante.

On finit (ou on commence !) par se rentrer les mots dans la gorge plutôt que de les laisser chanter en direction de ceux dont on refuse qu'ils nous aient donné la vie ! Il y a, dans la chair fermée sur elle-même, le refus d'une *interprétation* de ce qui se dit en elle et l'ouvre à ce qui parle.

L'effacement de celui qui parle : le silence du refus (le mutisme)

Le refus de laisser résonner les mots sur les traces que d'autres mots ont laissées et qui vont dans la direction de ce qui *parle en nous*, ce refus se monnaye indéfiniment dans les rationalisations : manière de trouver des raisons et des raisonnements qui éteignent la résonance des mots dans la chair, qui suppriment la voix !

La rationalisation enferme dans la tête : les mots y deviennent les murs d'une prison. Ils emplissent la tête sans résonner dans le corps. Leur emploi provoque des effets mécaniques de coupure et de découpage qui abstraient la vie, la rendent étrangère au vivant, ou étrange ! La voix qui les porte n'est de (n'appartient à) personne.

> J'ai du mal à me laisser aller…
> ou à faire la différence,
> J'ai du mal à ne pas récupérer
> des sentiments ou des mots dans une théorie…
> Je rationalise beaucoup
> C'est comme si j'avançais dans la vie en triant…
> et, à la limite, en découpant.
> Ça me fait penser presque à une machine qui avance
> et qui mange tout sur son passage…
> qui trace un tunnel comme une taupe…
> qui mange tout… dans l'épaisseur de la vie…
> et là dedans y'a pas de joie…

La voix

Les mots qui nous vident, les mots creux, sont ceux qui nous livrent au langage anonyme ou menteur. Ils ont perdu la face qui les oriente vers le silence, un silence où ça parle d'un *sujet antérieur et intérieur* à toute connaissance de lui-même – *l'Autre* – dans l'acte même où le sujet parle.

Livré aux mots des autres, notre chair se trouve ainsi coupée du silence où la parole s'origine dans le corps en faisant vivre la chair. Les mots ne résonnent plus alors dans l'ouverture de notre « moi », à l'intime de l'intime de nous-mêmes, dans l'inconscient, là où nous sommes issus de la rencontre de deux autres chairs s'ouvrant à ce qui les fait vivre dans l'unité de la différence.

Il n'y a de corps humain en effet que celui que nous éprouvons dans un rapport à l'autre ou dans la foi en une parole qui se dit en nous comme en un lieu de rencontre avec nous-mêmes et avec les autres. Je dis : « dans la foi en la parole qui s'y dit » – ou qui le dit – car, dire que la parole naît du silence de la chair, comme nous l'avons avancé jusqu'ici, implique « un » croire que le silence parle. Ce que rien ni personne jamais ne pourra démontrer : *c'est de nous échapper dans le silence où nous l'écoutons que la parole nous constitue comme parlant – vie se révélant elle-même dans le vivant.*

Séparés de la résonance silencieuse du corps, les mots ne parlent plus de l'abondance du cœur. Et le mot n'est plus signifiant du sujet pour un autre mot. Si bien qu'au lieu de courir sous la chaîne signifiante de notre histoire – comme le « furet », disait Lacan, en évoquant la ronde « il court, il court le furet ! » –, le sujet est laissé en rade, il est perdu.

Le lien projectif de la cohérence – le fantasme – lie tyranniquement les mots les uns aux autres. Il met le sujet au service d'une logique ou d'un système. Au lieu de naître à la vie, le sujet s'y caparaçonne sous la forme d'un moi vide, sans parole, sans autre, un *moi tout seul* qui, de surcroît, a toujours raison. (Sur qui ou contre qui ? si ce n'est sur son image et contre elle).

Les mots, ainsi déconnectés de la voix dans le silence où elle naît, enchaînent le « moi » dans des effets de compréhension et de lucidité produits par l'instrument d'un système logique et binaire – celui de l'imaginaire – uniquement référé à la spécularité ou à l'objectivité.

Mais un tel triomphe n'a lieu dans la chair qu'à la condition ignorée de n'être pas atteinte au cœur dans ce lieu de silence qui, d'être touché par ce qui parle, crée et recrée l'homme dans un corps animé par l'esprit. Cette exclusion de la parole tierce se traduit par un *cœur de pierre,* qui n'est parcouru d'aucun mouvement, d'aucune motion, un ventre de machine qui broie tout ou un sexe qui attaque ou annihile la différence. C'est dans la différence vivante des mots, dans la substance de la voix, que se trouve restauré le chemin de l'unité qui ramène au cœur de chair. Ce qui était *pétrifié,* broyé, attaqué — le corps — se met à parler dans le mouvement de la génération et que l'homme expérimente une délivrance : il sort de la prison des mots comme d'une chair devenue pierre. Il est rendu à son statut de fils.

La plainte de l'enfermement et le qui-vive.

Voilà qui nous ramène à la clinique où la plainte de cet enfermement ne cesse de se faire entendre. La violence de cette plainte ne sait quelle direction prendre.

Elle est la violence folle de l'affect libéré de tout représentant-représentatif. Elle tourne en rond. Jamais elle ne rencontre la butée d'un désir ou le tranchant d'une parole qui délivrerait le « moi » de sa course folle. Sans la voix qui l'appelle à demeurer dans un corps qui répond à un nom en parlant, la force souveraine du désir s'éparpille en violence dans les membres.

Ce que cache la plainte d'être enfermé est aussi le refus de la rencontre. Mais il s'agit là d'un refus qui ne saurait être *symbolisé* par des mots, un refus inscrit dans la chair très précocement et qui du coup ne peut plus être signifié et reconnu. Toujours sur le *qui-vive*, il *diabolise* la parole.

> Au moment où vous avez ouvert la porte de la salle d'attente
> J'ai vu… euh… sur votre visage… un accueil et une sécurité
> Alors, il y a une satisfaction qui est venue en moi
> et je l'ai repoussée très vite, je l'ai étouffée
> et je crois que c'est aussi comme ça que je vis
> je vis… sur le *qui-vive* constamment… ou en permanence

Ce refus est le refuge d'un aveuglement où l'homme prend sa *résistance au désir* pour *le désir lui-même* : dans cette confusion, les mouvements de la chair et les motions de l'esprit ne sont plus repérables comme réponse donnée à la parole. Dans cette confusion, la chair du parlêtre devient mutique, refus de cela même qui l'anime, fantasmatiquement vide de vie. Le désir de l'homme devient refus de l'Autre. « Je suis une refusante » hurlait une analysante.

Le vide imaginaire cache le refus du don de la vie et de l'écoute de la parole. Il est appréhendé comme un hurlement silencieux ou une horreur de la vie. Il n'y a d'accès à la vie que par la médiation paradoxale d'une violente impression de répulsion ou d'effroi dont le cri perforant et négateur, rejetant, serait le seul *ressenti*. Faute d'être interprété par la voix d'un autre, parlé pour lui, l'affect provoqué par le cri est annulé au bénéfice d'un cri en retour, annulant toute reconnaissance. Lorsqu'il est tissé au ventre de la mère comme dans le temps de sa prématuration, *le sujet naissant est pris aux mots dans la musique de la voix qui l'atteint*. Les qualités de la voix qu'il entend – en lui ou hors de lui, il ne sait… – interprètent pour lui les bruits de la vie. Dès avant la naissance, le petit d'homme est convié, par ce qu'il entend, à cette articulation de *l'éprouvé* le plus intime de la chair avec le *sens* que les mots prennent dans la rencontre (douceur ou violence, joie ou tristesse). De cette alchimie de la rencontre entre la chair et l'esprit, de cet entrecroisement des sensations et des mots, naît la *réponse initiale* du sujet à la vie : consentement ou refus, mais c'est toujours réponse du vivant à une vie déjà là, consentement de vivre-avec ou, au contraire, refus de le faire par peur.

Je retrouvais, dans les traces qu'une histoire racontée avait déposées en moi, celle d'une dame étrangère qui s'était occupée de lui pendant les deux premières années de sa naissance. Jamais, *si ce n'est sous l'aspect affreux d'un visage absent confondu avec le sien,* cette trace n'avait été évoquée sur le divan. Après les deux premières années de sa vie, cette femme, sa nounou, était repartie dans son pays d'origine. Peut-être même avait-elle été congédiée sous prétexte de séduction du père.

Avec ce départ, quelque chose de la vie qui s'échange et se donne dans le silence de la présence comme dans la parole qui en témoigne… avait été « retranché », perdu.

Et ce d'autant plus que s'était substitué au visage accueilli dans le silence de la rencontre, le visage de la mère à la voix aiguë et perforante – à laquelle il ressemblait beaucoup physiquement. La rencontre qui l'avait mis au monde de la parole ou qui le mettait au monde des parlants, qui le faisait vivre en fils, en enfant, n'était pas la rencontre avec la mère génitrice : ceci ne pouvait même pas être signifié par un rejet de la mère qui l'eût livré à l'abandon. Le seul repère, fort et fragile, qui pût être aperçu, ce fut, après que j'eus évoqué la présence auprès de lui de cette femme, dans le temps de sa petite enfance et alors que la douceur de la voix ou de la parole se pointait dans le transfert analytique, ce fut l'immédiate association :

> Ma mère m'a dit que je l'appelais « maman »… elle était espagnole…
> et, au loin, je me suis demandé, je crois,
> s'il n'y avait pas eu quelque chose entre cette femme et mon père…
> mais je sais pas…

Là où la chair du bébé s'ouvre à la rencontre dans les bras, dans la voix de la « mère », dans la douceur et la tendresse éprouvées jusque dans le silence du corps qui n'a à se défendre de rien pour se laisser porter, là, s'est inscrite la violence d'une substitution qui le rend mauvais au cœur de lui-même. Là, il a tenté de ne rien voir ou de ne rien savoir – il dira de la dame espagnole qu'il n'en a aucun souvenir. Là, il s'est endormi jusqu'à en mourir, jusqu'à cette sorte de coma douloureux de la pensée et ce forcing de l'activité psychique que tout analyste a rencontré un jour ou l'autre.

Voici ce qu'il dit dans la séance qui a lieu après mon intervention : sans que ce soit au niveau de la conscience, elle va éclairer la situation du bébé jusqu'à l'apparition même de cette tristesse mortelle avant l'endormissement, tristesse qu'une activité de la pensée fantasmatiquement violente et apparemment sans objet autre que celui du ventre de la mère enceinte de son frère... va tenter d'éviter.

Tout repos, tout silence du corps le reconduit sur les avenues de la rencontre avec cette « femme espagnole ». Pour éviter ces avenues, il convient qu'il soit fatigué... à en être hors de lui... afin de s'endormir et de n'être pas saisi par une souffrance impossible à dire. En même temps que par une colère meurtrière.

C'est alors qu'il est tout entier dans son oreille, aux aguets de la présence ou de la voix qui le rendrait à lui-même... Être aux aguets évoque la chasse : cette position d'être surpris par la vie pour la tuer par peur de mourir.

> C'est plus facile pour moi d'être en colère ou d'être violent, d'être
> tendu... que de laisser la douceur entrer dans mon corps.
> Je refuse d'entendre pour pas que ça me touche, la voix.
>
> Ce moment où je pouvais rencontrer quelqu'un d'autre,
> ça m'a fait peur à l'intérieur.
>
> J'ai l'impression que je dors à l'intérieur
>
> Ce sommeil qui touche à l'anesthésie, au coma ou à la mort,
> il m'envahit quand je m'affronte à un pouvoir, celui de l'autorité.

La douceur du sourire, ce sera toujours pour lui « comme si ce n'était pas vrai » ! Celui du sourire de l'autorité maternelle qui, bien qu'étant sa « vraie » mère selon la chair, lui est devenue étrangère et qu'il ne rejoint pas dans son corps. La substitution de la mère à la dame espagnole donne au visage dans lequel il se reconnaît d'amour, des traits qu'il ne comprend plus et un corps qui est comme un danger et comme un obstacle à la reconnaissance de lui-même. La douceur de l'autre qui lui permet de se trouver en lui-même a brutalement disparu et, même seul, surtout seul, il ne peut parvenir à la retrouver... *Il ne peut oser se confier au sourire qui n'est pas celui qui le faisait vivre dans le silence de son corps.* Il cherche sans le savoir la rencontre dont le sourire et la voix le confirmeraient dans le silence de son corps... mais ça, il n'ose plus le chercher puisque tout se passe comme si jamais cette rencontre n'avait eu lieu en lui. Naître à la parole dans la rencontre, ça n'existe pas vraiment et « la preuve », c'est qu'en refusant toute rencontre, il évite la souffrance mortelle d'éprouver qu'elle ne le fait pas vivre dans son corps.

La séance que nous venons de citer en témoigne.

Aller plus loin, c'est passer à la séance suivante. Tanguy me dit qu'un jour de la semaine, il a été réveillé par une chanson, au transistor. Il entendait la voix d'une chanteuse américaine. Il *s'est trouvé touché très profondément dans son corps*, touché *comme jamais*, avec une *tendresse incroyable*. C'est la première fois que ça lui arrive. Elle chantait en allemand. Et ça veut dire : « ce que ma mère disait ».

> DV. Vous savez qu'elle est espagnole (Il en avait donné le nom) ?
>
> Oui, dit-il, mais je ne savais pas tout ça... J'ai cherché après...
> Et après, j'ai eu une rêverie..
> et ça a dû se passer comme ça pour moi quand j'étais petit...

Lorsqu'en analyse, une interprétation fait de telles vagues, il n'y a plus qu'à se laisser conduire sur les plages où elle déferle comme en haute mer où elle reflue, là où on ne peut être sauvé que si quelqu'un vient à notre secours parce qu'il nous entend... A moins qu'elle ne nous conduise sur la rive du repos.

La métaphore de la tempête en haute mer et de l'endormissement sur la plage renvoie à cet écartèlement de l'esquif de la chair à l'intérieur duquel le silence ne résonne plus de la voix qui le nomme et situe le sujet dans la mer de ses fantasmes ou qui s'éteint dans un coma qui n'est jamais tout à fait la mort.

Dans cette oscillation impossible entre le bruit assourdissant de la tempête des mots et le mutisme de leur désertion, tout se passe *comme si* le silence dans lequel la parole résonne était détruit et la nomination du sujet en ce lieu évitée, déniée, inaudible. Dans la disparition de ce silence qui écoute, c'est de la disparition corps et biens de l'esquif qu'il s'agit, de ce bateau de la chair qui n'est plus habité de la parole qui résonne dans le silence, mais qui se trouve envahi du délire de mots qui ne parlent plus à personne ou du vide des mots qui ne s'organisent plus en langage.

La parole sans voix

> Je n'aime pas la voix de ma mère.
> J'attends l'autre.

Et ça, c'est mauvais, c'est dire qu'elle n'est pas ma mère.

Dans le dédoublement sans partage, ne cesse de renaître « un geste de violence contre un enfant qui pleure », un enfant difficile, et « dans ce geste, il ne veut rien entendre de ce qu'il demande ». La femme-mère de son premier amour d'enfant, aucune parole tierce, aucune voix paternelle ne vient en témoigner en vérité et au grand jour. L'ouverture symbolique au Réel *impossible* fonde le désir dans l'ordre de la parole. Elle fait naître le sujet dans un corps. L'impossible est la marque du réel auquel est ordonné le désir. Mais, sans témoin désirant, cet *impossible* devient la marque de *l'irréel*, de l'illusoire qui déréalise le désir. Il fait de la *voix aiguë* de la colère maternelle – ou de sa jalousie – la marque d'une mère méconnaissable.

> Mais, tout à l'heure, je sentais
> comme si jamais ce bruit masque en moi la douceur de...
> – je sais pas, mais peut-être – d'une voix perdue.
> et, en tout cas, à nouveau je l'ai senti....
> et, un jour, vous m'aviez demandé : « est-ce que c'est la possession de la voix qui vous intéresse ? »...
> J'arrive pas à me laisser aller à attendre... Je prends
>
> DV. oui, comme si, en même temps vous saviez et on ne vous avait pas dit qu'elle était partie (je fais allusion à la dame espagnole brutalement congédiée) /..... / Aucune autre voix que celle-là, celle de la dame espagnole... ne pouvait vous parler au cœur...
>
> je pensais que... j'aime pas la voix de ma mère... il y a un *son aigu*
>
> DV. quelle tristesse pour le petit bébé d'être privé de la voix qui le faisait exister dans la douceur de la rencontre... quel cafard... et après coup, quelle violence /... / Comme si le bébé avait eu à renoncer ou à s'amputer de la douceur intérieure de vivre une rencontre, celle de la voix...

Dans le transfert, à plus d'un moment, Tanguy avait laissé entendre que, là, « la douceur lui venait par les oreilles » et c'était toujours à ces moments-là que lui et moi nous nous retrouvions, dans sa tête, pris dans la nasse d'une violence soudaine. Dans l'amour de transfert, ma voix rejoignait la douceur d'une voix perdue à jamais... et le réflexe de violence, qui déniait cette blessure, resurgissait.

En une seule voix, le plus extérieur et le plus rejetant se conjuguent avec le plus tendre. La voix aiguë de la mère extérieure n'excluait plus la voix chaude de la mère intérieure. Ce lieu où l'*impossible* devient réel et fonde le désir de vivre avec les autres hors de la réalité imaginaire ou matérielle dont notre sentiment est le seul juge finalement, est le lieu de l'ouverture au Réel du *sujet*. Cette ouverture ne se soutient de la représentation vocale d'aucun autre – de quelque réalité qu'il soit –. Elle est le lieu du grand Autre, du trou, comme dit Lacan, mais aussi et pour le dire avec lui, de la Vérité qui parle.

A l'oreille qui ne refuse pas de croire que l'exercice de la parole jusqu'en la détection de ce lieu originaire est autorisé dans la psychanalyse par le silence de la chair de celui qui écoute, à cette oreille qui croit que parler vraiment c'est toujours ouvrir la question de l'homme en tant qu'il parle, à la question de l'Autre, là où le silence de la chair s'articule à la parole du Sujet.

NOTE

1. Jacques DERRIDA, *La voix et le phénomène*, Paris, PUF, 1967 p. 91.

DIMITRI ESSAKIA

EN GUISE DE (bref) PROLOGUE (ou si vous préférez, **CHAPITRE 0)**

Tout a probablement commencé (de la table… avec la table…

non, — près de la table…
ou plutôt) **sur la table**

(et c'est par elle que tout commença, mais sans elle rien ne commença qui pourtant fût… ("La vie était devant et la vie était la lumière des hommes; et la lumière luisait dans les ténèbres, et par les ténèbres il ne fut pas englouti.") Ce sera(it) plus juste et mérite d'être mentionné tout à fait à part: premièrement, de toute façon parce que sans table il est absolument impossible d'imaginer la vie humaine (dresser la table, convier à table,

se mettre à table;

— bien manger et boire quelque chose de délicieux entamer une chanson ou tout simplement parler (de la pluie et du beau temps), et enfin s'endormir tranquillement (sur,

devant

ou (à la rigueur) sous la table);

et deuxièmement, cette liaison étroite entre la table et le genre (et l'être) humain est évoquée (entre autres) par la mythologie antique (il suffit de se remémorer, par exemple, le mythe célèbre du roi Œdipe qui parvint à résoudre le problème (sans solution) de l'homme posé par le Sphinx (être humain: "… le matin il est sous la table,

l'après-midi à table,

le soir — sur la table")).

À vrai dire (en tout cas sans façon), le commentaire qui va suivre pourrait paraître (apparemment (plus tard)) salutaire. En fait, depuis l'Antiquité, la tradition (durable) de "la pensée (dite) prélogique" (c'est-à-dire "imperméable aux contradictions") fondée sur "le principe (dit) de participation", (qui (et cela semble essentiel), de nos jours, est non seulement assez répandu sous une forme rudimentaire dans la vie quotidienne mais rend souvent (!) des services inappréciables dans les arts (et, peut-être même, à la culture en général)) identifie (selon la sémantique) la table (Τραπεζα — signifie “à quatre pieds”): d’un côté — avec le lit nuptial des jeunes mariés (sur lequel commence une nouvelle vie (liée au festin et à la joie)) et de l’autre côté — avec la couche du grabataire (sur laquelle s’achève la vie antérieure (liée aux funérailles et à l’affliction)) — c’est-à-dire “comme dans le conte où deux jouvenceaux, leurs chevaux et leurs lys, sont tous, en un sens, la même chose”. Ainsi, (se permet-on de remarquer) le rêve (“endormissement” — “éveil”), compte tenu des considérations susmentionnées (et entre autres) peut être interprété également (c’est-à-dire, simultanément) comme (d’un côté, —) “la mort” (mais pas dans la vie réelle (c’est-à-dire concrète)) et (de l’autre, —) “la vie” (mais pas dans la réalité de la mort (éventuelle)) — qui sont ambivalentes (si on reprend le terme à la mode (mais ceci déjà dans une autre tradition (culturelle)): (“naissance” = “dépérissement”, (ou au contraire) “décès” = “renaissance” — avec les dérivés (intermédiaires) des mots “endormissement” = “éveil” : “veille” = “rêverie” (ou au contraire) “illusion” = “réalité”)). De l’importance de la place qu’occupe la table couverte de papier (en tant que lieu des “rêves”, “songes”, “souvenirs”, “visions”, etc.) lors du passage de la culture écrite à la culture orale, — témoignent irréfutablement d’innombrables exemples de textes (surtout “littéraires”) variés (et y compris celui que vous êtes en train de lire)...

Alors (même) que (il faudrait remarquer que) la table (quelle qu'elle soit (de cuisine ou de travail ("pour célébrer les festivités" ou "pour écrire"))) se situe entre ("au centre" des notions les plus archaïques que l'homme a du monde, car "la table", du point de vie de la culture universelle (c'est-à-dire, à condition qu'il s'agisse plutôt du sens "mythologique", non "idéologisé" par la civilisation) est toujours en bois (!) et (donc) son emplacement cosmique (en tant que table, il suffit d'elle-même pour représenter cet emplacement) se situe (d'après le modèle mythologique de la cosmologie géorgienne (en particulier)) dans le monde dit "médial" — ("intermonde" — avec ses structures sacrées et profanes), en d'autres mots, le plan-limite sur la surface horizontale duquel s'entrecroisent les mondes "supérieur" et "inférieur" (correspondant au "surmonde" et au "sousmonde" avec leurs sphères "divines" et leurs "cercles" de comédie) — de l'anthrôpos (entre deux âges (avec toutes les connotations imaginables)) qui y (c'est-à-dirc, à table) est invité pour la collation) ciel (au-dessous) et terre (au-dessus) et, également, au centre ((de la surface horizontale avec tout ce qui s'y trouve), de deux mondes — antéposé (dans le cadre du modèle mythologique géorgien de l'univers nommé "antémonde" conformément à l'idée mythologique "festin-ici") et postposé caché derrière son dos (nommé, évidemment, "postmonde" conformément à l'idée mythologique "malheur-là" (liée, semble-t-il, à l'interdiction pour le néophyte de regarder en arrière lors de la célébration des cultes anciens)) — qui s'ouvraient devant ses yeux) de la vision humaine. (Mais ceci ne suffit pas ((encore) à donner une image cohérente) puisque tout ((ce qui existe) ne serait-ce que l'éternité aussi infinie soit-elle) devrait avoir des contours (quoique à peine perceptibles) pour toutefois (prendre une forme et y) trouver sa raison d'être (sinon tout (ceci) perd (tout) son sens — aussi longtemps qu'il est impossible de saisir celui-ci), or il y a aussi le monde "extérieur" ("extramonde", sa sphère entourant les phénomènes susmentionnés) derrière lequel on voit le néant (: ténèbres, nuit et chaos (point crucial de toutes les fins et de tous les commencements; un gouffre béant omni-développant omni-engloutissant, ayant engendré — en tant que principe de la création ininterrompue des corps désarticulés (selon la tradition antique), — Érébus (avec son royaume serein) et la Nuit (avec ses lubies) (dont l'union incestueuse (en dehors du cadre cosmique — car il n'y en avait pas) fut le fondement de tout le reste)), — bien qu'un certain point de vue puisse amener à la conclusion selon laquelle celui-ci (néanmoins) est déjà quelque chose (de)...). Enfin, à cet endroit (par ceci (et ainsi)) se serait achevée (serait épuisée cette brève (" " — (?)) introduction improvisée (ou plutôt ce qui l'avait remplacée), et si elle n'avait jamais existé personne n'aurait imaginé) la fascination (quelle que soit sa longueur (et son étendue)) pour la merveilleuse perfection (où tout(e chose) est à sa place), — si ...

(REMARQUE: — Toute œuvre romantique doit reposer sur une histoire authentique.

F. Schlegel

— fin de la remarque)

Solon, Solon le sage — poète et législateur illuminé de l'Athènes antique, devancier de l'épanouissement mystérieux (ou, si vous préférez, miraculeux) de la Cité (qui, d'ailleurs, fut témoin (en gardant son opposition "furieuse") de la tyrannie (laquelle le poussa à quitter son pays natal et à terminer ses jours en exil volontaire) originale (comme tout ce qui provient de la Grèce Antique) de Pisistrate)) — était déjà à l'époque un homme âgé quand, lors des Grandes Dionysies, un certain Thespis, jeune homme trapu (dont nous ne savons toujours que très peu (de choses)) sortit (comme d'habitude) avec ses choristes dans les rues d'Athènes (ou, adonc, il y avait skéné ! proskenion ! orchestra!), se sépara de son chœur, planta une table (!) au milieu de la place, s'y hissa (!!) et de là (c'est-à-dire de la table!) entama le chant de ses dithyrambes (en l'honneur du dieu célébré), en évoquant Héraclès le héros (demi-dieu) légendaire de l'Hellade antique (!!!)... Selon le chroniqueur, après cet incident (alors jugé scandaleux), entre Thespis, premier poète tragique (qui en fut acteur) et Solon, premier législateur sage (qui en fut témoin) la conversation suivante eut lieu :

SOLON *(avec une ironie amère et un pressentiment perspicace)* N'es-tu pas honteux, toi, Thespis, simple mortel, de te hisser sur cette table ici devant l'assistance et de "mimer" publiquement le meilleur des Achéens?!

THESPIS *(confus, mais avec un enthousiasme juvénile)* Oui, mais... ce n'est qu'un jeu!

SOLON *(déçu, mais imperturbable, après un court silence, le plus court possible)* Dorénavant tout sera jeu...)), —

"Ici, à cet endroit, commence une nouvelle époque de l'histoire universelle" (il s'agira des paroles prophétiques prononcées par un éminent poète et penseur allemand, l'auteur du "Faust" immortel qui se trouvait, après la défaite de ses compatriotes, dans le camp retranché près de Valmy 2 1/2 mille ans plus tard, à la veille du XIXe siècle)

sur le vieux (large) **bureau** (bien solide) **en chêne de mon grand-père** (au milieu des livres et des feuilles couvertes d'écriture) **avec une feuille de papier vierge** (— tabula rasa ou, si vous préférez, — carte blanche (la langue ((avec ses règles) et notamment son orthographe), par exemple, rend (encore plus) séductrice l'exploitation de (et le plaisir que l'on prend à) cette (peu importe son éphémérité) liberté (sur ce bureau))) **et un** (petit) **buste de Napoléon en plâtre polychrome** (— en face de cette feuille blanche, retenue par la main gauche, tandis que la main droite tient un stylo et y (c'est-à-dire sur la feuille) laisse (ou a (déjà) laissé) sa trace saccadée...)**...**

CHAPITRE I

"Au bord de la route de Satchikvano-Kodory près du pont sur la rivière Khatchou du côté droit dans une cour assez vaste se dressait une ancienne oda mingrélienne ("oda" — c'est la maison mingrélienne sur pilotis) de planches de chêne ou de châtaignier. Au bord de la route un frêne au feuillage dru était planté dans la haie. La haie et la route étaient séparées par un fossé. Un portillon d'ais était bricolé en forme de "Ш" *russe barré en biais. On n'ouvrait le portillon que pour laisser passer les charrois et les cavaliers. Les passants y entraient également* [illisible]. *Au printemps près du portillon se vautraient les cochons embourbés à bout de forces avec leur jouguet, ils saluaient les passants par des grognements, ils soulevaient rarement leur tête et ne se fatiguaient pas pour chercher à se tenir debout. L'oda était loin du portillon. Du portillon en allant vers l'oda au milieu il y avait deux frênes de même taille distants de trois mètres l'un de l'autre. À l'angle droit de l'oda il y avait un grand mûrier rameux* [illisible]. *La route de Satchikvano-Kodory côtoyait au fond de la cour la cour du prêtre Nikoloz Tchikovani et se divisait en deux: à droite vers l'église Saint-George, à gauche vers Kodory. Derrière l'oda à distance de vingt ou trente pas il y avait une cuisine. Une petite cabane était aussi en planchettes de châtaignier. À gauche de la cuisine à l'emplacement de la cave je ne me souviens que des festins joyeux, et encore plus à gauche il y avait une baraque en planches de chêne, et encore plus à gauche une grange et enfin [illisible]... À droite de la cuisine — un potager clôturé et derrière — le jardin fruitier entouré d'une palissade. Dans le jardin près de la cuisine il y avait un puits. Et derrière — les champs clôturés par des palissades. Les champs étaient séparés de l'espace habité par des argousiers embrassés de lierre sur lesquels les corbeaux se posaient et croassaient. Devant la grange il y avait un prunier très haut et tout autour de la cour par-ci par-là il y avait*

des arbres fruitiers et ordinaires. À droite de l'oda et de la cuisine il y avait deux grands pruniers: le premier s'appelait "Kopoula" et l'autre "Sazamtro". À droite du petit grenier avant même que commencent les arbres fruitiers il y avait trois plaqueminiers très hauts. Derrière les mûriers, tout là-bas, derrière les champs labourés il y avait un énorme chêne rameux. Entre la cuisine et le petit grenier jusqu'à la lisière des champs serpentait un sentier étroit qui aboutissait à la cour de Béja Sourmava, d'où on passait dans une ruelle qui menait à la station Abacha, séparée de nous par la distance de trois kilomètres. En face de l'oda et du portillon près de la route il y avait un haut cerisier aux branches élaguées..."

Dimitri Essakia a été invité à la Semaine européenne du roman organisée à la Villa Gillet en novembre 1995. Nous avons le plaisir de faire découvrir au public français le Chapitre 0 et le début du Chapitre I de son ouvrage "A la Recherche de l'espace perdu" paru dans la Revue russe *Znamya* de janvier 1994.

Traduit du russe par Nadia Bountman et Bernard Hoepffner

Ludovic Janvier
"Voix dans la voix"

Qu'on n'attende pas ici une thèse, une théorie : Ça n'est qu'une promenade au milieu de mes obsessions. De sorte que si j'ai l'air de faire le pion, c'est en rêveur, en rêveur désordonné. Et répétitif, hélas !

Au commencement était la voix. Ensuite vient la voix. Après quoi, juste avant le dernier silence, il reste quoi ? La voix.

Permettez-moi d'ouvrir l'écoute en proposant un vers de Mallarmé qui ne me quitte plus depuis que je l'ai lu pour la première fois. On le trouve dans un sonnet à Méry Laurent et il dit :

Mon cœur qui dans les nuits parfois cherche à s'entendre

Avec ces mots j'entrevois l'écrivain tapi au fond de la chambre mentale et qui parlant, écoute. Ecrire, est-ce que ça sera le fruit de cette écoute ? Mon cœur...

C'était ma première épigraphe. La seconde, ça sera de commenter aussi brièvement que possible le titre d'un ouvrage de Beckett, *ECHO'S BONES,* posé à l'entrée de l'œuvre, je veux dire au début des années 30. C'est un recueil de poèmes.

*ECHO'S BONES, **les os d'Echo***

ECHO, ici, c'est d'abord ici la nymphe ECHO, l'ECHO de l'impossible couple ECHO-NARCISSE, ECHO condamnée à répéter la fin des phrases de Narcisse comme elle est condamnée à chercher en vain l'amour de Narcisse. Et pour cause. Ovide nous dit qu'elle va mourir d'épuisement dans cette quête : il ne restera d'elle que les os, répandus sur le sol de sa disparition. Et c'est le vent qui en passant sur les os d'Echo, fait entendre pour toujours sa voix, voix désormais sans chair, et qui parle à corps perdu.

Les os d'Echo : il me semble que ce titre programme assez bien tout le travail de Beckett encore à venir dans ces années 30, et dont la matière sera le discours de ces parleurs au corps défaillant, au corps défailli, défaillance servant la parole de mieux en mieux, servant de mieux en mieux la voix soulagée de son corps difficile.

Ecrire, est-ce que ça sera faire passer et donc faire entendre un souffle de présence au-dessus du souvenir d'un corps ?

*

Depuis longtemps les linguistes nous assurent que le mot chien ne mord pas. C'est indiscutable. Mais pour l'écrivain, et surtout pour le poète, tout se passe comme si le travail textuel pouvait sinon pallier ce défaut de présence au moins lui faire opposition, se dresser contre lui, dresser contre lui toutes les ressources de la parole écrite : sonorités, images, rythmes, etc. avec pour intention, je ne dis pas pour résultat, avec pour intention, naïve je vous l'accorde, de mimer l'objet, ou plus exactement de le faire entendre - voir, ou plus exactement de faire entendre – voir l'effort entier de la parole écrite face à l'objet qui n'est pas là, bref, de donner acte d'un défaut par tous les moyens de l'excès possible, par tous les moyens possibles de cet excès : parler.

Je m'explique, ou plutôt je demande à la poésie de s'expliquer.

Le chemin de La Fontaine, surtout dans les Fables, bien sûr, mais aussi dans ***Psyché*** et dans ***Adonis***, est de passer par l'euphonie de l'évidence, par la claire euphonie de l'évidence :

Un agneau se désaltérait
dans le courant d'une onde pure

A moins qu'il s'en remette aux sortilèges de l'écho :

Un lièvre en son gîte songeait
(Car que faire en un gîte à moins que l'on ne songe ?)
Dans un profond ennui ce lièvre se plongeait :
Cet animal est triste, et la crainte le ronge.

Le chemin de Baudelaire est de passer lui aussi par tous les jeux de l'écoute et de l'écho, dans l'espace textuel. Je dis quelques vers, les derniers, de *Recueillement*, qui se dirigent vers la chute magnifique. Cela donne :

{......} Vois se pencher les défuntes Années,
Sur les balcons du ciel, en robes surannées ;
Surgir du fond des eaux le Regret souriant ;

Le Soleil moribond s'endormir sous une arche,
Et, comme un long linceul traînant à l'Orient,
Entends, ma chère, entends la douce nuit qui marche.

Au passage je rappellerais que Baudelaire et La Fontaine sont deux musiciens par passion ; on sait la vénération de Baudelaire pour Beethoven, Weber et surtout Wagner. On sait moins que La Fontaine pratiquait avec des amis ce qu'on appellerait un peu plus tard la musique de chambre.

J'ai parlé d'écho, c'est parler d'Apollinaire, dont on dirait que c'est la matière et donc l'âme de sa poésie, si souvent :

Mon beau navire ô ma mémoire
avons-nous assez navigué
dans une onde mauvaise à boire
avons-nous assez divagué
de la belle aube au triste soir...

Strophe de *La chanson du mal-aimé* que Beckett adorait. Je nous entends encore nous l'entre-réciter, Boulevard Saint-Jacques, chez lui…

Shakespeare, Shelley, Lorca, Rilke : tous des chanteurs.
Est-ce que vous vous rappelez, dans le poème de Lorca consacré à la mort du torero Ignacio Sanchez Negia ces quelques vers, j'en citerai trois, méditant sur l'après-midi d'ombre et de soleil avec le sang que le sable boit ? Je cite trois vers, pour aller vers le formidable bruit du troisième. En français

O mur blanc de l'Espagne
O noir taureau du chagrin
O rossignol de ses veines

O muro blanco de España
O negro toro de pena
O ruiseñor de sus venas

Cet ô ruiseñor de sus venas !… – De Rilke, je voudrais qu'on se rappelle le tout début - les deux premiers vers – du premier des *Sonnets à Orphée.* Un arbre s'élève là, arbre de chant évoquant bien sûr la forêt d'ombre que la lyre d'Orphée fait se dresser, au livre X des *Métamorphoses* d'Ovide, que décidément nous ne quittons pas.

Dans l'épouvantable français de la traduction cela donne :

Alors un arbre s'éleva. O pure élévation !
O Orphée chante ! O grand arbre dans l'oreille !

Mais dans l'Allemand cela donne, cela sonne :

Da stieg ein Baum. O reine Übersteigung !
O Orpheus singt ! O hoher Baum im Ohr !

Vous entendez cet O hoher Baum im Ohr : de Baum en Baum, de O en O, d'étirement en bulle d'écoute, en passant par l'image buccale et surtout par le travail du souffle on entend – voit se mettre en scène l'activité même de parler – écrire, par quoi il y a bien, en effet, à la fois simulacre et présence.

Il me semble qu'on peut nommer cet effet : la voix. Il y aurait ici de la voix.

Ou si vous préférez, pour répéter une fois encore Mallarmé : Le chant sous le texte.

Comme il y a, comme il y aurait du chant, de la voix dans Ronsard et dans La Fontaine, malgré toute l'éloquence il n'y en a pour ainsi dire pas dans Bossuet, il y a de la voix parfois chez Rousseau, ce musicien, ce fou de musique, bien entendu chez Diderot, il y en a peu dans Sade, il y a de la voix, et pour cause, chez E.T.A. Hoffmann, il y a pas mal de voix chez Flaubert, il n'y en a pas dans Zola, il y a de la voix chez Verlaine, il y a de la voix dans Baudelaire, il y a dans Rimbaud cette voix sauvage et tendre à la fois, il y a beaucoup de voix dans Apollinaire, peut-être plus que chez la plupart des poètes, il y a de la voix chez Joyce, il n'y en a pour ainsi pas dans Kafka, il y a de plus en plus de voix dans Beckett, il y en avait dans Artaud dès le *Pèse-Nerfs* à *L'ombilic des Limbes*, il y a de la voix souvent dans Michaux, il y a de la voix dans Céline et dans Proust, il y a de la voix dans Claude Simon et dans Robert Pinget, un autre praticien de la musique en l'occurrence le violoncelle.

Est-ce que cette voix, c'est la voix du poète ? Ou est-ce la voix que l'écrivain fait parler à la langue, et qui le rend poète ?

Evoquons Flaubert et son *gueuloir*. Tous les lecteurs de sa ***Correspondance*** pensent à Flaubert debout face à la Seine ou tout simplement debout dans la chambre à hurler, en train de faire passer sa phrase par la bouche et par l'écho, qui sont en somme la garantie et à ses yeux la signature de sa parole écrite. On découvre ceci, sous la plume des Goncourt, le 17 mars 1861, alors que Flaubert est en train d'écrire *Salammbô* :

> « Et il nous lit, avec sa voix retentissante qui a le rauquement d'une voix de féroce, mêlée au ronron dramatique d'une voix d'acteur, le premier chapitre de **Salammbô**... »

Que ne donnerait-on pas pour l'entendre vraiment cette voix de féroce, l'entendre vraiment retentir et nous dire à nous, par exemple, cette première phrase en coup de trompette (elle déplaisait à Claudel qui y voyait ou plutôt entendait la surdité de Flaubert) qui ouvre le grand bal « carthaginois » du roman : « C'était à Mégara, faubourg de Carthage, dans les jardins d'Hamilcar ». Image, rythme, lexique aux échos retentissants : nous n'avons pas la voix de Flaubert et pourtant nous croyons l'entendre, nous voudrions à partir de là l'entendre, l'entendre plus, on y est presque, et on n'y est pas du tout.

Je me rappelle un colloque intitulé Kierkegaard vivant où Sartre qui y était invité n'a pas manqué de dire qu'on ne songerait pas à baptiser ainsi un colloque consacré à un auteur réellement vivant, de sorte que ce Kierkegaard vivant évidemment signifiait Kierkegaard mort.

Il me semble que parler de la voix d'un auteur, serait-il d'ailleurs vivant lui-même, nous installe au cœur d'un paradoxe semblable. Car enfin pour qu'il y ait ce texte il a bien fallu que l'écrivain s'absente, je veux dire se fasse excuser, je veux dire se fasse représenter par l'écriture. C'est la disparition élocutoire énoncée par Mallarmé.

Adieu donc à la vive voix que l'auteur a eue, qu'il a encore, s'il vit toujours, pour faire place à cette présence-absence qu'est toute parole écrite, lettre en suspens entre deux vivants : l'écrivain qui un jour l'a prononcée, le lecteur qui un jour la re-prononcera. Leurs deux vives voix ont pour medium ce tombeau de la voix qu'est un texte. Parler de voix, ici, je veux dire à propos de ce texte, de son ton, parler de voix ici n'est que métaphore, par conséquent.

Métaphore dont la raison pourrait bien être le regret, le regret du vif. Car ce gueuloir de Flaubert, et le formidable effort de Rilke dans les vers que je citais, et l'audible intention d'Apollinaire dans la strophe que je vous ai fait entendre, ce travail évidemment plaide pour la naïve et féroce et tenace intention, chez l'écrivain, de « jouer » la présence. « De la pensée accrochant la pensée, et tirant » écrit Rimbaud. De même le recours non pas à la vocalité, mais bien à la voix, signifie-t-il chez tout lecteur cette espèce de désespoir de ne pas toucher, saisir, prendre pour lui cette brassée de signes lointains, la parole couchée là, lointains et tout proches. Ou plutôt de ne pas pouvoir, à travers la parole cachée-là toucher, saisir, prendre contre lui le beau parleur qui s'y est rendu absent. Désespoir qui est d'ailleurs souvent celui de l'écrivain lui-même, naïf et rusé, comme Lautréamont faisant dire à Maldoror ceci : « Que ne puis-je regarder à travers ces pages séraphiques le visage de celui qui me lit. S'il n'a pas dépassé la puberté, qu'il s'approche. Serre-toi contre moi, et ne crains pas de me faire du mal; rétrécissons progressivement les liens de nos muscles. Davantage. Je sens qu'il est inutile d'insister; l'opacité, remarquable à plus d'un titre, de cette feuille de papier, est un empêchement des plus considérables à l'opération de notre complète jonction. »

L'écrivain, le lecteur : ils parlent de voix, ils veulent qu'il y ait voix, effort de voix, pour ne pas lâcher, ne jamais lâcher ce qui les retient comme un fil nourricier à l'être même : parler.

Il serait insupportable que, cela, l'écriture l'oublie !

*

Ici, pour inquiéter un peu mes propos je poserais volontiers deux questions. La première paraîtra concerner du dehors le statut de la voix :

Qu'en est-il de cette voix lorsque c'est l'écrivain lui-même qui soit enregistre, soit lit en public son propre texte ?

Passé la première émotion d'entendre la voix de Valéry lire ou dire Valéry, Apollinaire psalmodier *le pont Mirabeau*, Artaud proférer *Pour en finir avec le jugement de Dieu*, etc. il me faut bien faire état de ma déception, le plus souvent. A quoi est-elle due ? La voix que j'entends me paraît moins celle de l'écrivain que celle d'un acteur, et, sauf exception, d'un mauvais acteur, au surplus trahi par l'état de la technique à l'époque où l'enregistrement a eu lieu. Mais, et c'est là l'essentiel, le plus surprenant, ou le moins surprenant, à la réflexion : cette voix ne me paraît qu'exceptionnellement être celle du texte, je veux dire faire le plein des possibilités offertes à l'énonciation par le poème ou la prose que j'ai devant moi, comme si ma propre lecture à voix intime, et d'ailleurs insituable, immontrable, recélait plus que toute voix extérieure, serait-elle celle de l'auteur. Je laisse la question en suspens, quitte à la reprendre avec vous.

Mais j'ai annoncé une seconde question. Et celle-là, vraiment, ouvre sur la rêverie. Sur le fantasme, même.

Nous savons que dans l’utérus de sa mère, l’enfant entend. Peut-être finit-il par écouter ? Les fréquences aiguës d’abord, ensuite les graves, qui lui parviennent à travers le liquide, sous forme d’ondes, on imagine.

D’autre part l’enfant, le nouveau-né, puis le bébé, ce non parleur - infans, privé de parole – perçoit la mélodie de la voix maternelle et des voix environnantes bien avant d’accéder au sens. Bien.

Question : Il y aurait ici, dans les deux cas, musique, ou du moins rumeur sonore avant qu’il y ait articulation, non ? Dès lors, écrire, et parler, en attendant d’écrire, est-ce que ça ne serait pas aller à la recherche de cette mélodie de l’origine, entendue aux confins du sommeil et de la caresse et qui, bien avant d’attirer le parleur en direction du sens, l’engloberait en somme de son affection ? Là aussi, je laisse en suspens.

II

Ouvrant le recueil *Epreuves Exorcismes* d’Henri Michaux – il est vrai avec préméditation – je tombe non par hasard sur le poème intitulé *Immense voix,* où je lis entre autres choses ceci, au début :

> Immense voix
> qui boit
> qui boit
>
> Immenses voix qui boivent
> qui boivent
> qui boivent

et où je lis ceci, en conclusion :

Suffit ! Ici on ne chante pas
Tu n'auras pas ma voix, grande voix
Tu n'auras pas ma voix, grande voix

Tu t'en passeras grande voix
Toi aussi tu passeras
Tu passeras, grande voix.

Acte et texte de résistance où j'entends à la fois se poser et se résoudre, au moins provisoirement, la grande question tenant à l'écoute : celle de la liberté du parleur.

Déjà, nous savons que nous sommes sur le trajet du langage, que nous sommes en quelque sorte les locataires, les locataires en marche, parce qu'il y a eu des paroles avant nous et parce qu'il y aura des paroles après nous. Nous prenons la parole, est-ce que nous ne faisons que l'emprunter ? Au moment même où je parle, au moment même où je m'inscris dans le travail des voix dont je suis le contemporain, j'entends, ou du moins j'entendais avant que ma voix s'élève, et peut-être pendant que ma voix s'élève, j'entends le concert énorme des parleurs qui m'entourent. Si je veux parler en mon nom, ne pas reproduire ce concert, ne pas le citer, si c'est possible, en somme si je ne veux pas être le porte-voix de ce concert, il faut que je résiste à cette voix des voix, à cette énorme voix qui veut m'absorber, me couvrir. Me couvrir de son chant qui peut être séduction.

Bref, passer comme Ulysse intact au milieu des Sirènes. Cette leçon de Michaux (il n'aimerait pas le terme...), leçon de résistance, il me semble qu'elle fait pendant à une scène formidable dans Kafka, scène dont le thème précisément est le chant des Sirènes. Dans son désir infiniment rusé de résister à la gourmandise des Dieux, qu'il s'agisse de Prométhée, de Poséidon, d'Abraham, Kafka s'est appliqué parfois à la fulgurante réécriture des mythes, j'allais dire à leur inversion, à leur subversion. Voici par exemple ce qu'il écrit sur le chant des Sirènes :

> « Il se fiait absolument à sa poignée de cire et à son paquet de chaînes, et tout à la joie innocente que lui procuraient ses petits expédients, il alla au-devant des Sirènes.
>
> Or, les Sirènes possèdent une arme plus terrible encore que leur

chant, et c'est leur silence. Il est peut-être concevable, quoique cela ne soit pas arrivé, que quelqu'un ait pu échapper à leur chant, mais sûrement pas à leur silence. Au sentiment de les avoir vaincues par sa propre force et à l'orgueil violent qui en résulte, rien de terrestre ne saurait résister.

Et de fait, quand Ulysse arriva, les puissantes Sirènes cessèrent de chanter, soit qu'elles crussent que le silence seul pouvait encore venir à bout d'un pareil adversaire, soit que la vue de la félicité peinte sur le visage d'Ulysse leur fît oublier tout leur chant.

Mais Ulysse, si l'on peut s'exprimer ainsi, n'entendit pas leur silence ; il crut qu'elles chantaient et que lui seul était préservé de les entendre ; il vit d'abord distraitement la courbe de leur cou, leur souffle profond, leurs yeux pleins de larmes, leur bouche entrouverte, mais il crut que tout cela faisait partie des airs qui se perdaient autour de lui. Bientôt tout glissa devant son regard fixé au loin ; les Sirènes disparurent littéralement devant sa fermeté et c'est précisément lorsqu'il fut le plus près d'elles qu'il ignora leur existence.

Mais elles, plus belles que jamais, s'étirèrent, tournèrent sur elles-mêmes, laissèrent leur terrifiante chevelure flotter librement au vent, et leurs griffes se détendirent sur le roc. Elles ne désiraient plus séduire, elles ne voulaient plus que retenir le plus longtemps possible au vol le reflet des grands yeux d'Ulysse. » *(Je reproduis ici la traduction de Marthe Robert).*

J'ai parlé de ruse. Je ne peux pas entrer dans les détails et détours de cette ruse au travail. Mais enfin, il s'agit bien pour ce nouveau chanteur que l'écrivain veut être, pour ce chanteur neuf et voyageur lucide, il s'agit bien pour lui de tenir tête à l'enchantement qui l'entoure, cet enchantement aurait-il pris la marque du silence.

Aujourd'hui mon époque a l'air de se tenir debout dans cette immense voix des voix dont elle m'accable.

Hier, avant les média, avant la radio et le disque, elle avait pour moyens les sortilèges de la musique, impérieusement représentée par le symphonique et surtout, symphonique et voix mêlées, par le philtre Wagner.

Le *Tannhaüser* de Wagner est pour Baudelaire un immense horizon, un énorme bain propre à nourrir les Correspondances, à moins qu'il ne les recouvre. C'est à la musique dont Wagner pour lui est le modèle que Mallarmé rêve, je cite, de reprendre notre bien. Mallarmé pour qui « toute âme est une mélodie qu'il s'agit de renouer », pour qui « toute âme est un nœud rythmique », je cite encore. Qui ne voit dans le fameux De la musique avant toute chose de Verlaine autant le constat d'une antériorité que le futurisme d'un programme ? Hommage ? Concurrence ? Faim, je veux dire désir ? Ce qui s'énonce dans Rimbaud par ce propos énigmatique et je dirai polysémique à la fin du texte Conte, dans les *Illuminations* :

« La musique savante manque à notre désir ».

Rimbaud pour qui la parole veuve semble ainsi prendre place entre une musique absente et une danse à venir, illustrant à sa façon le modeste et définitif propos de Mallarmé sur l'âme et son nœud rythmique :

« *Connais-je encore la nature ? Me connais-je ? Plus de mots. J'ensevelis les mots dans mon ventre, cris, tambour, danse, danse, danse, danse ! Je ne vois même pas l'heure où, les blancs débarquant, je tomberai au néant.*

Faim, soif, cris, danse, danse, danse, danse ! »

Une saison en enfer, *Mauvais sang*

A quoi je pourrais ajouter ce signe de Nietzsche : « C'est une belle folie : parler. Avec cela, l'homme danse sur et par-dessus toutes choses »

*

Est-ce que donner de la voix serait alors, malgré toute la résistance et grâce à elle, provenir de la musique impérieuse, originelle, Sirène ?

Que faire avec l'œuvre de Beckett qui, au fond, ne cesse pas de parler voix ?

Soit que le narrateur, mettons Moran, entende une voix lui intimer l'ordre de persévérer dans sa quête de Molloy, dans le roman homonyme. Et puis cette voix se tait, ou du moins Moran n'en a plus besoin, dès lors qu'il fait place en lui à ce Molloy qu'il cherchait.

Soit qu'au théâtre on assiste comme dans ***Dis Joe, Berceuse Pas moi,*** à cet exercice de séparation et de mise à distance de la voix par rapport au personnage silencieux et réduit à la posture d'écoute, soulagé qu'il est de ne plus attendre, chercher, espérer en son nom. Parler en son nom.

Soit que comme dans ***l'Innommable*** et les ***Textes pour rien***, revivant pour nous le paradoxe, les paradoxes, par lesquels nous sommes passés ce soir, le discours dispose que la voix, à la fois présence, absence, écho, quête, parole, silence, est au terme de l'écoute en même temps qu'elle est au départ de la parole écrite, trace d'un corps absenté pour faire place au désir d'être neuf, mais ce désir d'être neuf, est-ce que ça n'est pas l'impossible même, en tout cas l'indicible, bien sûr, mais pour dire l'indicible il n'y a que les mots, il n'y a que les mots qui vont s'arranger, par ma main (« je vais te leur arranger, leur charabia ») pour faire croire à la présence orale, appel à un corps, appeau dont on joue pour cet autre qui lit, leurre sur quoi l'identification se fonde, l'identification à l'adieu aussi bien qu'à l'espérance. Résister aux voix pour mieux être voix, faire parler jusqu'au silence afin de mieux s'entendre (Mon cœur qui dans les nuits parfois...) car ce fantôme de la voix, ce négatif d'une parole, comme on le dit d'une photo, cette empreinte en négatif c'est bien à elle, nous les parleurs sachant écouter, que nous faisons confiance pour nous représenter. Comme nous lui faisons confiance pour nous séduire, entre infaisable et impossible, mais là, absente là, présente là. Ainsi j'entends dans le dernier des ***Textes pour rien*** :

« *Ce n'est pas vrai, si, c'est vrai, c'est vrai et ce n'est pas vrai, c'est le silence et ce n'est pas le silence, il n'y a personne et il y a quelqu'un, rien n'empêche rien. Et la voix, la vieille voix faiblissante, elle se tairait enfin que ce ne serait pas vrai, comme ce n'est pas vrai qu'elle parle, elle ne peut pas parler, elle ne peut pas se taire. Et il y aurait un jour ici, où il n'est pas de jours, qui n'est pas un endroit, issu de l'impossible voix l'infaisable être, et un commencement de jour, que tout serait silencieux et vide et noir, comme maintenant, comme bientôt, quand tout sera fini, tout dit, dit-elle, murmure-t-elle.* »

*

Et toi ? Le toi qui vous parle ? Toi qui parades au beau milieu du déjà dit, toi qui te fais son Echo par goût d'écouter et par goût de chanter, toi qui parles trop bien, cherchant ta voix parmi les voix ?

On dirait que je ressemble à l'opéra fabuleux dont parle Rimbaud. Il est vrai que je ne suis pas le seul, mais vraiment ça bat son plein tous les jours dans ma cage aux paroles, livré que je suis aux murmures, aux refrains, aux arias, aux cris, aux discours, aux musiques, contemporain de cette immense voix dont Michaux se défend, et cherchant une issue à cette occupation par le travail de chanter selon moi, est-ce possible, oui, pour quel résultat, c'est une autre affaire : En voici un aperçu.

J'aurais pu m'exposer par l'énumération de tous ces textes où, narrateur en posture d'écoute, je mets en scène et donc en voix la parole de parleurs obsédés ou perdus ou irrépressibles ou désespérés : meneur de chèvres, boxeur, facteur, conférencier (mais oui), fils à la recherche de son père, assassin de sa mère, putain, ou bébé, même, bébé en train de naître. Bref, ce qu'on appelle des personnages, et qui seraient plutôt pour moi des porte-voix. J'ai choisi plutôt de vous faire entendre quelques strophes d'un long poème publié il n'y a pas longtemps où tout ce théâtre vocal, je crois, a trouvé son expression, poème que j'ai bien sûr intitulé ***VOIX DANS LA VOIX*** :

VOIX DANS LA VOIX

Un pas dans la lumière et déjà ça chante
sur l'avenue traversée d'oiseaux
tu rôdes ici tu nages à l'anse de Rodrigue
(Terre-de-Haut) par besoin d'îles et de revoir
Les Saintes mais pourquoi Batz Groix Majorque Haïti
ça va lâcher la proie pour l'air ce matin
scandé par des rires et des éclats de voix
sans corps ni personne un invisible chœur
appelé par le ciel en marche
où il faut beau comme dans vouloir

tête levée je me vois descendre le boulevard
absenté par envie de rejoindre
hors instant le visage de Sam

(il me sourit de loin par indulgence)
comme on a son orgueil j'ai mes morts
légers marcheurs à l'état de parole
émanés d'une allure un soupir
pour un peu j'égrènerais leurs noms
aujourd'hui qu'il fait bleu comme dans renaître

il faisait lent comme dans dormir
j'ai croisé tout à l'heure une pleureuse
allure et voix tordues par le chagrin
assez assez de vivre retourné
sur les passantes elles vous déchirent
à chaque fois du même coup au cœur
comme la mince aperçue l'autre jour
cheveux jais robe velours peau très pâle
et qui me tire à travers le temps
me tire en affamé vers sa blancheur
ange qui passe interminable

calmement depuis ce matin je m'obstine à redire
La servante au grand cœur par goût du grave
et jamais content ni du phrasé ni de l'allure
à marcher dans ce deuil mot à mot
à mâcher la survie trace amère
il y a des jours je chanterais The water is wide
jusqu'au vertige au nom de sa caresse large
des jours où ma folie c'est La Chanson du mal aimé
parole et moi mêlant leur désir d'ombre
des jours où parler passe par La Fontaine
pour ses sveltes légendes au cruel paradis

un jour on est mené par un tango qui tranche
à coup de talon dans l'ennui d'être là
un jour on puise jondo dans le noir même
lenteur criant por peteneras
on jubile au retour d'un fameux cheval
aboule-toi du fond du parc fougueuse hypersensible armoire
ou Vaghe stelle dell'Orsa en plein midi
vous envahit de sa nuit fantôme
ou la voix dans la mi-voix de Mallarmé
vous vous rechantez le chant délicat de comprendre

ou cet exilé qu'on promène à l'aplomb du soleil
une rumba de loin lui vient par la paresse
cherchant du pied le pouls noir du tambour
ou c'est un lent piano qui lui court la mémoire
ou brusques des violons qui le fouillent à corps
sous le firmament d'horizon qui protège
à voix basse une rengaine aux envolées cristal
de celles qu'on roule avec le soi dans son linceul
à l'heure de tomber silence et voix dans le plus rien

lui qui voyage oh lentement vers la Naine Blanche
avec les autres mais en oubliant d'être mortel
c'est à chaque mot qu'il voudrait s'excuser
mince menteur qui se parfume à la musique
et n'aime pas cette caresse dans la voix
et l'aime trop s'obstinant à chanter
comme Thérèse à Lisieux crachée d'amour pour rien
ou Tamino son ewige Nacht wann wirst du schwinden
wann wird das Licht mein Auge finden

et ça bat toujours entre fête et regret
non tu n'as pas réussi le moins du monde
ton moins du monde est ce beau parleur
payant de mots qu'il jette à la cadence
et flambe à tout va direction la mémoire
ombre vorace au bord de maintenant
à chaque instant ça bondit hors l'instant
à chaque instant ça penche et tombe vers nommer
et je pèse mes mots je pèse mes morts

voix dans la voix délivrance intouchable
un air jamais chanté se cherche par toi
fidèle au rien comme le mot sur la langue
notre cage est de paroles on y marche à l'écho
le sang y cogne il attend les tambours
on y pense à tue-tête on y rôde rengaine
divas ténors appellent au comble de partir
des cris des murmures y rêvent d'issue
on y décharge en insultes au vide
s'y perd en valses au goût de perpétuel

loques de blues rages en éclats souffles

vidé qu'on est par cette rumeur
inachevée qui vous prend pour mémoire
et fugue par les silencieux
du comment dire l'infini
et fuse par les prisonniers
qui se branlent à plein gémir
et crève par tous les chanteurs
que tu rassembles à chaque pas
toi leur phrase à tous leur teneur
réclamant la note juste à travers ta voix

LE SUJET AUX PRISES AVEC L'HISTOIRE

A l'origine de ce colloque, il y a le trouble de ceux qui ont souhaité cette rencontre. Formés par une culture politique, un désir de comprendre et de vivre l'histoire au présent, une pratique de sa lecture (même si nous ne la déchiffrons pas tous avec les mêmes lunettes), ils se trouvent, alors qu'ils auraient pu se croire lestés par des décennies d'expérience, dans un curieux sentiment - d'amertume ? de désarroi ? d'irritation ? de perplexité ? En tout cas le sentiment que les possibilités d'avoir un minimum de prise sur l'Histoire – ne serait-ce que par la façon de penser comment on est aux prises avec elle – deviennent confuses, opaques, glissantes. Un paysage politique, socio-économique, historico-moral a, en une décennie, changé de façon impressionnante. Les formes les plus élémentaires d'action ou de choix politique – approuver la construction de l'Europe telle qu'elle nous est proposée-imposée, soutenir telle ou telle grève, adhérer aux actions dites humanitaires – placent beaucoup d'entre nous dans la restriction de pensée, l'écartèlement dialectique et une impression certaine d'inefficacité ou de choix biaisés.

Certes ne font pas défaut les outils pour comprendre en gros ce qu'est un mécanisme d'exploitation ou d'aliénation, le discernement pour entrevoir où sont les périls sociaux et politiques. Ni non plus les substrats intellectuels ou moraux pour affirmer ce qui ne peut être toléré. Subsiste pourtant, au-delà de ces moments d'affirmation somme toute assez évidents, cette gêne et parfois cette aporie pour déchiffrer le présent, pour dessiner des perspectives d'avenir, pour penser des formes neuves de citoyenneté et de participation, conflictuelle ou non, au devenir de nos sociétés.

Aux prises avec l'Histoire, nous le sommes. Elle exerce aujourd'hui une pression très contraignante, plus lourdement ressentie qu'à d'autres moments, même si elle est bien loin d'être aussi meurtrière qu'ailleurs. Il nous semble qu'il y a beaucoup à chercher pour trouver ou retrouver un peu plus d'intelligence heuristique de l'Histoire qui se fait, des possibilités d'utopie qui ne soient pas dérisoires, des moyens de sortir des séductions d'un catastrophisme insidieux ou d'une morosité paresseuse.

Aujourd'hui notre désir de prise sur l'Histoire a partie liée avec un besoin de prudence réfléchie – aux antipodes de ce qui fit parler en 68 ou auparavant. Ce colloque n'a pas d'autre but que de proposer quelques frayages, de laisser filer quelques questions à partir de biais liés à nos pratiques qui de littéraire ou d'écrivain, qui de psychanalyste, qui de sociologue, d'historien ou d'anthropologue. Alors même que lire l'Histoire, ce pourrait être tenter d'avoir des pensées du global et du mondial, des projets de totalisation, quelques réminiscences roboratives de post-hégélianisme, il nous faut aujourd'hui repartir de questionnements liés à une de nos façons d'être au quotidien aux prises avec l'Histoire : nos pratiques d'intellectuels (un mot de ce siècle entré aujourd'hui dans l'ère du soupçon) et nos maniements spécifiques des savoirs.

C. B.

GEORGES BENSOUSSAN

Histoire, mémoire et citoyenneté. Jalons d'une crise

QUEL LIEN RELIE NOTRE SOIF DE MÉMOIRE et d'histoire et la société de masse dans laquelle nous vivons ? Les désastres de ce siècle, le monde totalitaire et les crimes contre l'humanité, ont modelé notre présent. Notre monde est qualifié de post-totalitaire, le plus souvent dans un sens chronologique (postérieur à ce désastre), et plus rarement dans un sens politique, c'est-à-dire modelé par cette histoire. Notre présent, désenchanté, marqué par l'absence de transcendance et de projet collectif, doit faire avec ce qui est arrivé et qui « n'aurait pas dû arriver » comme l'écrit souvent H. Arendt[1]. C'est en ce sens que la soif d'histoire, la recherche de sens et la quête identitaire sont fortement imbriquées.

Pour nombre d'entre nous, l'identité est fragmentée et éclatée tel un kaléidoscope de souvenirs et d'images. D'où la volonté de retrouver une sorte d'unité perdue dans une quête d'identité, partie prenante de la soif d'histoire qui taraude nos sociétés, comme l'ont montré en leur temps les énormes succès d'édition quc furent en 1975 les ouvrages de Le Roy Ladurie *Montaillou, village occitan*[2] et de Jakez-Hélias *Le Cheval d'Orgueil*.[3] La mémoire enracine, elle insère dans une filiation et structure par la loi. Cette recherche de repères est contestation du désordre établi, barrage contre la barbarie d'un temps qui ramène l'individu à lui-même et à son corps seul comme s'il pouvait s'y résumer («Génération-sida »...).

Le souci d'histoire revient à comprendre que le monde ne commence pas avec nous et que chacun est à lui seul un musée d'anthropologie qui s'est construit dans la durée. Rétablir la filiation qui nous fonde et nous enracine dans la raison est l'un des objets de la quête historienne. Alors qu'à l'inverse, le déracinement, au sens d'une perte des repères de filiation, nous expose aux pires dérives qui soient. Dans cette acception-là, l'histoire est de plus en plus souvent recouverte par le souci de commémoration, cette religion civile qui s'embarrasse peu de la vérité des faits. Cette quête obstinée de la « mémoire » s'ancre dans notre désarroi présent et notre crainte de l'avenir. Tout se passe comme si l'historien tendait à devenir aujourd'hui l'expert en sens d'un monde déboussolé, celui à qui une société sécularisée, laïcisée, désenchantée confie la tâche de contribuer à l'intégration sociale. Redoutable contradiction avec sa fonction même…

La mémoire collective, comme la mémoire individuelle, a besoin de dire ce qui s'est passé tant c'est souvent le seul récit (la vérité enfin dite) qui peut apaiser les victimes, calmer l'angoisse et contribuer à cicatriser les blessures anciennes. Quand l'histoire n'est pas écrite, elle continue de travailler à leur corps défendant les protagonistes et leurs descendants, elle fait d'eux des êtres parlés. C'est pourquoi le souci d'histoire ne peut être confondu avec l'actuelle religion de la commémoration. L'historien travaille davantage à l'apaisement des douleurs que l'institution qui commémore. Parce qu'il contribue à dire ce qui s'est passé et met des mots là où le silence prévalait. Alors que l'institution mémorielle fait souvent barrage à l'écriture de l'histoire, comme en témoignent les démêlés qu'eut Raul Hilberg avec l'institution israélienne de Yad Vashem qui parla, à propos de l'œuvre[4] de l'historien américain, de « profanation qui déshonore les morts ». En retour, Hilberg évoqua des « mythes juifs » qu'il avait, disait-il, « sous-estimés » et une démarche d'« autoconservation de paroisse »…

En quoi serions-nous davantage, en cette fin de siècle, des « sujets aux prises avec l'histoire » ? Au sens où la césure totalitaire, et les crimes contre l'humanité, traduisent l'incontournable historisation de notre condition humaine. L'universalité des crimes commis (contre le statut même d'être humain), fait de nous, quoiqu'on en ait, des sujets *dans* l'histoire. Il n'est plus un aspect du monde qui échappe à cette emprise. Nous voici embarqués dans des sociétés de masse où rien n'échappe au collectif : nous sommes devenus une *population* que l'on *gère.* Cette emprise de la masse nous dit en quoi l'histoire des crimes totalitaires commis au XXe siècle n'est pas une page du seul passé : c'est un désastre qui nous parle du présent. Mais l'on fait la plupart du temps comme si cette catastrophe était un intermède dans le « cours normal » de l'histoire (un cours « rationnel et démocratique »), comme s'il s'agissait là d'une parenthèse criminelle. C'est là le signe premier que nous ne maîtrisons pas l'enjeu que représentent pour notre avenir les crimes contre l'humanité du XXe siècle.

Penser que tout commence avec nous, c'est admettre implicitement que tout finit avec nous. Pourtant, en même temps que prévaut ce culte de l'individu-roi, et qui fait de chacun d'entre nous le centre du monde, se pose aussi la question d'une transmission à assurer : que dire aux générations qui viennent ?

L'atomisation est le propre de nos sociétés de masse. Elle est synonyme d'une sérialisation qui renvoie chacun à soi-même, le laissant sans lien aux autres et, partant, sans lien non plus à lui-même. En ce sens, la quête identitaire peut prendre, *aussi*, le visage du repli. A chacun son histoire et son malheur : la société de masse est synonyme de solitude de masse et c'est pourquoi elle fait si grand cas des « lieux de mémoire », cette forme enfin trouvée d'un lien renoué... Cette atomisation est le lot commun de notre modernité et de notre normalité quotidienne, et nous la déconnectons, à tort, des grands désastres politiques du XXe siècle. Cette massification participe de notre désolation citoyenne. La sérialisation nous renvoie à nos vies privées, l'individu devient à lui-même le seul horizon possible. C'est dans ce contexte qu'il faut entendre le si fort désir d'histoire et de mémoire de nos contemporains. Il ne prend cette importance que parce que la société ne parvient plus à signifier la relation de ses membres entre eux, et partant, la relation de chacun à lui-même. La société de masse ne fait pas sens, elle fait du collectif une norme positive (la « tyrannie de la majorité ») sans pour autant faire lien entre les individus. Ainsi, dans un même mouvement, elle agrège et elle sépare, elle rassemble et elle isole. Notre soif de mémoire est inséparable d'une certaine désolation politique...

La tradition politique occidentale, cet humanisme qui nous a intellectuellement formés et dans lequel nous avons été élevés, ne parvient pas à rendre compte des désastres de ce siècle. Plus encore, la doxa démocratique induit, à son corps défendant, des comportements grégaires vecteurs de toutes les barbaries : l'amour du consensus, le culte de l'émotion, la tendance à la fascination sont porteurs de tous les dangers. Notre langage, enfin, est malade, la réalité est trafiquée par des mots détournés, et cette perversion de la langue accroît le désarroi civique. Il faut se ressourcer à l'histoire pour retrouver des repères qui font sens : ainsi n'y a t-il plus d'exploités mais des exclus, plus de lutte de classes mais une fracture sociale. Ainsi le Front National reprend-il le nom de la première organisation de résistance du PCF en 1941, ainsi les « révisionnistes » reprennent-ils à leur compte le terme qui désignait il y a un siècle les dreyfusards, etc.

Le sujet réduit à sa « vie privée », l'émotion collective substituée à la raison, participent de ce terreau qui fait l'anomie d'aujourd'hui et le despotisme de demain. Le repli sur soi et l'absence de projet collectif laissent le champ libre au contrôle social et à l'appareil d'État. La transformation de l'humanité en masse signe la disparition du sujet et de la personne humaine : la massification de l'existence, c'est là le point cardinal de notre barbarie et de notre violence. C'est pourquoi l'extrémité politique des désastres passés n'est pas une parenthèse aujourd'hui refermée, c'est au contraire le miroir d'une certaine normalité. Notre présent embrasse d'un même mouvement l'individualisme sérialisant et la massification totalitaire, et ce sont là les deux faces d'une même médaille, celle d'un désenchantement dont participe la religion civile de la mémoire.

La « mémoire » est érigée aujourd'hui en devoir moral et en impératif civique. Ce culte mémoriel n'est pourtant pas synonyme d'un « vaccin politique » qui nous préserverait de l'horreur. D'une part, parce que tout dans le fonctionnement de notre vie quotidienne incite à l'oubli et au refoulement : le déferlement médiatique, à cet égard, vise davantage à faire oublier qu'à faire connaître. Parce que le souvenir entretenu, d'autre part, qu'il soit relatif à la Première Guerre mondiale ou à la Résistance par exemple, est un souvenir sans vie qui ressortit à une mémoire consensuelle, et partant, sélective.

Mémoire sélective en premier lieu sur l'alpha et l'oméga de l'enseignement, la démocratie, qui continue d'ignorer son pendant inséparable, l'exclusion (cf. le sort des Noirs et des Indiens dont parle Tocqueville dans *De la démocratie en Amérique*). La modernité démocratique intègre et exclut en même temps, et la mémoire consensuelle ne parvient pas à penser ces réalités dialectiquement. Elle ne parvient pas à mettre en lumière ce fait massif qui structure notre présent, l'entrelacement de l'anéantissement et de l'optimisation de la civilisation. Barbarie et progrès s'opposent mais ils ne s'excluent pas. L'inhumanisation est au cœur d'une modernité démocratique qui fabrique du sauvage et de l'exclu, lequel, parce qu'il est rejeté et diabolisé, s'abîme dans cette essence où il est confiné et s'y dégrade. Dans la révolte où le refus de cette condition le plonge, il confirme son essence malfaisante : ainsi de l'Indien d'Amérique, du Noir dans le système esclavagiste, du Juif stigmatisé en Europe, du prolétaire de la civilisation capitaliste, industrielle et bourgeoise, etc. Toute oppression extrême ensauvage sa victime, elle en fait un barbare, et légitime ce faisant le recours à la violence. Le ghetto de Varsovie a d'abord été décrété par les Allemands « zone d'épidémie », puis « quartier juif » séparé du reste du monde, pour devenir bientôt un grand cimetière de vivants dont la dégradation même supposait qu'on y mette fin....

Mémoire sélective également quant aux « camps » dès lors que la pensée commune en fait un intermède dans le cours « normal » de l'histoire. Entendue en ce sens, la mémoire des « camps » est une forme de l'oubli, un oubli d'autant plus pervers qu'il passe pour devoir de mémoire. Or, les « camps », cette expérience majeure de notre modernité, ont ouvert une brèche impossible à refermer dans la tradition politique occidentale (c'est ce que H. Arendt nommait la « tradition perdue »). Dans le système des « camps », et ce qui l'a généré, l'homme est toujours en trop. Nous ne nous sommes pas débarrassés de ce projet nihiliste en 1945. Notre présent reste infesté par ce poison, l'homme y est toujours en trop comme le manifeste chaque jour l' « horreur économique » qui nous environne. C'est ce en quoi les « camps » marquent notre entrée dans un nouvel âge politique, celui de la fin possible de la civilisation et de l'espèce humaine. C'est en ce sens qu'Auschwitz, catastrophe cardinale du siècle, dépasse le cadre juif identitaire pour poser la question plus générale de la survie de l'humanité libre.

Le monde totalitaire, l'univers concentrationnaire et la shoah paralysent notre entendement historique et nous font recourir aux explications simplificatrices (accident, fatalité). Nous échouons à penser le monde totalitaire dans les termes classiques du despotisme, de la tyrannie, de la raison d'État, comme nous tentons vainement de ramener l'histoire de la destruction des Juifs d'Europe en terre connue, celle de tant d'autres massacres historiques. En « naturalisant » l'extrême, l'angoisse cède mais ni notre connaissance ni notre citoyenneté n'auront progressé d'un pouce. Toute mémoire de cette césure doit en explorer l'archéologie. Pour ce faire, elle doit repérer les détails apparemment les plus insignifiants, ceux auxquels l'historien dit quantitatif ne prête guère attention, persuadé qu'il cst qu'il ne s'agit là que de phénomènes marginaux, expression de minorités, sans comprendre que ce sont là des signes annonciateurs d'un certain « air du temps ». La mémoire consensuelle est à l'image de cette démarche, elle n'investit que les aspects les plus massifs de l'histoire, les lieux les plus voyants et qui ne sont pas toujours les plus signifiants : ainsi, les lieux du massacre des aliénés et autres malades lors du programme dit « T4 » furent-ils très longtemps ignorés.

Enfin, la mémoire a du mal à rendre compte de ce qui échappe à la raison, et la raison vaincue à Auschwitz fait avec difficulté l'histoire de sa défaite. D'où la tentation, récurrente, de la « page tournée » qu'on retrouve sous une forme détournée dans la difficile question du droit aux archives, d'accès si problématique pour les profanes (Sonia Combe, auteur d'*Archives interdites*[5] pensait en premier lieu intituler son livre l'« Histoire confisquée »). Le risque existe que les historiens professionnels qui, de dérogations en privilèges, ont droit à la consultation de dossiers qualifiés de « sensibles » ne deviennent demain des historiens *légitimes*, partant, des historiens *raisonnables*.

La commémoration est une vérification d'identité, c'est le moment où les citoyens constatent qu'ils partagent valeurs et principes communs. Mais la commémoration n'est pas synonyme de connaissance. Ainsi, par exemple, le voyage sur les lieux du meurtre de masse n'a pas, à lui seul, d'effet de connaissance, ni de sens, tant l'émotion qui accompagne légitimement tout pèlerinage barre souvent la voie à la raison. C'est en ce sens que la commémoration, élément essentiel de la mémoire faite religion civile, porte plus au rite qu'à la compréhension du passé. Elle est, de surcroît, souvent liée aux institutions et aux effets de pouvoir qui en émanent et qui empêchent d'entendre. Car quelle qu'elle soit, par sa nature même, l'institution est toujours garante de l'ordre : elle est mal habilitée, ce faisant, à entendre l'irrationalité des désastres politiques du siècle et les questions iconoclastes qu'ils soulèvent. Parce qu'elle se situe dans le cadre des pouvoirs institués, la commémoration est plus un ressourcement identitaire qu'une leçon d'histoire. La réalité, trop violente pour être dite, est euphémisée dans un rituel qui est une forme codifiée de l'oubli, lequel permet de continuer à vivre…

Le lieu de mémoire fait sens même s'il n'est pas toujours investi par les cérémonies commémoratives. On l'a dit des lieux du programme T4, peu connus encore, alors qu'ils relèvent de cette logique de bio-pouvoir contre laquelle nous avons toujours à lutter. On peut le dire aussi des lieux du massacre de la Première Guerre mondiale dont la filiation avec le meurtre de masse des années 40 est encore peu analysée. Désinvestir ces différents lieux, c'est priver l'histoire de la shoah de quelques-unes de ses pistes d'analyse les plus fécondes. Notre désenchantement collectif voit s'opérer, sous nos yeux, un transfert du sacré au profane. La quête de sens investit des lieux de mémoire qui deviennent, ou prennent la place, des lieux du sacré d'autrefois, entourés qu'ils sont d'un rituel qui copie, point par point, le rituel liturgique ancien. Ainsi, la minute de silence fait écho à la messe, ainsi l'invocation à la vigilance correspond-elle à la prière, etc. Pour tout ce qui a trait au souvenir de la shoah, par exemple, le lieu de mémoire, souvent institutionnalisé, finit par formuler des « parce que » à ce qui reste un désastre et une énigme, alors que le questionnement, ancré sur le refus des raisonnements de causalité, doit rester ouvert et suspendu. Il y a bien antinomie entre une mémoire institutionnalisée et une mémoire vivante qui est rébellion et mise en garde contre les pouvoirs institués et les comportements grégaires.

Notes

1. « Auschwitz n'aurait pas dû se produire. Il s'est passé là quelque chose que nous n'arrivons toujours pas à maîtriser ».
2. Gallimard, Bibliothèque des Histoires.
3. Plon, Terre Humaine.
4. *La Destruction des Juifs d'Europe*, publié pour la première fois en 1961.
5. Albin Michel, 1994.

Claude Burgelin

Le sujet et l'histoire

Quelques remarques sur la littérature française actuelle

Une des lignes de force de la littérature française depuis la Révolution et le Romantisme a été de faire du sujet aux prises avec l'Histoire le héros de notre temps. Seul, avec des recours diversement précaires, voici cet individu mythifié, plaint, exalté d'être la proie de ce nouvel avatar du destin nommé Histoire. La subtilité de ses mainmises ou la force de sa poigne subjugue ou terrifie à l'image du pouvoir des dieux antiques. De manière insistante, la littérature a tenté de penser en la scénarisant – de Michelet à Hugo, de Flaubert à Zola, de Bernanos à Malraux jusqu'à Sartre et Camus – ce que l'Histoire peut avoir de terrifiant tant y prennent place la violence, le meurtre et la destruction. Forces d'on ne sait quelle ombre préparant une lumière à venir, auréoles noires de l'échafaud, résurgences de la barbarie, fascination pour la mort ou le travail du négatif dans une Histoire en perpétuel accouchement ou suicide (les deux images s'interposant souvent), cherchant dans le tumulte son sens ou son non-sens.

Cette scène-là (théâtralisable et offerte à la narration épique) se serait depuis au moins trois décennies progressivement éteinte. Le roman avait fourni un territoire privilégié pour penser-imaginariser les relations d'un sujet agent ou victime ou témoin (vigilant ou passif) de l'Histoire. Au prix de la traversée par l'épreuve et la défaite, s'affirmaient, vaille que vaille, un même mythe ou un même credo :

celui que l'individu aux prises avec l'Histoire pouvait avoir encore et toujours l'ombre d'une prise sur elle dans l'affirmation sinon d'une liberté, du moins d'une certitude. Ne serait-ce, comme dans le livre de Robert Antelme, *L'Espèce humaine*, qu'en posant l'irréductibilité du sujet humain quand même l'Histoire le laminerait.

On pourrait schématiser, de façon rudimentaire et arbitraire, cette rétraction de la littérature narrative (et cette mise en cause des pouvoirs de la fiction) par rapport à l'Histoire autour de quatre temps :

• Après les massacres de la première guerre, la conscience de la mortalité de la civilisation occidentale, les années 30 à 40 mettent en scène une histoire dévoratrice qui broie les destins d'individus sans importance collective[1]. Son pouvoir ogresque et phallique de Moloch archaïque terrifie, fascine, fait jouir (Céline). Ou bien il suscite des réminiscences chevaleresques de combats solitaires, héroïques et perdus avec l'archange de la mort (Malraux). Cela donne une histoire riche en mythologèmes et qui se prête à être matériau de récit, partenaire de narration romanesque, version épique ou version burlesque-grinçante. Il y a encore une scène où le sujet aux prises avec l'Histoire esquisse un combat ou une désertion affichée face à elle.

• Puis, après la débâcle de 40, les camps, les déportations, les bombardements massifs, Hiroshima, se défont en même temps le récit héroïque et le sentiment que l'Histoire est lisible et productrice de sens. Les thématiques de l'absurde fournissent les meilleures pages des dictionnaires des idées reçues de l'immédiat après-guerre. De manière plus frappante surgissent des figures archaïques et chargées d'une mythologie comme anté-historique : l'homme lazaréen ou giacomettien, les nouvelles incarnations d'un Job même plus pathétique ou plaintif que seraient par exemple les créatures enlisées ou paralysées de Beckett. L'Histoire est trou noir, innommable, qu'il est à la fois impossible et inutile d'évoquer. Les avatars d'un sujet sans prises sur l'Histoire, abandonné et solitaire, ne donnent plus matière à récit, comme dans les romans de Beckett où la narration se délite, envahie par sa propre dérision. L'Histoire devenue catastrophe métaphysique aurait gagné. Mort du roman englouti par un ouragan dérisoire, une Histoire même pas nommée, même pas nommable.

• C'est en partie sur cette toile de fond que s'affichent les principes du Nouveau Roman. Les notions de personnages, de lieux et de temps, les axiologies liées à l'idée d'un sujet affirmant des valeurs face à une Histoire dont le récit s'enfermerait dans la simplicité trompeuse de ses passés simples, dans la logique limitante de ses causalités ou dans les représentations de l'idéologie, tout cela choit dans les trappes et les pièges que tendent Robbe-Grillet ou les néo-formalistes.

Il y a bien sûr à s'interroger sur les négations implicites ou les refus explicites qu'a pu charrier un univers narratif comme celui de Robbe-Grillet avec cette façon d'affirmer la prévalence du fantasme et l'omnipotence de la mise en scène. Le propos tenu sur le roman (enfermé dans un rationalisme étroit, illusoirement « réaliste », etc.) ricoche sur la narration de l'histoire. L'effort vers une véridiction toujours plus exigeante, effort qui pourtant fonde éthiquement l'histoire, est comme tourné en dérision en même temps que sont persiflés ses modes habituels de mise en récit et peut-être même l'idée de « fait » historique.

S'affirme, en ces années soixante, le refus des coquilles mortes et des paroles plombées (schématiquement : le sartro-marxisme). L'insistance formaliste et l'affirmation croissante des pouvoirs quasi autonomes d'une Ecriture majusculisée représentent comme autant de pas de côté transgressifs à la fois salutaires et problématiques par rapport aux discours dominants marqués de volontarisme et d'un besoin d'affirmer une prise – notamment des « intellectuels » – sur l'Histoire.

L'avant-gardisme des années 1960-1970 (*Tel Quel*, *Change*, etc.) affirme de plus en plus des choix historiquement « révolutionnaires » et la nécessité de passer à l'acte en transformant la textualité, ses codes et jusqu'aux modalités mêmes de l'énonciation. C'est effectivement moins d'Histoire qu'il est alors question – même s'il est souvent fait recours à des schémas quelque peu abstraits ou généraux tels ceux empruntés à la vulgate marxiste – que des préalables mêmes de toute relation à une parole ou un discours sur l'Histoire. Le mouvement des idées hâtivement baptisé « structuralisme » marque une hostilité affichée à l'égard du propos et de la méthode historique tels qu'ils avaient fini par se figer. Les présupposés, les implicites, les principes de démarcation et de mise en récit de l'histoire sont, de toutes parts, passés au crible. Dire, narrer ou simplement inscrire l'histoire semblent imposer pour préalable d'en découdre avec la rhétorique, l'imaginaire, les modalités mêmes de représentation du sujet (toi qui prétends à une mainmise quelconque sur l'histoire, d'où parles-tu ? comment en parles-tu ?). Dans les départements littéraires des universités, le débat critique et méthodologique oppose les historicistes (accusés de s'en tenir à un conservatisme positiviste) et les textualistes, explorant sans fin les soubassements de la textualité en prenant appui sur des pilotis théoriques divers (linguistique, sémiologie, etc.). Mais le prix de cette avancée est un éclatement et comme une perte de substance du discours historique. Et parfois on sent que vacille l'exigence intellectuelle (et éthique) que représentent la discipline et la méthode historique. Nul hasard si l'enseignement scolaire et universitaire de l'histoire entre dans une crise dont il n'est à l'évidence pas prêt de se sortir.

• A considérer d'un œil rapide et bougon la littérature des années 1980-1990, on serait tenté de maugréer qu'il y a de plus en plus de sujets enclos dans leur subjectivité et de moins en moins d'histoire. Du moins dans la littérature hexagonale. Dans la littérature francophone issue des pays qui ont subi la colonisation comme d'ailleurs dans tous les pays en quête d'identité culturelle (cela vaut pour l'Afrique du Sud aussi bien que pour l'Asie, pour l'Amérique latine que pour les U.S.A.), la valeur heuristique de la fiction reste entière : le roman demeure un outil efficace pour dramatiser et penser les confrontations et conflits entre modèles culturels divergents.

Mais en France plus que dans tous les autres pays de la vieille Europe, on assiste à une déferlante des écritures du je sous mille formes. Jamais sans doute n'a-t-on autant affirmé une irréductibilité et une autonomie d'un sujet aspirant à être reconnu dans sa singularité et sa spécificité. Et l'esprit du temps vient aussi nous chuchoter qu'il y aurait, qu'il y a une déshistoricisation généralisée, liée pour une bonne part à la fin de l'ère Gutenberg.

C'est bien plutôt le contraire que vient faire affleurer une multiplicité de textes divers écrits depuis une vingtaine d'années. La question du sujet aux prises avec l'Histoire ne cesse d'y être posée et relancée. Guère au futur (impossibilité de l'utopie). Au présent seulement dans les marges : romans noirs qui rescénarisent indéfiniment, mais avec de nouveaux décors et une violence ou une ironie accrue, des formes abâtardies ou singulières d'insurrection et de transgression ; ou bien écritures de la dérive ou de la déglingue, mettant en scène des dérapages qui pour être inaventures solitaires, n'en sont pas moins esquisses d'un discours social tournant entre lucidité, accablement vaguement drôle et asthénie (je pense par exemple à *Extension du domaine de la lutte* de Michel Houellebecq (1994) dont le titre fait narquoisement référence aux années post-68). Mais le plus souvent au passé, dans la réélaboration rétrospective.

C'est dans le sillage des écritures du je contemporaines que sont revenues, en même temps que le sujet, l'histoire et souvent l'interrogation sur l'origine qu'elle médiatise. Cette déferlante subjectiviste – parfois égocentrée (moi...), parfois portée par un je défaillant qui se reconstruit en passant par le moi, parfois régie par un je qui n'a plus grand-chose à voir avec des problématiques narcissiques... – a ramené l'Histoire, par le biais des écritures de la mémoire, non sur le devant de la scène, mais sur ses arrière-fonds – les histoires individuelles qui ne cadrent qu'imparfaitement avec les visions synthétisantes de l'histoire des historiens ou les légendes qu'on brode autour d'elles.

Cette galaxie faite de constellations différentes, à la fois proches et lointaines, est ponctuée d'étoiles visibles, solitaires et de peu de reflets réciproques – Claude Simon, Duras, Perec, Doubrovsky, etc.. Son sillage central serait constitué par des écrivains nés après 1945 (Bergounioux, Michon, Modiano, Rouaud, Guy Walter, etc.). Quelques lumières plus indécises viendraient d'auteurs qui sont souvent dans un rapport tendu entre écrivance et écriture. Qu'y aurait-il de commun entre tant de trajets divergents ? Peut-être une pareille façon de s'écarter des schémas généralisants, de tenter des constructions narratives inédites, de prendre appui sur des destins personnels éventuellement piètres et des histoires contingentes, d'essayer de rassembler les souvenirs morcelés d'une mémoire qui se défait ou se réassemble dans la superposition des temps.

A travers ces récits où est creusé ce qui, de l'Histoire d'hier, fit trace sur des destinées individuelles, ressurgissent, répétitivement, les mêmes deux énigmes de portée et de signification différente, mais impliquées l'une dans l'autre. De façon inégalement intense et fréquente, celle-ci : pourquoi, comment l'Europe a-t-elle choisi d'aller accomplir cet acte suicidaire que fut la Première Guerre mondiale ? Et de façon obsédante, celle-là : pourquoi les fascismes, pourquoi les camps et leur barbarie, pourquoi en particulier cette paranoïa d'extermination (Hitler, Staline...) ? Autrement dit, pourquoi le XXe siècle européen a-t-il eu à en découdre avec la psychose ? Et, du côté des descendants, comment arriver à mettre à distance par le travail des mots, de la représentation et du récit ce qui fut à ce point une trouée ?

Ainsi, alors que l'époque impose – avec quelle violence et quelle efficacité – l'immédiateté et l'instant (et non le présent, la présence) comme code, comme culture et comme espace commun, bien des textes importants d'aujourd'hui sont marqués par leur besoin d'aller à contre-courant, par leur décalage, par ce besoin de retisser par les fils de l'écriture une transmission défaillante ou meurtrie. L'Histoire ne se prête guère à de grandes constructions fictionnelles. Mais elle revient par le biais de récits et de textes de témoignage (visant une transitivité directe et sans détours) ou dans les lacis d'écritures de mémoire à la construction labyrinthique. Ou encore dans des écrits qui interrogent et mettent en doute leur propre pouvoir de représentation aussi bien de leur histoire que de l'Histoire. Comment se sont découpées les pièces du puzzle qu'est une histoire (individuelle autant que collective) faite de fragments hétéroclites ? Comment tirer parti narratif de ce qui manque (de savoir, de sens, de cohérence...) ou de ce qui ne s'emboîte pas ? Une bonne part de l'œuvre de Perec peut être lue en ce sens (*La Disparition, W ou le souvenir d'enfance, Je me souviens*).

En superposant tant de textes se dégage un sujet qui a besoin de retrouver des traces de ce qui fut pour reprendre pied, de mettre des mots, des métaphores, des récits, des réseaux complexes de sens sur ce qui a été silence ou « brume insensée où s'agitent des ombres » (Queneau repris par Perec), sur ce qui ne put se transmettre. Textes de filles et fils, de petits-enfants, d'arrière-petits-enfants, qui disent davantage ce qui n'a pu se léguer ou ce qui s'est transmis comme hors les mots de générations en générations. Souvent, de fait, textes de descendants de l'exil. Il s'agit donc moins de dire ce que furent les pressions et secousses de l'Histoire que d'en explorer quelques-uns des tréfonds. Cela en dégageant certains des substrats les plus archaïques (et donc les plus enracinés) de la relation du sujet et de l'Histoire. Le massacre programmé des juifs a comme butée la question de l'origine. Pourquoi cette rage exterminatrice et rationalisée à vouloir anéantir l'origine – et ici une origine liée à la parole et au livre ? Pourquoi ces fureurs de purification ethnico-religieuse à l'évidence toujours prêtes à se réincendier ? On ne peut donc s'étonner de voir la question du père (parfois reprise en termes quasi religieux), de la dette à son égard, de la remédiation au parricide être si centrale aujourd'hui. Alors que les générations antérieures, du Surréalisme aux soixante-huitards, purent apparaître robustement œdipiennes et trucidant sans vergogne pères et aïeux, celle-ci semble entretenir un rapport presque compassionnel avec la figure paternelle. A ce dieu dont la mort suivit bien sûr celle du précédent, il s'agit parfois presque littéralement de faire du bouche à bouche, moins dans un scénario homosexuel du côté des fils que dans une quête avide des paroles qu'il n'a pas pu ou pas su prononcer.

Le silence des pères parle abondamment dans la littérature contemporaine. Pierre Pachet en a fait le matériau et la justification d'*Autobiographie de mon père* (1987). Claude Simon, en superposant dans *L'Acacia* (1989) le non-sens des combats de 1914 et de la débâcle de 1940 et l'impossibilité absolue qu'a eue son père de parler, donne à ce silence un poids d'opacité singulièrement fort. Même silence constant, pauvre et accablant du père dans *La Toussaint* de Pierre Bergounioux (1992). Si la quête autobiographique de Pierre Michon se rassemble autour de la dispersion de quelques silhouettes d'ancêtres ou de figures de *losers* fraternels issus des coins perdus des plateaux limousins, c'est, entre autres motifs, façon de dessiner en creux la faille paternelle (*Vies minuscules,* 1984). *Le premier Homme* d'Albert Camus (1994) a pris un relief particulier d'être publié dans ce contexte des années 90 avec sa brève évocation d'un père dès l'origine défunt, oublié, muet à jamais. Le dernier livre de Leslie Kaplan, *Depuis maintenant* (1996), évoque fugacement un grand-père d'origine juive « entreprenant et mélancolique » : « Il ne parlait pas à ses enfants. Ce n'était pas un silence méchant, je cite ma mère, non il n'y arrivait pas, c'est tout. Il se glissait sous le silence comme sous une couverture ou un vieux châle. [*Son fils*], accroché à ses genoux pendant qu'il lisait le journal. Ensuite, grandissant, furieux, dans ce silence. » (p. 47)

On pourrait continuer... Evoquer Perec recherchant dans la littérature les pères qui lui firent défaut et venant leur voler des fragmenticules de texte pour se donner ainsi un corps, une identité, une ascendance. Georges-Arthur Goldschmidt soulignait ici même que la littérature allemande était une littérature d'orphelins. Que dire alors de la littérature française de ce siècle (Gide, Cocteau, Aragon, Malraux, Sartre, Genet, Camus, Gary, Simon, Duras, Barthes, Perec, tant d'autres...) ? Bien des textes de ces dernières décennies mettent en scène répétitivement cette absence du père – et souvent une origine dans l'exil –, l'interrogation sur l'affiliation étant la première des façons d'être inscrit dans l'Histoire. Le « si j'écris leur histoire, ils descendront de moi » de Vigny repris par Perec n'a jamais eu autant de sens qu'aujourd'hui.

Si l'histoire ne se fait pas récit, si elle ne devient pas un tant soit peu légende racontable, elle n'existe pas. Une des marques de compassion anxieuse que donnent les enfants à ces pères voués à des destins fantomatiques d'absents trop présents est ce désir de leur redonner une parole et un récit. De fait, bien des récits évoquent des gens de peu – et de peu de contact culturel avec les mots. Les livres d'Annie Ernaux (*La Place* (1983), *Une Femme* (1986), etc.) ont eu l'audience que l'on sait parce qu'elle restituait le sens et la résonance des paroles et des conduites de ses parents alors même qu'ils se voyaient condamnés à n'en presque rien transmettre. Dans cette interrogation sur la transmission, la civilisation paysanne, au moment où elle se meurt, est dite, méditée, réimagée dans son lien avec le sol, le granit, avec les métaphores de l'archaïque. Le hercynien affleure dans bien des textes : Bergounioux et la Corrèze, Michon et la Creuse ou le Périgord ou, dans un tout autre style, Renaud Camus arpentant le Gévaudan (*Le Département de la Lozère*, 1996)... Ce massif est décidément central. Comme si après les temps des errances conquérantes, il fallait en revenir non pas à la terre maréchaliste censée ne pas tromper, mais à une sorte de socle archaïque. Avec ce questionnement qui traverse l'histoire pour aller au géographique, ce besoin d'aller forer l'histoire jusqu'à cet en-deçà géologique qui contribue à la fonder. Mais les murs de la ville, leurs hiéroglyphes discontinus, les sédiments d'histoire qui s'y sont aléatoirement déposés, sont eux aussi – je pense aux romans de Modiano – désignés en leur silence et effleurés par la nomination à défaut d'être rendus parlants. Comme si une histoire trop cisaillée ou indécise ne pouvait être restituée que par une représentation de ces lieux qui garderaient, eux, quelque trace de la mémoire des fantômes : les espaces et ce qu'ils gardent de consistance en lieu et place du temps.

« Par malheur », écrit Suarès cité par Michon en épigraphe des *Vies minuscules*, « il croit que les petites gens sont plus réels que les autres. » Meilleurs témoins de l'Histoire justement à proportion qu'ils sont éloignés de la possibilité de la transformer en discours ? C'est sans doute ce sentiment d'une réalité épaisse et résistante qui induit ici ou là le désir non tant de « redonner la parole » – avec ce que cette expression aurait de naïf – que de fendiller ou d'abraser cette compacité de silence devenue l'expression de ceux que rendent muets l'excès-l'usine ou le temps-machine. Leslie Kaplan ou François Bon sont des choryphées à la modulation sobre ou plus litanique qui font surgir des touffeurs de silence, des épaisseurs d'histoire presque impossible à convertir en histoire, des vies où divers laminoirs[2] ont écrasé corps et paroles avant d'être à leur tour, histoires des années quatre-vingt, jetés au rebut. Si ces textes sont davantage des textes de mémoire plus immédiate que ceux que j'évoquais, ils ont ce même enjeu de cerner ce que peut être l'exil de la parole.

Et puis à côté ou plutôt très loin, dans un autre décor de la scène littéraire, il y a ceux qui dansent : parce que l'histoire peut être tournée en tragédie, parce que l'histoire peut devenir refuge romantique (et petit-bourgeois), ils en refusent le pathos ou le dolorisme et préfèrent le bal masqué et son élégance aristocratique. Sollers jette des regards en coin sur une histoire tourbillonnante, devenue circulation de flux, de reflux, de reflets, avec des particules de sens qui ne coagulent que de façon toute précaire. Tragi-comédie dont il préfère s'amuser et entre les scènes de laquelle il invente postures, biais, impromptus et virevoltes. Hygiène de la pensée ? Parfois. Mais peut-être avec le risque que le lecteur qui se sent trop sujet sous-jacent ou assujetti refuse d'accepter de jouer. Et le risque que légèreté et désinvolture mettent en porte-à-faux avec une Histoire qui n'est ni légère ni désinvolte.

***

La délinéarisation du récit, sa transformation en espace narratif permettant la coexistence des voix, des lieux et des temps ont été une des conquêtes du siècle et notamment des années soixante. Mais cette délinéarisation, cette façon de mettre en place en même temps l'assemblage et la dispersion, la construction et la faille, acquièrent une consistance plus dense et surtout une nécessité plus impérieuse du fait d'être portée par un *je*. La vérité d'une histoire personnelle, en son alliage de l'expérience singulière et du destin collectif, est la plus exigeante des contraintes. Elle oblige à l'invention narrative (et poétique ?).

Il me semble aussi que l'écriture de mémoire contemporaine a subi l'influence des modèles narratifs ou descriptifs qu'ont pu développer les sciences humaines dans leur approche de la complexité du particulier – l'histoire aussi bien que la psychanalyse. Le champ de l'investigation historique n'a cessé de se densifier et de se ramifier. Devenue plus labyrinthique, multipliant ses galeries (histoire des mœurs, des représentations, des pratiques sociales et culturelles, etc.), l'histoire a cessé d'être construction autour de quelques piliers porteurs pour devenir dédale ordonnancé et par là même édifice narratif complexe, tentant de mieux rendre compte du particulier, du spécifique, du contradictoire. Il conviendrait aussi de voir quelles modélisations a pu imposer ce qui a fini par devenir une sorte de micro-genre narratif, l'étude de cas, telle qu'elle s'est développée aussi bien en sociologie qu'en psychanalyse – avec les oscillations qu'elle impose entre recherche de la structure et de la loi et attention au détail, au subtil, à l'infime.

Au bout du compte, ce qu'ont permis tous ces cheminements narratifs et intellectuels, c'est de multiplier les dispositifs de confrontation entre le passé et le présent. Jadis ont pu être nourries les utopies de reconstitution d'un passé rationnellement détaché du présent (ce que tendaient à affirmer les modèles canoniques du récit historique). Aujourd'hui l'urgence semble être d'interroger l'ici-maintenant d'une mémoire. La démarche de Georges Perec dans *Ellis Island*, de Claude Lanzmann dans *Shoah*, d'Art Spiegelman dans *Maus* est bien la même. Partir des paroles et des traces brouillées d'aujourd'hui, des témoignages marqués d'une lumière d'autant plus intense qu'ils sont pénétrés des ombres de l'oubli et de la mort, pour créer un espace de sens et de résonance entre hier et maintenant, entre la marque et l'effacement, entre l'événement et ses sillages.

Prolongeons par deux exemples tout récents. Un livre comme *La Mort de Brune* (1996) de Pierre Bergounioux montre comment pouvaient coexister au milieu de ce siècle dans l'expérience ordinaire d'un écolier de Brive-la-Gaillarde en Corrèze, dont les déplacements quotidiens n'excédaient pas quatre ou cinq rues autour de la maison familiale, des strates d'épaisseur de passé extraordinairement différentes. Certaines remontant aux Romains ou au Moyen Age, d'autres à l'époque du maréchal Brune ou à celle de Jules Ferry, d'autres à hier, au temps de la Résistance. L'impression qui prévaut est celle de l'unité d'un tel monde, ressentie de manière aussi bien sensorielle qu'intellectuelle, d'une homogénéité de ces résidus hétéroclites. L'unité de ton et de temps est donnée par la manière plutôt triste et mortifère qu'avait l'entourage (famille, boutiques, école...) de colorer les moments et les sensations, assurant ainsi une transmission codifiée, rigide et mélancolique de valeurs et de signes. Et l'enjeu de ce récit est de montrer que cette sédimentation des temps qui était non point exactement harmonieuse, mais cohérente dans ses pratiques et rituels, s'est disloquée sous les coups de boutoir de la modernité, de l'irruption – que Bergounioux dit salutaire – de la vitesse et du grand large (néons, motos pétaradantes et boîtes de nuit) venus bousculer les temps et les vies.

Une des réussites de ce livre est d'avoir su donner cette impression que dans l'expérience d'un sujet – ici d'un enfant qui grandit, l'hétérogène acquiert une sorte d'homogénéité parce qu'une telle micro-société impose des conduites qui donnent sens à un tel environnement. La multiplicité malgré tout complexe des signes de l'Histoire dans la vie quotidienne de l'écolier corrézien est vécue à la fois comme habitude (c'est ainsi) et comme étonnement (pourquoi est-ce ainsi ?), comme opacité, sens mal déchiffrable, et familiarité pleinement signifiante.

Dessiner des configurations en collant ou en superposant des fragments épars, des temps de l'histoire qu'on croit dissociés et inassemblables. Telle est aussi la démarche de Guy Walter dans *Le Puîné* (1996). Stylistiquement, le livre offre la fusion de trois genres divergents : le poème-litanie, sassant, ressassant, entêtant ; la formule aphoristique, brève, dense, incisive ; le récit – en l'occurrence, une succession de quelques scènes, peut-être plus « tableaux vivants » (et donc immobilisés) qu'instants narratifs. La scène *princeps* est le moment où l'enfant de quatre ans est assis tout contre son frère de six ans qui tient sur ses genoux un livre et le lit au puîné encore analphabète. Le puîné est dans un bonheur de proximité corporelle avec ce frère et touche sa peau avec une sorte de ferveur d'amour. Cet instant du toucher et de l'adoration muette du frère au moment où il se fait déchiffreur et transmetteur du livre prend sens par rapport au silence du père, silence lui-même référé à son origine juive et à ce que ce père ne peut, ne sait ou ne veut dire de ce qu'a pu signifier cette origine. Le contact avec la peau du frère lui-même en contact avec la parole et le corps du livre est façon de métaphoriser la référence à une histoire tue. Le livre prend sans doute toute sa résonance quand il est dit : « S'ils avaient su toucher, ils n'auraient pas tué. » Les errements tâtonnants des doigts d'un enfant de quatre ans sur la peau d'un enfant à peine plus âgé prennent un sens troublant, presque vertigineux d'être ainsi réponse à Auschwitz et à un projet d'extermination ontologique. Comme si ici le toucher, le peau-à-peau devenait affirmation d'une vie et souvenir d'une extermination.

Reconstruction mythologique, dira-t-on. Certes. Il y a là rééchafaudage d'un mythe des origines dans cette reconfiguration d'une genèse du lien de la parole et du corps, de la peau et de la loi. Et sans doute seul un discours poétique et rythmique (à la fois très abstrait et très physique, concret et prophétique à la fois), pouvait faire partager ce tourbillon logique, avec ce propos centré de façon obsédante (sur une scène, un temps, un lieu) et égaré en même temps vers on ne sait quels au-delà ou en-deçà. Cette narration d'un épisode qu'on aurait pu éclairer avec les projecteurs psychanalytiques (et le texte permet assurément qu'on déchiffre ainsi la scène) devient façon d'introduire l'Histoire et ses interrogations par son biais le plus essentiel : la question de la transmission. Les émois confus et les impulsions signifiantes d'un presque encore *infans* deviennent manières de dire l'histoire et de la faire advenir jusque dans le corps même, jusqu'au bout des doigts de ceux qu'elle a traversés davantage que d'autres et qu'elle a silencieusement modelés. L'Histoire vient ici s'inscrire dans le plus archaïque de la vie consciente ou inconsciente. Rarement avait-on donné à voir avec une telle acuité cette évidence si souvent omise, déniée ou refusée (ne serait-ce que parce qu'elle touche à la question de l'origine et de l'affiliation).

Concluons sans conclure. Mon propos a peut-être été optimiste. Rendant un hommage un peu forcé à des fils qui, tant bien que mal, tentent de rapetasser la figure paternelle en se donnant à eux-mêmes les paroles qu'ils croient n'avoir pas reçues. Littérature d'Antigones qui cherchent à bien enterrer les ancêtres et à régler leurs dettes à l'égard des morts en saluant leurs dons ?

Je voudrais terminer sur une image plus inquiétante. Il me semble que le sujet empoigné par l'Histoire est souvent dans la mise en scène littéraire actuelle un sujet malade *stricto sensu*. La maladie comme métaphore exerce aujourd'hui sournoisement ses ravages. Cette image imposée par le Sida du sang qui s'empoisonne au cours d'une communication de corps à corps a un terrible pouvoir imaginaire. Depuis Thomas Mann, depuis Camus ou bien d'autres, les images de maladie et d'épidémie sont devenues façons de scénariser un sujet qui a mal à son histoire autant que mal à l'Histoire, en proie à ses pestes brunes et leurs séquelles. Fritz Zorn (*Mars*, 1979), Ania Francos (*Sauve-toi, Lola*, 1983), Alain Emmanuel Dreuilhe (*Corps à corps*, 1987) ont lu leur trajet à travers la maladie comme une réponse à leur histoire ou comme une métaphore de celle-ci, elle-même ne prenant sens que par rapport à l'Histoire. La maladie aux enjeux de mort est lue comme une maladie de la transmission en tous les sens de ce mot. Métaphores dont je n'ai guère envie d'aller développer les images – les laissant simplement à l'état d'indices d'une angoisse de confrontation avec la mort. Cette angoisse imprègne l'imaginaire de l'époque en même temps que défaillent les possibilités de symbolisation de la mort.

Mais la littérature a toujours su que parler de sujet aux prises avec l'Histoire revenait à parler aussi (d'abord...) du sujet face à la mort et au néant.

NOTES

1. On se souvient de l'exergue de *La Nausée* emprunté à Céline : « C'est un garçon sans importance collective, c'est tout juste un individu. »
2. Cf. Jean-Pierre MARTIN, *Le Laminoir*, Champ Vallon, 1996. Et aussi François Bon, *Temps machine*, 1993, *C'était toute une vie*, 1995 ; Leslie Kaplan, *L'Excès-l'usine*, 1982.

OLIVIER DOUVILLE

Avatars et destins du « Nom » à l'épreuve de l'exil.

Avant-Propos : du sujet et de l'histoire

Qu'entendre pour un psychanalyste dans cette façon de parler de « prise » à (ou avec) l'histoire ? Si on peut rencontrer des historiens qui pensent que l'histoire a un sens, d'autres (ainsi P. Veyne) se montrent plus réservés pour adopter cette thèse. La psychanalyse, du moins depuis les travaux de Freud sur la construction en analyse (1937), veut que l'avènement de la réalité matérielle ne saurait être confondu avec la vérité historique. Le sujet de l'histoire, s'il possible de poser qu'il y en ait un, précède le sujet du désir. « C'est ici que se dévoile le paradoxe… : le sujet plongé dans la société de classes, dans l'histoire, sera celui-là même qui désignera sa propre histoire comme construction » écrit Jacques Hassoun [1].

Là encore, une division dans le sujet lui-même quand il peut découvrir que ce n'est pas identique d'être soumis aux lois de la communauté, à partir desquelles un point de vue identitaire et normatif peut se reconstituer, que d'être soumis aux effets de l'inconscient avec une forme d'éclatement du sujet dans les coordonnées politico-culturelles. Un réel est visé qui déjoue le récit.

Ce faisant, la psychanalyse n'a jamais eu vocation à se complaire à la description des particularités culturelles du sujet. Elle oriente plus à ce que le sujet entretienne avec ces particularités culturelles et religieuses un rapport de décroyance pour qu'il reconnaisse que sa singularité la plus « intime » peut, comme se retourne un gant, se loger et se retrouver dans le plus universel. La question du point d'origine se déplace et elle se divise jusqu'à apparaître aussi dans son bord externe de fiction. Dès lors le fameux discours de l'analyste se révèle non un discours articulé qu'un analyste adresse à un analysant, mais le dispositif par lequel une parole rassemble de la trace tout en lui donnant ce statut particulier d'origine « trouvée créée », sise et jouée dans l' « entre-deux ». Ce qu'une séance de psychanalyse peut essayer de prouver est que la vérité de la fonction créatrice de la parole va être tracée par le mouvement où elle dévoile la chose qui tout à la fois cause le désir et le laisse étourdi et irréel. La reconstruction doit alors participer de sa propre déconstruction, sans nihilisme, déconstruction du principe de causalité fatal exigeant la répétition du même au même.

Traversée pour une sublimation, non retour au même, afin que la parole visite à nouveau les abords du trauma et s'éloigne des séductions archaïques et mortifères propres à tel signifiant n'ouvrant pas au lien possible pour une autre binarité signifiante.

Qu'en est-il des pouvoirs de la parole ?

Mais qu'en est-il pour ceux dont les modalités de traversées des champs et des liens sociaux qu'ils ont empruntés a mis à la casse le corps et le nom ? Qu'en est-il pour ceux qui désespèrent des pouvoirs de la parole ? Qu'en est-il enfin de la possible espérance en ces pouvoirs de la parole dans des sociétés marquées par le culte de l'efficace et la politique de la ségrégation ? Il existe des formes particulières de ruptures qui mettent en vive souffrance ou en péril le fait de porter un nom. L'exil, mais aussi certaines explosions de déliaison dans l'extrême insularité, en donnent mesure. La mise à la casse du Nom est peut-être le signe de ces dérives symboliques qui travaillent notre lien social.

L'interrogation qui court dans ce texte sera située entre l'expérience clinique psychanalytique et les phénomènes de liaison et de déliaison. A quelle condition se crée pour un sujet un savoir sur l'origine et comment ce savoir interroge-t-il les signifiants de la filiation ?

Comme parade à l'angoisse de non-assignation, il est des fantasmes d'auto-engendrement qui ne sont peut-être parfois que le souvenir écran d'un meurtre du Nom.

Comment lire l'origine, comment se doter de paradigmes représentatifs de la généalogie ? La possibilité de la mise en récit, soit le travail d'un mythe individuel, refaçonne et adresse à nouveau ces morceaux de paroles qui, d'avoir perdu assignation et résidence, se répètent comme des métonymies sans adresse, amputées d'un site où se modifier et se transmettre.

La clinique ici n'est pas culturelle ou culturaliste. Elle suppose de ne pas tenir pour rien la dimension sociale, le lien social.

Certes, l'inconscient n'est pas une création historiquement datable, due à telle modalité culturelle considérée. De plus, il n'est pas intrapsychique, mais interpsychique. C'est sur cette arête que la psychanalyse se distingue de toute psychologie. Il m'apparaît de plus en plus qu'une étude de la conséquence qu'entraîne l'effondrement brusque des signifiants d'une culture considérée est plus utile pour la conceptualisation psychanalytique du lien social qu'une référence ethnologique toujours saturée des notions d'enculturation.

C'est pourquoi il est possible de dire que la pensée psychanalytique de la condition institutionnelle de l'humain dans le corps et dans le langage est, en son essence une théorie du lien social, et que c'est dans la confrontation à la réalité historique et politique que la psychanalyse connaît son débordement. C'est dire que s'il est plausible de dégager des textes de Freud, Roheim et Lacan ce que serait cette théorie psychanalytique de la culture, on rencontre une fois de plus une division, dans le sens où cette théorie (on devrait plutôt de dire ce souci pour) est à la fois ombilicale et généraliste, son objet princeps étant défini comme l'étude des faits institutionnels et des processus d'humanisation du sujet.

Admettre ceci permet de dépasser les considérations psychologiques et brumeuses qui rendent équivalentes psyché et culture et offrent possibilité de penser non le politique mais avec le politique.

Rapprochons-nous de ce qui rend cet acte de penser *avec* plus que jamais nécessaire. L'énigme universelle est celle du désir de l'homme d'être endetté par une parole vivante. Il s'en déduit que l'humain va endosser cette énigme par sa sujétion structurante à une mise en scène de la vie transgénérationnelle et transindividuelle de la parole.

Si l'ordre de l'inconscient se révèle hétérogène au sujet en ceci que le sujet se subjective et prend corps dans la différence signifiante (tout en étant au plan du fantasme lié au reste de ces opérations, reste dit objet perdu) et que l'inconscient ignore la contradiction, le social pour la psychanalyse se définit par le lien qui garantit ou pas la possibilité de survie et de transmission du registre de la parole d'une génération à l'autre. Mais ce n'est pas le lumineux du Verbe qui inaugure et passe entre les générations, mais bien, si on suit les fictions freudiennes, l'art de recueillir les affects du forfait, de la misère, de l'angoisse.

La transmission suppose un parti-pris sur le destin de la trace. G. Pérec : «j'écris parce qu'ils ont laissé en moi leur marque indélébile et que la trace en est l'écriture; leur souvenir est mort à l'écriture; l'écriture est le souvenir de leur mort et l'affirmation de ma vie ». [2] A regarder seulement ces moments où se trament enfin dans la subjectivité les lignes de passage des affects, on se dit que ce qui pourrait bien nous situer, en tant que sujets modernes, serait que nous sommes candidats à notre histoire.

Être moderne, voilà la nouvelle formule. Un slogan, sans nul doute, pour qui veut à partir de sa croyance en la vertu salvatrice et ordonnatrice du moderne persévérer à ne rien savoir du désir qui l'anime.

Mais aussi, heurts des cultures, guerre des cultures, haines des autres métaphores du Père. Un aspect du moderne qui se précipite dans l'univers absolu des lois du marché, cela implique une mise en parenthèse de toutes les passions humanisantes, de toutes celles qui apprivoisent l'aspect surpuissant du monde matériel. La chute des altérités, la chute des récits qui mettent en métaphore le père, ont une immédiate conséquence : la valeur pulsionnelle de ce qui revient du dehors va se trouver extrêmement et entièrement rehaussée, dans la crainte ou dans la panique jouissante. Le calcul de la ségrégation va aussitôt prendre une valeur défensive, et qui, tant qu'elle protège cette fiction dangereuse du bon droit au convenable de sa jouissance, laisse le majoritaire intact, innocent, et – enfin ! – dédouané d'avoir à se poser la question de son désir.

Face à cela, comment pour un sujet pris dans cette tourmente, penser le destin de ses traces dans un monde où se détruit la maison du Nom, où se désavoue la pensée du généalogique ? A celui qui est en proie à l'écrasement de toute position subjective il revient de survivre, lorsque l'injonction aimable, car fédérative, est de retourner dans une inclusion donnée pour case départ. Effet de cette injonction : accroissement du flot de ceux qui se trouvent relégués sans retour, autochtone enclos, exilé privé de lieu. Deux figures radicales du hors-lieu quand est mis au pas, puis ruiné l'« entre-deux ». Fabrication meurtrière de sujets sacrifiés au hors-discours, c'est-à-dire de sujets voués au discours qui ne serait plus jamais du semblant.

Aujourd'hui, notre temps de promotion des guerres et des bonheurs industriels se paye de l'effondrement des métaphores c'est-à-dire qu'il se paye par le meurtre de l'écart entre le mot qui évoque et invoque et la chose. Dans ce déferlement morbide et mélancolique, du principe d'indifférence généralisée (forme morbide du principe de plaisir), comment l'introduction d'un élément étranger pourrait-elle provoquer à de nouvelles constructions, à de nouvelles interprétations? Un social qui s'efforce de réduire à l'insignifiance la différence entre la vie et la mort ne peut supporter en lui l'hétérogène et l'étranger. On veille aux modalités spécifiques et codées de sa jouissance, modalités sottement nommées *identités* voire *identités culturelles* par beaucoup, dont, en nos champs «scientifiques», les nouveaux promoteurs de ghettos : des ethnopsychanalystes français.

De là une proposition, l'étude clinique des modes de vie de la parole (et de mise à mal de cette vie), est étude des pouvoirs de la parole à mettre en déplacement et en transfert, c'est-à-dire aussi en symptôme et en désir. Puissance d'accueil de ce qui perturbe le familier.

Sur la mélancolisation du lien : la mise «à la casse» du nom

La réflexion sur la communauté mène à penser l'hypothèse d'une mélancolisation du lien social au moment où les réponses du dehors barrent dans des groupes la possibilité d'une pensée de l'échange et de l'accueil.

Quel que soit le type de société, il n'existe pas de culture et de lien social sans violence. La subjectivation, processus qui du vivant va faire un sujet, ne va pas sans une prescription du renoncement à la jouissance, (c'est là un lieu commun), ni sans déposer ce sujet dans une illusion communautaire de mémoire partagée. D'où la division entre vérité et illusion, entre mémoire traditionnelle et mémoire pure de la pure pulsion de mort, entre engendrement et engouffrement, rappel de la menace de ce qui pourrait ne jamais avoir été.

Penser cela est également penser la culture autrement qu'en terme de cadre, pour la définir comme un pouvoir collectif de résistance contre le travail d'érosion du signifiant, comme un pouvoir de faire refleurir des rêves partagés et des sites féconds, dont le «site de l'étranger» (selon la forte expression de P. Fédida) n'est pas le moindre des biens de civilisations à garder, en ces temps où les conquêtes technologiques amènent dans l'abstrait une mise à plat des modes du jouir et du visible.

La catastrophe subjective, est quand la violence reste sans récit, clandestine et secrète, au point qu'en parler revient à toucher le tabou des morts. Qu'un sujet fasse rencontre avec une offre d'analyse pas trop classique, pas trop standard (au fait savez-vous ce que sont des « patients standards » ? – moi, non) et survivant de la modernité destructrice, pourra-t-il chercher à inscrire le trauma, l'effacement du site de l'humain, dans le temps après-coup de la parole qui écrit son énonciation distincte et décisive ? Certaines voix d'analysant écrivent, en propre, des strates enfin recomposées et distinguées. Ce n'est pas la même chose un refoulement qui se lève, ou un trauma qui trace ses bords. Ce sont de telles traces qui se transmettent en se vouant non seulement à l'archivage mais au souffle retrouvé d'une parole qui peut faire retour aux vivants. Revenir à la condition de la génération humaine. Des psychanalystes sont appelés pour cela par des analysants qui ne tiennent plus à s'en laisser compter à propos du puzzle identitaire dont il conviendrait qu'il devienne la pièce manquante.

Les blessures de l'histoire comme on le dit. Les monstruosités meurtrières de symbolique et de lien. Ici, le sujet n'est plus en prise, il est en proie à une sidération quand son corps et son nom ne valent rien devant la menace, quand il ne lui reste plus un souffle, plus une once de vie pour offrir son visage comme site où se réfléchit l'interdit du meurtre. Meurtre de la mort, dans la mort en masse. Ecrasement de la généalogie. Identités errantes de morts-vivants au milieu des impassibles vivants-morts de la compacte majorité.

Dans la désintégration du Nom propre, c'est alors la valeur pulsionnelle qui se libère, vidant, plus que mettant en morceau le corps symbolique qui rend plausible un corps vivant : vidant le miroir et son au-delà, la voix qui nomme et distingue, le regard de l'autre aux yeux baissés par la pudeur, bref, déniant le pacte entre Nom et Corps. Cas exemplaire de ces ouvriers, souvent maghrébins, qui après un accident du travail, accident que provoquèrent des déplacements de corps ou d'objets le plus souvent, se coupent de tout lien possible avec l'autre terre, l'autre rive, celle des siens, et qui ne se présentent plus qu'en emportant avec eux (ou contre eux) des dossiers d'expertise où, dans l'insensé capharnaüm des estimations de préjudice, leur nom ne devient plus que cette trace absurde qui circule sans eux, et qui, sans eux, est débattue. L'écrit disjoint de la voix. Pur aplatissement de la pulsion scopique, rien ne vectorialise alors le dedans ou le dehors du corps. C'est toujours le trop plein d'image à quoi il se trouve réduit qui reflue sur le sujet quand il n'est plus protégé par la musique et par le récit du nom.

On ne dira jamais à quel point le meurtre du nom se reproduit lorsque dire et faire reconnaître son nom se résume à dire et faire reconnaître l'aspect en règle des papiers où le nom est écrit. Le Nom que porte le clandestin, le *sans-papier* comme on le dit si mal, n'est plus qu'un signe, un signal qui assure l'entrée ou précipite vers la sortie. C'est le Nom en Etat-Limite, aux limites de l'Etat... Écriture toujours lourde de suspicion pour ceux qui contrôlent sans relâche, toujours expropriatrice de l'être pour celui qui n'a plus que cette seule marque, son nom sans ombre, écrit comme un chiffre, pour circuler en terre étrangère. C'est à ce moment de brutale fantomisation du nom, que le monde qu'il y a selon Lacan entre le mot et la lettre, tourbillonne, avale et rejette. Dérive du nom, sans nom ni père de substitution. Un nom est tenu pour rien qui vaille, pour du commun, un corps fantoche d'assignation.

Le drame n'est pas ici que le corps devienne une altérité pour le sujet, car c'est cela qui fait du sujet, mais que cette altérité de corps ne soit pas socialement perçue dans sa dignité de corps.

Allons jusqu'à dire le mot : racisme. C'est connu, il conjoint sous le primat d'un unaire insultant dans la caricature violente qui se donne pour savoir anthropologique, d'où l'interchangeabilité que la pensée raciste donne à l'étranger, le « ils sont tous comme ça », soit le fétichisme de la petite différence tenue pour marque de masse. Et ne tirons pas comme des égarés les sonnettes d'alarme de la modernité ! La question de la place de la cruauté ségrégative dans le lien n'est pas fatale. Elle réclame si on veut y faire face, non une condamnation phobique du moderne, mais une pensée politique, une pensée du droit de cité à l'altérité nécessaire, à gagner sur la passion de l'amnésie, sur la tentation de la méconnaissance. Résister à l'amour pour cette face redoutable de l'Autre inconscient qui commande de croire en une promesse de jouissance totale et indivise. Ce genre de promesse est ce que produit le social dans la moderne injonction à dénier les représentations et les formes institutionnelles de la division. Consentir à donner corps à cette injonction revient à violenter le généalogique, c'est à dire la raison et la justice généalogique. Lascive répétition des facilités consuméristes affectant la capacité donnée à l'événement de faire avènement.

Si tout s'équivaut, tout peut être déniable et interchangeable, jusques et y compris le Nom que l'on porte et qui nous porte.

Il est vrai que donner et recevoir un nom propre, un nom en propre, c'est autre chose que d'être désigné comme particularité et dans sa particularité. Il y a dans le Nom Propre de l'irremplaçable parce qu'il y a de l'insécable altérité qui profile et recueille l'épos d'une mémoire immémoriale. Il y a un Nom propre quand quelque chose d'un lien s'est établi entre une voix et une lettre, quand une affinité s'est jouée entre un moi, un corps, et un don de lettre qui ne vient pas de nulle part. Intraduisible, il ne renvoie pas à un autre signifiant sauf à en faire une quasi-insulte ou une cocasserie fragile et fragilisante, le nom, en raison de son amarre littérale est doué pour le voyage et peut-être même est-il voué au voyage. Car ce ne sont pas que les hommes qui migrent, mais aussi se déplacent et se transfèrent les mots et les lettres. Or que se passe-t-il quand l'insécable ombilic du nom (à distinguer radicalement de sa compacte objectalisation que vivent certains exilés) cherche son accueil ? sinon qu'il vient loger un peu autrement ou déloger un peu autrement le montage fictionnel d'une majorité compacte, – encore cette précieuse expression de Freud –, au corps fétiche d'un Maître.

L'écriture, il est vrai, naît avec la négation. L'effet de l'analyse n'est pas de consolider le nom, mais ce n'est pas non plus d'en faire un fétiche ou un sarcophage de pères trop morts pour laisser en paix les fils. L'effet de l'analyse est de permettre au sujet de pouvoir dire son nom sans avoir d'autres comptes à rendre qu'à la loi symbolique : celle qui dit qu'il faut bien partir d'un nom pour faire un trajet, pour passer d'une maison à une autre, passages accomplis de sorte que l'éclat et le souffle de la lettre reviennent sur le sujet, mais non pour le localiser, non pour le capter. La différence entre l'oubli du Nom et le meurtre du Nom est que l'oubli permet la substitution de fiction où quelques figures de la lettre se dessinent en bord, en rêve et en symptôme.

Dans le meurtre du nom, dans ce meurtre où le sujet n'est plus rien d'autre que la pauvre chose interchangeable que le nom stigmatisé est devenu, c'est tout le montage du sujet à la lettre qui se trouve aboli. L'absence de la lettre fait gouffre. La dignité de la demande n'est plus de ce monde-ci.

Ce n'est pas alors une faille qui se dessine sur le corps de l'Autre, mais une dilution de cet autre que seul le clivage peut alors sauver, car toute demande peut devenir fatalement dangereuse, exposant à la menace d'une métamorphose de soi hors les mirages de l'humain. Quand le nom est mis à la casse alors il ne se transfère plus.

C'est souvent dans la mise à plat d'une parole qui ne peut avoir accès à l'amnésie et au semblant, où la douleur d'exister ne se reprend pas au surgissement d'une quelconque polarité revendicatrice ou agressive, que certains patients pourraient dire, dans une « dernière réplique » hantée des sceaux des savoirs de la mort et du sexe, «j'ai été sacrifié». Sacrifié à l'histoire familiale ou sociale, à la culture du père ou de la mère, de l'origine ou de la résidence… Cette cause est, dans leurs paroles, recouverte par le vrai. Par la superposition du Vrai et du Réel, la pulsion, son objet et le Moi se confondent et le corps dépeuplé des lettres qui le nouent au littoral des énoncés collectifs, devient ce fait compact, enclavé dans l'expérience languissante d'un éprouvé de la pesanteur. L'exclusion est extrême, la contrainte surplombe tout.

Ces exilés en redoublement de leur exil, ceux-là qui ont quitté un pays pour rejoindre une absence radicale de pays, n'ont pas trouvé le lieu de leur semblant ni le lieu de leur combat. Ils errent. Et ce n'est pas sans risque quand, dans l'errance sans profondeur de champ, sans bord, l'injonction survient qu'il faille devoir une ruine ou une mort réelle à l'autre, faute de pouvoir négocier dans la parole, dans l'interlangue, une mort symbolique de l'autre.

Si tout notre appareillage pour diriger une cure nécessite une « révision » des dogmes et des thèmes canoniques quant à la cure de névrosé, c'est aussi dans la mesure où l'origine traumatique se déplace dans la cure, avec ses effets tendus de transfert (l'« entre-deux » étant ruiné, certains patients surmontant l'apathie mélancolique nous laissent entendre que dans la cure comme dans la vie c'est eux ou moi… ce qui est éprouvant, mais bon signe). Comment penser cette passe subjective qui va de l'exclusion (avec ce collage mortifère à l'exception en rade de tout) à la solitude ?

Aujourd'hui, nous avons aussi à penser autrement l'économie jouissante non des foules mais des masses, autrement dit l'économie libidinale des configurations jouissantes des masses amoureuses du fétiche de leur unité scopique. Et nous voyons bien comment prolifère le risque de hors-discours dans le lien, et aux marges de ce lien, risque que réalise actuellement le sacrifice d'hommes et de femmes, jetés au ban des sites manifestes de la subjectivation. La dictature postmoderne fait se proliférer des expériences de forclusion de ce territoire sans territoire qu'est le site de la parole.

Fabrication massive du sujet « prêt-à-jeter » dans un monde de plus en plus stérile, de moins en moins enclin à accepter que la sexualité, tout comme l'histoire, soient des montages destinés à créer de la différence.

Quand les cultures ne sont plus que virtuelles, quant elles sont catastrophées dans les ressources figurales de leur langues, enkystées dans la fétichisation de leurs croyances pourtant perdues ou effritées, alors, ce qui se préconise de lien en vient pour garantir qu'il est permis de jouir de nouveau de cette fiction totalitaire de l'innocence, de l'infaillible droit au sol, à vouloir à nouveau en surajouter sur le meurtre (vulgairement confondu avec le sacrifice, alors que le meurtre est la mort réalisée sur l'autre et de l'Autre, sans espace d'interprétation). Soit pour le sujet consentir à l'invite à se rendre dans une fiction qui déborde par l'acte, une identité aimable par la destruction de l'autre dans son humanité, et au-delà de son humanité. Idéologie embryonnaire, injonctive et pousse-au-crime. Cette idéologie rendue au trognon de sa violence, s'exalte de son bon droit à oublier que ce n'est pas le meurtre qui origine le symbolique. Le meurtre requiert le symbolique, la destruction non interprétée et non suspendue, non privée de sa violence immédiate ne débouche pas en ligne directe sur la symbolisation ou sur la séparation. On peut tuer pour ne pas quitter, on tue souvent pour ne pas séparer, pour ne pas s'étranger de soi.

La fiction totalitaire qui édicte que tout commerce doive être du même au même, intronise à ce prix et sur ce mode l'innocence. Dans la haine du lien que l'autre entretient avec ses souches de langue et ses modalités de jouissance, cette fiction totalitaire ne veut rien savoir d'un principe d'arrêt. Elle peut se résumer jusqu'au vœu armé de la disparition de ce rappel de l'étrangeté que supporte l'étranger. La fiction est alors que le propre de l'homme se repose et se rassemble dans une image univoque, et qu'elle serait en sa propre essence localisée dans un lieu à géométrie fermée et fixe : la Terre identitaire et le sol où vivent des seigneurs au sang et au rang souverains. Ce mythe de l'innocence légitime à retrouver et à restaurer dans une origine pure où jamais le travail de division n'aurait pu déposer son œuvre symbolique, se réactive par la violence politique au moment où dans la langue même se joue des catastrophes des possibilités de subjectivation et d'imagination, c'est-à-dire au moment où un collectif peut se sentir laissé pour compte par rapport au langage comme leurré, en trop.

Car c'est, en ces temps-là aussi, que la langue rencontre les propres limites de sa capacité figurative de créations mytho-poétiques. A qui s'adresse-t-on ? Comment forger dans ses systèmes symboliques la dimension de l'altérité, comment dire l'élémentaire de l'échange : le oui et le non à l'autre, lorsque les mots que l'on emploie, la langue que l'on parle n'ont plus à nous offrir leur promesse de mémoire et leur enjeu d'accueil de tout sens nouveau ?

Aujourd'hui les errances, les dérives, les exils immobiles ne sont plus des faits secondaires ou exceptionnels. Parmi les souffrances qui peuvent amener quelqu'un à faire rencontre de l'offre analytique et donc d'un psychanalyste, des « modalités subjectives » imposent des pratiques originales. Ces modalités furent peu répertoriées du temps de Freud et du temps de Lacan aussi ; elles furent davantage indiquées par les cliniciens anglo-saxons avec Winnicott et après lui. Inconsistantes, elles ne sont pas à entendre comme le psychanalyste routinier le ferait des classiques symptômes qu'engendre et que détermine le refoulement. Elles ne se déchiffrent pas comme des formations de compromis, mais apparaissent bien plus comme des temps inaboutis d'orientation dans le fantasme, défaut d'inscription du sujet, défaut de nouage entre moi et corps, entre parole et langue.

Que sommes-nous en droit d'attendre d'un regard (non d'une interprétation) psychanalytique sur le lien social ? Si ce n'est de rendre une question légitime, puis de tenter d'y répondre. Si notre texte part d'une inquiétude au sujet de la ruine moderne de la parole, alors le fil rouge que nous tirons se résume, de façon très abrupte en la question suivante : « Pourquoi l'homme donne-t-il si souvent préférence à la terreur sur son désir ? »

Rompant avec toute psychologisation du fait social, l'enseignement freudien est ici tranché et utile. Freud n'a jamais tenu que le refoulement provienne de la répression, ni que le malaise soit le pur produit du refoulement. Ce sur quoi, avec Lacan aussi, il est possible de mettre l'accent, est que la gourmandise dont témoigne une des figures du Surmoi est effet de structure. « *Non pas effet de civilisation, mais symptôme dans la civilisation* » précisait Lacan, en 1974 [3]. Cette modalité du Surmoi, infiniment paradoxale, qui relie à la fois l'injonction – donc la séparation – à l'idéal de non altérisation, serait cette instance particulière qui, en tant qu'essence de la contrainte, s'exercerait dans le sujet, du fait de la prise de tout un chacun dans le langage.

Ce Surmoi, non consolateur, donne alors accès à la racine de force de la loi qui demeure au-delà du principe de plaisir, et qui, sans consistance imaginaire, gîte au-delà de la satisfaction que garantit la stricte obédience à la règle sociale. Irréductiblement du commandement, soit du commandement sans langage, en tous les cas sans discursivité. Tout le temps que son ordre est saisi comme pur commandement, la loi tressée à la terreur arrache le sujet à la mélancolie mais au prix non seulement de s'accommoder de la pure destruction, mais de la réclamer en tant que destruction pure. Haine qui ne se saisit pas comme haine. A dire vrai la mélancolisation du lien social n'est jamais observable comme un moment historique stable. Elle s'interprète dès qu'elle se précipite sous une forme terrorisante de l'excès : soit la possibilité « shootante » grisante et innocentante (tout cela va ensemble) qu'a un collectif de se rendre aimable en s'unifiant sous le pur commandement de jouissance. Un tel commandement pur est lui-même excès versus destruction et non pas cet excès créant le manque par où se reprend le binôme aliénation / séparation.

Cet amour de la Loi réduite à son trognon, cet amour de la désubjectivation devant l'injonction surmoïque, distingue bien sur le moment où la névrose se détache de toute civilisation. Le grand enjeu demeure de comprendre comment déplacer la facilité qu'a tout sujet à consentir à être tyrannisé et haï. Notre modernité occidentale est ainsi faite qu'en dépit de(ou peut-être grâce à) la prolifération d'idéaux vertueux d'universalisation, la ségrégation est de plus en plus porteuse de ravages. L'évolution historique avec laquelle nous sommes aux prises fait qu'une espèce d'universalisme croissant n'empêche en rien, mais au contraire favorise, le fait que se marquent des clivages de plus en plus marqués. Ségrégation non seulement entre groupes humains mais aussi et surtout entre représentations « officielles » du sujet et de son nom et représentations « détruites », traces plus que signifiant et en tout cas expulsées avant d'avoir pu être constituées en réseau signifiant[4].

Mon hypothèse est que cette déflagration, cette éclipse de la généalogie des organisations et des sites de lecture des traces culturelles, se constate à vif dans des contextes coloniaux ou post-coloniaux, mais pose aussi le statut de la subjectivation dans la modernité scientiste et technique qu'idéalise l'Occident libéraliste.

S'il en est ainsi, et si c'est le social qui par sa constitution pousse à ce genre d'abrasion, pousse à croire en la rédemption (dont la forme moderne est la satisfaction) par la consommation d'un objet totalement satisfaisant destiné à un individu de plus en plus esthétisé comme unisexe et sans histoire, alors la psychanalyse et l'anthropologie se retrouvent au coude à coude pour penser, sinon pour promouvoir, ce que seraient une clinique et une logique de la dignité humaine.

La modernité : un topos à construire

Il est faux de prétendre que la modernité est complexe, opaque ou de clamer qu'elle serait parée d'une aura d'obscur et de mystère. La modernité n'est pas une affaire complexe. La modernité reste un problème, un lieu et un temps à construire. Dans sa cruauté et sa crudité contemporaines, elle ne s'est pas obscurcie, pas plus qu'elle ne s'est complexifiée. Elle s'est technicisée, mais ses enjeux sont devenus d'une brutalité et d'une évidence aveuglantes : guerre des cultures et guerre des mondes économiques, libéralisation c'est-à-dire uniformisation. Se ruant dans ce qui fait l'écart entre désir et parole, le *techno-scientifique-politique* moderne s'offre à présenter les objets et les modes de vie qui finiraient par rabibocher le sujet avec sa perte, en déniant celle-ci au titre d'un mauvais souvenir ou d'un archaïsme. Meurtre du récit, prolifération auto-suffisante des objets et des corps tressés dans une satisfaction repue au creuset des images purulentes. Et on s'étonnerait que les nouvelles formes du symptôme mettent en jeu le corps et l'au-delà de la satisfaction pulsionnelle, et on s'étonnerait que le rapport à l'origine ne soit plus un rapport de dialogue ou de polémique, mais une sorte de célébration sacrificielle, ou auto-sacrificielle ! Nous nous trouvons dans une situation où l'imaginaire individuel est en risque de confrontation au vide des imaginaires collectifs. Risque alors pour le sujet de rentrer dans un rapport de fascination par l'image, le monde virtuel ; rapport à la clôture par l'image trop récent pour avoir été pensé par la civilisation et non mise en partage du registre imaginaire.

Offrir une écoute aux formes cliniques et sociales de la mort dans le langage, offrir un effort de rassemblement critique des savoirs pulvérisés sur l'humain, proposer une investigation des formes de la mort sociale ne sont pas des démarches étrangères et antagonistes.

Penser le sujet dans la modernité, soit penser une consistance moderne de la division subjective. Proposons que le statut d'un tel sujet soit celui d'une division entre le manque à être consenti – il n'y a plus rien à attendre sinon le pire du messianisme et de la complétude par l'objet –, et la violence de la destruction, soit un sujet qui, plus qu'à d'autres moments de l'histoire humaine, est aisé aux effets des gourmandises et des férocités Surmoïques. Ce sujet a, c'est le moins que l'on puisse en dire, sinon du mal à s'individualiser, bien du mal à se subjectiver. De nos jours qu'est-ce qui est tenu mélancoliquement pour indifférent, qu'est-ce qui est répudié de l'événement qui fait que soit proposée, sinon commandée, l'injonction de jouir de l'origine ? Méconnaissance et haine corrélative de ce qui surgit, apparaît aux bords, aux orées, aux frontières.

Ce sujet aux prises avec l'apathie contemporaine, avec les consolations virtuelles et consuméristes du malaise, ce morne spectateur des écrasements subjectifs, ce désabusé guetteur pris dans une attente sans aucun centre de gravité, ce sujet a droit de cité dans la modernité. Son advenue et sa complexité à construire qui sont plus que souhaitables ne se trouvent âprement interrogées que par des figures éponymes de l'altérité. C'est là une nécessité logique et éthique.

NOTES

1. In *Fragments de langue maternelle. Esquisse d'un lieu* (1979) p. 69.
2. *Ou le souvenir d'enfance.* Denoël, 1975, p. 59.
3. *Télévision*, p. 48.
4. Cf. aussi A. CHERKI, « Réduite au silence » in *PTAH,* 1997 (1/2), pp. 91-96.

Jacques Hassoun
Une éclipse monumentale

pour Moses Hirsch
mort avant d'être né

« Le désir était une majesté de nullité comme un vêtement de pauvreté qu'on ne peut même pas jeter dans le sac, comme un pauvre vêtement de nudité.
Il ne s'agissait plus de néant mais de nullité.
La nullité n'annule rien, elle n'a jamais été.
Elle n'est jamais entrée dans l'histoire.
La nullité ne peut pas être anéantie. »[1]

En cette période où se pose la question de la culture et de son éclipse, il nous faut rappeler un autre temps, celui où la distinction entre la vie et la mort semblait occultée au point où des groupes humains tout entiers (juifs et tsiganes) mais aussi des opposants politiques ou des membres de minorités sexuelles semblaient devoir être condamnés à mort avant leur naissance ; temps où dans les camps d'extermination l'éclipse du sujet fut telle que le bourreau et sa victime, situés au-delà même de la dialectique du maître et de l'esclave, au-delà même des nécessités qu'une économie de guerre pouvait imposer, allaient sembler appartenir à deux planètes différentes, à deux espèces différentes.

Ces questions qui traversent l'histoire de ce siècle et que d'aucuns nomment la contingence historique traversent la théorie analytique depuis ses débuts. Itérativement elles se présentent comme une aporie à laquelle l'analyse se heurte. Il est même étrange de considérer qu'il a fallu à Freud – quand il s'est agi de se séparer de la théorie du trauma – se référer dans un premier temps à l'*histoire* collective pour ouvrir de nouveaux frayages à la conceptualisation analytique. Ainsi ces termes (histoire du sujet / histoire d'une culture, d'un pays ou d'un continent) apparemment inséparables et antagonistes tout à la fois semblent ne se présenter synchroniquement que pour mieux s'annuler l'un l'autre.

Pourtant, à plusieurs reprises, Freud – et après lui, Lacan – n'ont pas hésité à interroger les événements historiques. Le premier à partir des phénomènes de « foules organisées » (que sont l'Eglise et l'Armée), des traumatismes de guerre ou de l'illusion religieuse, le second à partir du phénomène concentrationnaire qu'il évoque dans le texte fondateur de son Ecole.

Ces questions, qui connaissent un regain d'actualité, semblent représenter pourtant un isolat délibérément ignoré.

Mais plutôt que de céder à l'urgence, je souhaiterais faire quelques détours pour tenter de préciser comment je pense devoir me situer face à la *discipline* historique.

L'histoire longtemps a représenté pour moi l'espace théorique où des événements apparemment énigmatiques pouvaient dévoiler leur logique interne. Ecrire l'histoire, n'est-ce pas jeter un regard subjectif sur ce qui se présente comme une chronique glorieuse ou élégiaque ou sur un *dit* qui se transmet dans le même mouvement qu'un ensemble de rites ou d'actes religieux ?

Je n'ai pas vocation à élaborer une théorie de l'histoire ou de son écriture. D'autres l'ont fait. Et l'apport de Michel de Certeau me semble, pour l'instant, peu susceptible d'être dépassé.

Reste que la proposition « il n'est de science que la science historique » n'est pas sans m'avoir longtemps fasciné. Il est dans cet énoncé un impératif : écrire l'histoire d'une situation équivaut à l'élaborer sinon à résoudre quelques-unes des impasses et des apories qu'elle recèle. Dans cette perspective, l'histoire, analyseur de l'antériorité, déterminerait l'action d'un futur en voie d'élaboration.

La question que je me pose devant ce savoir par avance serait celle-ci : Est-ce que le rêve de l'historien militant ne serait pas d'établir un bloc magique à rebours ? Cela ne relève-t-il pas d'une croyance en une immanence propre à « la science historique » ? Ne semble-t-il pas légitime d'imaginer que dès lors que l'historien inscrit les termes de l'histoire d'une histoire, de l'histoire de la lutte des classes (vous l'avez peut-être deviné, cette phrase qui m'a longtemps fait rêver est née sous la plume du *prophète désarmé*, Léon Davidovitch Trotsky), il pourrait influer sur son cours de façon plus ou moins volontariste ?

Ces préoccupations m'amènent à formuler une autre question : « peut-on s'introduire par effraction dans l'Histoire et comment ? » Formulée ainsi, cette interrogation laisse supposer que l'histoire est superstructurelle et a-subjective alors qu'elle consomme de l'humain jusqu'à la déjection : divinité toute-puissante montée sur un char d'acier, elle avance, dispensant d'une main des *lendemains qui chantent* et de l'autre *des larmes et du sang*.

Cette idole barbare objet d'invocations semble porter en elle une promesse d'avenir radieux, de victoires guerrières ou économiques, de liberté : « Dieu est avec nous », « Gott mit uns » ne seraient alors que les formes idéalisées d'une autre série de devises, celles qui proclamaient jusqu'à la nausée « l'Histoire nous donnera raison », « nous changerons le cours de l'Histoire », ou pire « l'Histoire justifie tous nos actes même les plus condamnables »...

Ces remarques peuvent sembler bien éloignées de mon point de départ. Elles tentent pourtant de remettre au travail, encore une fois, ce qui de l'événement entame le sujet, au point de le situer en une position d'exclu de l'Histoire.

Il m'arrive souvent d'entendre quelques-uns des acteurs d'événements tragiques se plaindre d'avoir été marginalisés par ceux-là mêmes qui les avaient distingués et séparés, en les plongeant dans une aura d'horreur et d'humiliation, ou pire, d'un silence qui réduit ces victimes en *êtres pris dans une souffrance d'inscription* jusque dans les replis les plus intimes de leur quotidien.

Ce silence qui est leur lot est d'autant plus terrible qu'il est constitué de bruit, de fureur, de gesticulations ; il est rarement traversé de paroles signifiantes ou d'écrits susceptibles de symboliser la défaite qui a marqué leur existence d'une souffrance indicible. D'où la difficulté à subjectiver l'impossible à entendre – l'inouï – qui entre en résonance avec d'autres dénis, d'autres idéalisations dont ces acteurs se sentent les dépositaires, dont ils sont la proie aussi.

Ces questions qui touchent les minoritaires, les survivants ou *les vaincus de l'Histoire* ne peuvent nous laisser indifférents dans la mesure même où ils nous amènent à reconsidérer ce qui relève de la série [roman familial – souvenir-écran – mot célé ou énigmatique] et ce qui semble n'avoir trait qu'à l'Histoire, même si celle-ci suppose une mise à distance de cet ensemble pour pouvoir se constituer en un récit *subjectivé, subjectivable*.

Aussi, cette subjectivation est-elle toujours susceptible d'être mise à mal par les discours qui énoncent que « *le crime n'a pas eu lieu* ». Cette proposition qui rappelle celle des négationnistes («c'est *inouï*, cela n'a donc pas pu exister ») est à l'origine de tout procès tendant à désubjectiver l'Histoire, à désinsérer de l'Histoire le sujet, d'extraire celui-ci de celle-là. Or, la structure inconsciente suppose ce que Freud appelle communément « le Meurtre du Père ». Il faut qu'advienne la reconnaissance de ce meurtre comme temps premier de l'advenue du sujet et de son accès à l'ordre de la Loi pour que puisse s'élaborer la dimension dite symbolique. Cette mort placée au principe du sujet va permettre l'intrication des pulsions de vie à la pulsion de mort et faire de nous des mortels pris dans une généalogie de mortels.

Mais que la destruction d'un groupe soit placée sous le signe du déni ou du désaveu, qu'elle devienne *l'objet d'un défaut d'inscription*, et qu'en un temps second ce défaut soit ranimé par un discours négationniste, et c'est alors que le sujet se trouve précipité dans un deuil en suspens, dans une souffrance énigmatique qui se projette sur les fragments d'un passé devenu nostalgique ou inavouable.

Une question se pose alors : cette *disparition* serait-elle l'élément quatrième de l'ensemble que promeut le souvenir-écran ? Est-ce ce *défaut de mort* qui va brouiller les cartes ? Ouvrir par exemple la porte aux « crises identitaires », aux « crises du Moi Imaginaire » ?

Adorno écrit fort justement dans son *Jargon de l'authenticité*[2] : « La pensée de l'identité fut, à travers l'histoire, quelque chose de mortifère qui dévore tout. L'identité est toujours, de façon virtuelle, rapportée à la totalité... La moindre trace au-delà d'une telle identité serait aussi insupportable que l'est pour le fasciste celui qui est d'un type différent, dans un coin quelconque du monde. »

Car « l'identité » est cette part mortelle, mortifère qui vient en lieu et place de l'Histoire, d'autant que bien souvent « l'identité » de l'un semble devoir invalider celle de l'autre, des autres. L'identité est un leurre, un appeau, « le cœur d'un monde sans cœur, l'esprit d'un monde sans esprit », comme l'écrivait Karl Marx (à propos du capitalisme), elle signe un fragment d'Histoire qui s'est absenté, et figure une scène qui, énigmatique, serait à ce titre chérie au-delà de tout : elle serait une « disparition » qui s'organise autour d'un reliquat.

Il me prend tout à coup la fantaisie de proposer cette hypothèse quelque peu étrange et naïve : il y aurait eu deux histoires en Europe. Celle qui aurait trouvé son espace en Europe occidentale – et d'abord en Angleterre et aux Pays-Bas puis en France – où l'accent a été mis sur le citoyen et l'Etat de droit, et une autre plus chaotique où l'absolutisme était tempéré par un non-centralisme qui permettait aux principautés (qui n'étaient pas toujours que d'opérettes) et aux nations minoritaires ou opprimées (ces deux termes ne se recouvrent pas constamment) de vivre leur vie.

D'où la mise en évidence de deux conceptions opposées dans la manière de concevoir le rapport à l'autre : d'un côté l'entreprise coloniale (quel soulagement de considérer que les sous-hommes étaient de couleur et de mœurs différentes), de l'autre, des groupes occupant le même territoire, vivant dans le même temps de développement historique mais dont les langues, les dialectes, les religions s'affrontaient, comme ce fut le cas de cette partie du monde d'où je viens : dix-sept confessions qui furent autant de *nations* (en turc *millet*) vivaient de par la grâce de la Sublime Porte selon le système de *self-government* comme l'appelle Mark Cohen)...

Fermons cette parenthèse.

En Europe Centrale, chacun de ces groupes, pourvu qu'il fût plus ou moins bien manipulé par le pouvoir central, avait ses « nègres » ou ses « arabes » sous la main, avait ses *Untermenschen* sous la main. Exutoire facile aux pulsions destructrices, exutoire facile aux frustrations, exutoire facile, enfin, au sentiment de déréliction que les uns et les autres pouvaient ressentir.

Il suffit qu'une population soit massacrée une fois, une seule, pour que les autres suivent le mouvement : en Pologne, jusqu'au XVIIe siècle, les communautés juives connaissaient une grande quiétude. Il a somme toute suffi que Bogdan Chmielnicki – un cosaque ukrainien révolté contre l'emprise de la Grande Pologne sur l'Ukraine – massacre les Polonais et les Juifs – leurs alliés – pour que par la suite, les Polonais oppressés se retournent périodiquement contre les Juifs. La voie leur avait été frayée. Il s'agissait de répéter, de revenir sur cette horreur d'un massacre commun, d'une défaite commune pour qu'ensuite s'impose impérativement la nécessité pour les Polonais *slaves* et catholiques de créer un clivage qui les séparait des Polonais *sémites* juifs et germanophones, de les distinguer et d'accomplir un *transfert de déchéance*. Somme toute, les Polonais soumis pouvaient jouir d'une seule marque de souveraineté : tuer les Juifs (leurs anciens alliés) comme leurs seigneurs le firent. Ce faisant, ces esclaves croyaient gagner ainsi les insignes de la maîtrise et de la liberté...

Somme toute, le Mal est un héritage ; il se constitue, il n'est pas une donnée en soi. Je ne suis pas loin de penser qu'il se structure comme une mise à l'épreuve de cette proposition : *il est de l'autre*, de l'autre de la souffrance, celui qui permet de tracer les lignes de force d'une différence insoutenable.

Pourquoi faut-il que la souffrance soit infligée par celui qui vit dans une déchéance méconnue ou inavouable ? Cela relève-t-il du partage de la déchéance ? Je l'ignore.

Reste que ce souci éperdu d'une vie confinée dans un « entre-nous » moite et douteux a amené les partisans polonais anti-allemands à massacrer des résistants juifs et que la population polonaise de Kielce en 1986 continuait, à de rares exceptions près, de justifier le pogrom de 1946 (1946 !).

Comme j'ignore pourquoi ce sont les peuples qui vivaient en marge – et en contact immédiat – de l'Allemagne et de l'Empire Austro-Hongrois (les Polonais et les Roumains) qui, en Europe Centrale, surent garder vivaces leurs traditions ancestrales de pogromistes (contrairement aux Bulgares se comportèrent différemment pendant la guerre…).

« *Serfs de Satan le serf* » aurait dit Agrippa d'Aubigné à leur propos. Est-ce la servitude qui excrète la passion du Mal ? Est-ce un mouvement de déni à l'endroit de la déchéance qui s'ensuit, qui la fait mettre en acte ? Je ne suis pas loin de le penser.

Mais revenons à ce qui se trouve être au centre de notre propos : le Mal. Le Mal est en effet ce qui est au travail dans la civilisation (Freud dirait « la culture »), en l'espèce d'un viol de l'intime, de l'irruption effroyable parce que parfaitement inattendue de l'histoire dans la subjectivité. Il est toujours présent comme une potentialité mais il peut aussi introduire une fracture dans la société et dans la subjectivité au point de provoquer désordres et destructions. Des maisons s'écroulent tels des châteaux de cartes et des humains s'effondrent. L'étrange de la chose est qu'à partir de ce moment, celui qui a rencontré cette expérience et ceux qui résident dans l'étage suivant peuvent s'imaginer – et ils ne se font pas faute de le faire – qu'ils sont comme des marionnettes à qui on aurait coupé les fils qui les maintenaient mobiles. Attention… ils ne se révèlent pas comme des marionnettes, ils se vivent comme [des marionnettes-réduites-à-l'état-de-chiffons]. Dès lors ils pensent être condamnés à reconstituer un système complexe de cordages, de fils, d'entrecroisements de filins qui leur permettraient de se tenir debout. Parfois, comme à leur corps défendant, ils se lancent à la recherche du maître qui les manie, du machiniste qui leur donne vie. Ceci serait peut-être ce que nous pourrions appeler le malheur, c'est-à-dire la phase qui suit la destruction, le mutisme, l'anéantissement psychique. Tous alors, semblent devoir passer par la *phase-marionnette* pour pouvoir accéder en un temps second à celui de la subjectivation.

J'ai dit que le Mal était le viol de l'intime : cette hypothèse à qui je donne valeur de postulat revient à dire que celui qui a rencontré le Mal, s'il survit, aura à se confronter à un maître – celui que j'appelle un Autre externalisé – un Autre, trésor des signifiants, situé à l'extérieur du sujet : celui-ci aurait été alors comme évidé et retourné lors de cet événement. L'analyse consiste alors à passer par une reconstruction qui parcourt ce qui va de la destruction sidérante à la désarticulation puis à ce que j'appelle le «*phantasme de la marionnette*», qui témoigne de la projection sur un Autre d'un pouvoir de toute-puissance mortifère. Aussi, cet Autre semblerait, pour celui qui a été pris dans l'événement, avoir à sa disposition le secret de lettres en souffrance dont le sujet serait la proie.

L'*événement* serait hypostasié et représenterait alors le lieu de ce secret où une part de la subjectivité se serait engloutie, assujettissant l'humain à une énigme obscure. A ce titre, il serait comme un logogriphe qui contiendrait le discours collectif et le discours du sujet condensés, métaphorisés, l'un infectant l'autre au point où *la protestation de l'âme accablée* se perd dans le collectif, dans une nébuleuse où l'événement ne se singularise qu'au titre d'une persécution individuelle, personnelle et assujettissante.

Un les représente tous / tous ne font qu'un. C'est bien cette formule que nous avons à reconnaître en analyse pour la fragmenter ; il s'agit d'en découdre avec le costume d'Arlequin pour trouver les lignes de force qui sont d'abord et avant tout des lignes de clivage.

Que l'existence de l'*événement* puisse paraître soulageante pour tous ceux qui semblent englués dans un malheur *sans nom,* dans le malheur de n'avoir point un ailleurs n'est pas le moindre des paradoxes : il s'agit de tous ceux qui vivent par procuration le drame des Arméniens massacrés en Anatolie, celui des Juifs ghettoïsés, pogromisés, déportés et gazés, des noirs victimes de la traite, des Arabes soumis depuis près d'un siècle au colonialisme, à l'impérialisme et… au discours des démagogues, bref de tous ceux dont ils peuvent jalouser le malheur collectif. Ceux-là ne se sentent guère engagés comme n'importe quel citoyen par l'Histoire. Non ! Ils rêvent de se sentir happés par l'événement au même titre que ceux qui semblent plus directement concernés par celui-ci. Ils se veulent juifs, arabes, arméniens, ils seraient même tziganes ou noirs ou asiatiques pourvu que l'Histoire vienne introduire ce signifiant d'*étranger* qui semble tant leur manquer. Mais il est certain aussi que beaucoup de ceux qui s'engagent dans l'aventure de cette identification imaginaire peuvent parfois aller jusqu'à se perdre, alors qu'en fait ils tentent par cette dérive, de nommer les silences pesants de leur histoire, suspecte par sa trop grande linéarité, par sa redoutable et trompeuse transparence, de celer quelque horreur inavouable.[3]

D'où leur tentation de susciter un « autodafé » à l'endroit même d'une distraction radicale de leur histoire qu'ils vont tenter de faire consister par un embrasement historique au point où tout leur discours va s'organiser autour des termes de l'*anonyme* et du *nom.*

Cette tendance peut relever d'un tragique malentendu, d'un sinistre acte manqué offert tel un cadeau empoisonné à des générations de négateurs, dont la plus belle image va nous être donnée par un film de Fassbinder et par un article qui, lui, me semble remarquable à plus d'un titre.

Il est évident que dans la majorité de ses œuvres Fassbinder a rêvé d'identifier la victime au bourreau. Ainsi en est-il du film intitulé *Lily Marlène* où l'un des protagonistes ne cesse de clamer qu'il y eut six millions d'Allemands morts pendant la guerre. « Six millions ! Six millions ! » dit-il d'un ton gourmand. Un point partout ? C'est cela que Fassbinder voulait faire passer comme message ? Probablement. En tout cas, cela permet aux Allemands de passer de l'autre côté du miroir et de s'identifier à ce qu'on appelait dans les années soixante « les nations-prolétaires », en se considérant quittes du meurtre de masse organisé par les nazis.

A contrario, Lothar Baier, un écrivain francfortois, se déchaîne dans un article intitulé « Les bénéfices de la mauvaise conscience » contre ses compatriotes : « L'Allemand », écrit-il, « gémit sur son dos courbé et sur le gâchis des traditions allemandes dont il aimerait tant pouvoir être fier en toute sérénité ». Il a « le dos courbé », il ne se pose pas la question du national-socialisme et de son adhésion à la mise en *aktion* de son programme de destruction et d'exclusion, non, il gémit sur la culpabilité que l'on dit collective.[4] Mais dire que cette culpabilité est « collective » c'est s'absenter comme sujet de l'histoire. « Collectiviser » cet événement est une manière de le maintenir dans l'inouï, c'est l'éloigner, c'est reconstituer la foule, la masse compacte. Un pas de plus et l'image de la masse des Germains nazifiés (quelle potion diabolique leur a-t-on injectée ?) sera opposée terme à terme avec celle des concentrationnaires. Homothétie redoutable, *homotonie* entre les deux groupes qui autoriserait que le « plus jamais d'Auschwitz » clamé par les Allemands ne soit qu'une ritournelle semblable à celle que marmonnent les moines tibétains persuadés qu'ils sont que la citation d'une prière compte plus que son contenu… Seul Bouddha entend ce que cela doit vouloir dire…

Mais encore le « dos courbé » que Baier reprend à Franz Josef Strauss, cité par Peter Schneider dans *Die Zeit* du 27 mars 1987, n'est-il pas une qualité que l'on prête aux juifs ? N'est-il pas leur propriété ? Et quand les membres de l'extrême-droite sioniste du Bétar disent qu'ils ne veulent plus être des « juifs à dos courbé », quelle réminiscence *actuelle* peut bien les hanter ? Ne voyons-nous pas à cette occasion, encore une fois, le désir fou des Allemands de prendre la place des juifs, la place qu'ils leur prêtent : comme eux ils veulent être ce peuple objet d'une redoutable « élection » – et il ne peut y avoir, comme l'écrit Steiner (in A.H.) deux peuples élus sur terre – comme eux ils veulent être un *peuple larmoyant au dos courbé*, cependant que pour les mal-dénazifiés, l'image du militaire israélien est venue se mouler sur celle du soldat de la Wehrmacht sinon du S.S. (Sait-on qu'en Egypte depuis une trentaine d'années l'Israélien est un blond aux yeux bleus ? Un aviateur irakien fut à ce titre lynché à mort en juin 1967 à Alexandrie : on l'avait pris pour un juif car d'origine kurde, il avait le teint clair).

Du coup, il s'agit de mimer le ghettoïque, prenant l'Europe et le monde à témoin, se mirant dans ce miroir européen, dans cette Europe soulagée d'user de l'Allemand comme d'un bouc émissaire.

Il est quand même trop facile de toujours dire « ce n'était que la faute des Allemands ».

Lothar Baier remarque à ce propos que le mouvement de contestation de 1967-68, organisé par le SDS de Rudi Dutschke à Berlin, était « déclenché d'abord en réaction contre la guerre américaine au Viêt-nam et non à cause du scandale de l'amnistie silencieuse de la plupart des criminels nazis, restés en place en tout bien tout honneur ».

Or, l'étrange de la chose est que Lothar Baier déclare qu'en « 1945, les Allemands pour leur plus grand bonheur, furent brutalement exclus de l'histoire européenne qui avait encore à traiter le chapitre de la décolonisation… (aussi) les Allemands souscrivirent (-ils) avec enthousiasme au droit à l'autodétermination des peuples ».

Ainsi, cependant que « la Grande-Bretagne victorieuse distribuait encore des tickets de ravitaillement, les Allemands vaincus des zones occidentales avaient retrouvé toute latitude pour s'approvisionner au marché libre » (et le plan Marshall) ne suffit pas à expliquer cette prospérité. L'Allemagne avait quitté l'Europe, ou plutôt elle était en train de créer une autre Europe, à son image. *Créer sur fond de des-*

truction, cela a pu amener les Allemands à quitter les pseudopodes coloniaux au profit d'un impérialisme économique. Ainsi débarrassés de nombreux liens affectifs et économiques qui avaient ligoté en un nœud gordien les pays colonisateurs aux anciens colonisés, ils pouvaient aborder en concurrents redoutables les marchés de ce *monde* que l'on dit *tiers*... le dos courbé et l'embonpoint florissant... (somme toute, ils pourraient même dire au monde arabe... « nous aussi sommes victimes des juifs » sur le versant cynique, ou sur le versant patelin « nous sommes responsables de ce qui vous arrive à cause des juifs », pour ajouter « laissez-nous donc bâtir une usine Mercedes ou Bayer pour nous racheter... pour vous acheter... »).

Jean Améry, rescapé d'Auschwitz, dans son *Jenseits von Schuld und Sühne*, cité par Lothar Baier, écrit : « L'histoire d'Hitler continuera d'abord à passer pour un accident de l'histoire. Mais finalement, il sera l'histoire tout court, ni meilleure ni pire que ne le sont les époques historiques dramatiques. Même entaché de sang, l'empire aura eu son quotidien... Le portrait du grand-père en uniforme S.S. sera suspendu en place d'honneur et les enfants des écoles entendront moins parler des rampes de sélection que du triomphe surprenant sur le chômage ambiant. Hitler, Himmler... seront des noms comme Napoléon, Fouché... »

Histoire somme toute provinciale, quelconque, « restituée dans son contexte » dont nous trouvons l'écho tragique dans le destin de Stefan Zweig. Le 23 octobre 1931, celui-ci, confronté au silence du gouvernement autrichien lors des obsèques de Schnitzler que Freud considérait comme son égal dans la compréhension de l'inconscient et des lois de son fonctionnement, exprime son désespoir. Le 2 novembre 1931, il est désagréablement impressionné par la présence de la Heimwehr qui patrouille dans les rues de Vienne et prévoit un nouveau putsch... L'idée de citoyenneté l'abandonne de plus en plus... La régression – l'effroyable régression – vers le repli qui allait l'amener au suicide commençait-elle déjà à se mettre en œuvre ? L'Europe comme *lieu*, comme *trésor de certains de ses signifiants* était en voie de démolition.

Le 22 octobre 1931, Stefan Zweig écrit : « Ecœuré par la politique autrichienne. Il faut s'habituer à annuler en soi, sans répit, l'idée de citoyenneté, à refuser comme illusoire tout ce que l'on exige de vous... tous les pays sont également impossibles... l'Europe ne sera de nouveau habitable que lorsqu'elle sera unie... »

Le 16 juin 1940, Stefan Zweig dont le suicide au Brésil a marqué plusieurs générations, termine son parcours en notant « que Pétain soit appelé au pouvoir, voilà qui en dit long. C'est la fin. L'Europe est liquidée, notre monde est anéanti. C'est *maintenant* (souligné par Stefan Zweig) que nous sommes devenus des sans-patrie ».

L'Europe comme espace paradigmatique d'un monde de culture vacillait en 1931, s'anéantissait en 1940. Notre « avenir de marchés communs » ne laisse décidément présager que « le retour obscur des dieux *et* du racisme », comme le disait Lacan dans *Télévision*[5].

Comment s'étonner alors de l'engouement actuel pour le religieux, l'économique, comment s'étonner du retour aux pratiques de rejet et de l'exclusion sociale ? Comment, sinon en tentant de penser que si toute extermination est une guerre, elle ne saurait pourtant être confondue avec le prétexte qui la supporte.

Ainsi en a-t-il été des Arméniens en 1919, ainsi en a-t-il été des Juifs de 1933 à 1945, ainsi en a-t-il été avec les victimes des guerres coloniales, même si la nature de ces massacres fut dans chaque cas radicalement différente.

L'extermination confondue avec la guerre est à ce titre bien plus difficile à symboliser, à élaborer. Elle aurait un statut particulier que nul ne peut nier. Non pas que ceux qui ont été exterminés relèvent d'une particulière distinction, mais ils ont été l'objet d'*une autre mort*, dans *une autre guerre* et… pourtant la même. Il me semble que c'est dans ce dédoublement, dans ce *doublage* que réside la difficulté majeure de pouvoir imaginer que durant cette période *ils* ont pu rire, *ils* ont pu s'aimer, *ils* ont pu vivre et mourir parfois de mort naturelle… L'horreur nue n'a pas empêché le vivant de se manifester et pourtant la vie n'a pas pu se donner à reconnaître tant la spécificité, la singularité, la différenciation propre à cette destruction a été niée. Cette guerre est-elle finie ? Oui, sûrement, mais ce qui demeure en suspens, c'est sa reconnaissance au titre d'*autre* guerre.

« La cause est entendue », entend-on ici ou là… Certes, reste que pour qu'elle le soit vraiment, il faudrait mettre en évidence que les morts des camps d'extermination et des camps de concentration ne sont pas des victimes de la guerre, même si cela devrait les anoblir, mais des victimes d'une volonté délibérée de destruction et de déshumanisation à proprement parler inoubliable.

Cette qualité attachée à la destruction nous amène à départager *oubli* et *souvenir* dans leurs fonctions différentes. Reste la *mémoire* qui peut se constituer en savoir à partir des plages d'oubli, du nécessaire oubli[6]. Le souvenir peut être le temps premier de la re-constitution de ce savoir. Mais diviniser ces fragments, vouloir monter un musée composé de tous les déchets de ce passé lointain serait l'œuvre d'un archiviste fou, d'un mort-vivant. Comment exprimer cela sinon en évoquant l'image du vampire qui magnifie les personnages du passé en les parant de tout ce qu'ils ont pu abandonner, en les tirant vers l'ancien le plus lointain, l'archaïque le plus redoutable. Cet archiviste est déjà un mort. Ou plutôt sa vie se déroule dans son avant-naissance en compagnie des seules ombres. Contemporain des *anciens-des-temps-passés*, il est immortel, non advenu à la vie. Aussi nous ne serions pas étonnés de le voir errer à la recherche du « souvenir » le plus ancien, si nous voulons bien considérer qu'il est une jouissance immense à se jouer de la généalogie en l'hypostasiant en événement non pas mémorable mais inoubliable.

Un exemple pour illustrer mon propos : j'ai été dernièrement très frappé par l'Histoire d'une amie qui est en train de traduire du judéo-espagnol le journal de sa grand-mère morte en déportation. Elle a réalisé soudain qu'elle était plus âgée qu'elle, désormais. Réaliser cela lui a fait enfin retrouver son âge et sentir dans son corps et dans ses pensées ce que nous appelons le « souvenir ». Son œuvre de traduction peut enfin signifier l'aventure textuelle et non plus la photographie mille fois manipulée du sans-âge qui la reléguait dans le non-advenu, le non-vivant.

Conclusion

Cet ensemble de réflexions m'amène à considérer que ce travail de symbolisation de la déportation et de l'extermination relève du mémorable qui permet de placer l'événement dans une perspective historique pour le construire, le faire passer du signe[7] au signifiant (toujours quelconque, toujours incomparable au même titre que la langue que l'on dit maternelle), à l'un de ses signifiants qui représentent le sujet, qui nous représentent comme sujets désirants, c'est-à-dire mortels.

Demeure pourtant une question : ces morts dont nous parlons, ces humains qui sont morts trop tôt, l'histoire, le récit n'ont-ils pas pour fonction de leur donner enfin un âge, leur âge afin de leur permettre de… mourir ? Je ne suis pas loin de le penser.

Aussi vais-je conclure ces pages en rappelant ici cette réflexion de Claude Burgelin : « Ecrire, c'est affirmer une origine et rappeler une filiation. »[8] A cette proposition, je voudrais ajouter un complément en guise de conclusion ultime : « Ecrire… c'est pouvoir se sentir mortel, c'est pouvoir imaginer mourir d'une mort ordinaire. »

BIBLIOGRAPHIE

Adorno Theodor W., *Jargon de l'authenticité*, préface et traduction d'Eliane Escoubas, postface de Guy Petitdemange, éd. Payot, Paris, 1988.

Burgelin Claude, *Les Parties de dominos chez Monsieur Lefèvre. Perec avec Freud – Perec contre Freud*, Circé, Strasbourg, 1996.

Hassoun Jacques, Wajsbrot Cécile, *L'Histoire à la lettre*, Mentha, Paris, 1991.

Lacan Jacques, *Télévision*.

Steiner George, *A.H.*, éd. Julliard / L'Age d'Homme, Paris, 1981 (pour la traduction française).

Walter Guy, *Le Puîné*, Circé, Strasbourg, 1996.

NOTES

1. Guy Walter, *Le Puîné*, Circé, Strasbourg, 1996, p. 123.
2. Theodor W. Adorno, *Jargon de l'authenticité*, préface et traduction d'Eliane Escoubas – postface de Guy Petitdemange, éd. Payot, Paris, 1988, p. 138.
3. L'engagement d'enfants de collaborateurs ou d'anciens nazis aux côtés des révoltés du Tiers-Monde est à ce titre remarquable. Ce qui n'infirme évidemment en rien la valeur de cette lutte.
4. C'est oublier que des dizaines de milliers d'Allemands communistes, socialistes, antinazis d'extrême gauche ou de l'Eglise Confessante sont morts dans ces camps.
5. Jacques Lacan, *Télévision*, éd. du Seuil, 1973.
6. J'use ici du terme « oubli » dans l'acception qui a permis à Lacan de dire que « l'inconscient n'est pas de perdre la mémoire mais de ne pas se souvenir de ce que l'on sait ».
7. Juif peut être un signe, au même titre que communiste, français, psychanalyste…
8. Claude Burgelin, *Les Parties de dominos chez Monsieur Lefèvre. Perec avec Freud – Perec contre Freud*, Circé, Strasbourg, 1996, p. 92.

Leslie Kaplan
Histoire, histoires

« L'homme a été créé pour le commencement », parole d'Augustin citée par Hannah Arendt dans *Le système totalitaire*, et dans *La condition de l'homme moderne.*

« Pour le commencement » : pour le nouveau, l'invention, la découverte. Pour l'enfant.

La haine est toujours la haine du commencement, le meurtre toujours le meurtre de l'enfant, du possible.

Arendt cite cette parole dans son travail sur les systèmes totalitaires où elle démonte les mécanismes mis en place pour confisquer et écraser le commencement.

Le contraire du commencement serait la répétition, l'enchaînement au même, l'impossibilité d'accomplir ce « saut en dehors de la rangée des assassins » dont parle Kafka à propos de l'écriture.

Comment sortir de la répétition ?

Le livre de Robert Antelme, *L'Espèce humaine*[1], me paraît exemplaire à cet égard. Exemplaire de comment *un* sujet peut être aux prises avec l'Histoire. L'Histoire ici étant la plus extrême, la plus anéantissante, le meurtre même. Robert Antelme a été déporté politique à Buchenwald et à Gandersheim, et son livre, unique, est le récit de cette déportation.

Une image du récit m'a paru pouvoir donner sa position de sujet par rapport à l'Histoire : « On croit que ce qu'on voudrait c'est de pouvoir tuer le SS. Mais si l'on y pense un peu, on voit qu'on se trompe. Ce n'est pas si simple. Ce qu'on voudrait, c'est commencer par lui mettre la tête en bas et les pieds en l'air. Et se marrer, se marrer. Ceux qui sont des hommes, nous qui sommes des êtres humains, nous voudrions aussi jouer un peu. On se lasserait vite, mais ce qu'on voudrait, c'est cela, la tête en bas et les pieds en l'air. Ce que l'on a envie de faire aux dieux ».

Le sujet opère un renversement de perspective, « la tête en bas et les pieds en l'air ». Il s'agit de maintenir l'autre la tête en bas, c'est à dire : sans le tuer, sans se détourner. Ce qu'il veut, c'est « jouer un peu ». Sa victoire, parce que si paradoxal que cela paraisse, il s'agit d'une victoire, est une victoire d'un type particulier, c'est une victoire de la pensée, et ce qu'il obtient par cette victoire est aussi bien particulier : « se marrer », remplacer l'angoisse de mort par le rire.

Le sujet n'est pas n'importe qui, n'importe quoi, il ne se définit pas par une subjectivité vague, il se définit par sa pensée :

– penser en détail : les détails sont le particulier de chaque sujet, ce qu'il voit, ce qu'il sent ;

– penser d'un certain point de vue : penser la mort.

Penser en détail. Les idéologues haïssent le détail. Le Pen, etc.

L'Histoire se présente ici véritablement comme « bruit et fureur », « racontée par un idiot », « ne signifiant rien ». A ces termes de Macbeth, indépassables (Carmelo Bene les dit, se met un mouchoir en dentelle sur la tête et s'en va...) Antelme ajoute : elle est confusion essentielle.

Robert Antelme décrit parfaitement les figures de la confusion :

il dit : « obscurité, manque absolu de repères, solitude, oppression incessante, anéantissement lent »,

et : « Je ne suis ni ici, ni chez moi, ni devant la fosse, ni dans le sommeil, tous les lieux sont imaginaires. Je ne suis nulle part ».

La confusion portée à son extrême, à son essence nue, c'est la confusion de la vie et de la mort. Buchenwald : « La mort était ici de plain pied avec la vie, mais à toutes les secondes. La cheminée du crématoire fumait à côté de celle de la cuisine. Avant que nous soyons là, il y avait eu des os des morts dans la soupe des vivants ».

Alors le sujet ?

Robert Antelme montre concrètement ce que peut être le travail du sujet face à cette confusion. C'est un travail de pensée, un travail d'écriture.

Les actes du sujet : diviser, nommer, jouer.

Diviser : dire : « la nuit de Buchenwald était calme ». Faire se diviser pour toujours, soupçonner pour toujours, le mot « nuit » et le mot « calme ».

Nommer : Nommer les « choses que le SS ne peut pas contester », comme « le vent qui apporte l'ouest sur la figure » ou « les quatre lettres de la SNCF » sur un wagon qui passe, ces lettres sont « royales », et dire de la soupe qu'elle n'est pas bonne : elle est « belle ». Nommer, c'est détailler, détailler, détailler. A chaque fois, le mot qui convient, c'est-à-dire qui surprend. Un mot qui nomme et qui surprend, et on a l'impression de saisir dans l'acte le fait de survivre, la pensée est présente elle-même comme un acte, elle coupe réellement dans la réalité meurtrière, elle dégage.

Jouer : Saisir comment un détenu qui balaye peut jouer – « l'Allemand a retiré son pied comme on chasse une mouche du front dans le sommeil. Je pouvais, si je voulais, leur faire remuer le pied »... Le voir, ce ballet du balai, se détacher comme sur une scène, comme on a pu tout saisir, avant et après, *aussi* comme sur une scène. Avoir la liberté de le voir.

« Jouer un peu ». Le rapport entre le jeu et la pensée, entre le jeu de la pensée et la constitution du sujet, la façon qu'a le sujet de se faire est bien connu, voir la création de l'espace transitionnel (Winnicott), mais ce qui est extraordinaire dans le récit, c'est le cadre, extrême, dans lequel ce jeu se déploie, qui devient, paradoxe, un jeu nécessaire pour survivre.

A quelles conditions le sujet arrive-t-il à cette pensée ? Il lui faut penser la mort.

C'est d'abord penser à la fois le meurtre, et penser l'échec du meurtre : Saisir la logique du meurtre, « le schéma de leur tactique », qui est : « affamer un homme pour avoir à le punir parce qu'il vole des épluchures ».

Et l'autre logique, complémentaire : « le froid suffit ».

Et saisir en même temps l'échec de ces deux logiques. Aux pires moments, par exemple pendant la torture de la gymnastique, « le SS n'en sort pas ». « Il est le plus fort, mais ils < les détenus > sont là, et il faut qu'ils y soient pour qu'il soit le plus fort ; il n'en sort pas ». La torture n'est pas décrite du point de vue de la victime, du point de vue des coups et de l'humiliation, elle est décrite du point de vue du meurtre, du point de vue de l'assassin, et c'est pourquoi on peut saisir son échec. Cauchemar du SS : « sans cesse niés on est encore là ». Et pourtant, malgré l'échec de ces logiques, ne jamais oublier que ce que le SS souhaite, c'est qu'on meure. Ne jamais oublier le sourire du SS quand on lui annonce la mort du camarade battu par lui. La victoire n'est ni dans le déni, ni dans l'illusion mais dans la pensée qui pense à la fois l'échec des logiques du meurtre, et le meurtre réel toujours possible et qui se maintient dans cet écart, la victoire est de pouvoir penser cette pensée absolue : «… la puissance du bourreau ne peut être autre que celle d'un homme : la puissance du meurtre. Il peut tuer un homme, mais il ne peut pas le changer en autre chose».

Face à la confusion anéantissante d'une Histoire meurtrière, Antelme nous apprend que c'est la possibilité de penser la mort qui soutient le sujet, et qu'elle est indissolublement liée à l'autre, et à la solitude.

«Je ne veux pas que tu sois». C'est la phrase du SS qui énonce sa «dérisoire volonté de con», c'est la phrase de tous les assassins, et il y en a beaucoup et de différentes sortes dans *L'espèce humaine*. Les SS, les kapos, le «toubib» qui refuse de donner des arrêts de travail aux malades, les civils nazis, etc. Mais cette phrase peut s'entendre aussi et en même temps d'une autre façon, ce n'est pas seulement : Je veux que tu ne sois pas, c'est : Je n'ai pas de volonté particulière par rapport à toi. Pour penser, pour tenir dans sa pensée le meurtre et l'échec du meurtre – «Il peut tuer un homme, il ne peut pas le transformer en autre chose» –, il faut avoir pensé, tenu dans sa pensée un autre simplement indifférent, ou, si l'on veut, qu'aucun autre n'est une origine dernière, un dieu – qu'il soit rêve ou cauchemar. Penser la mort : se défaire de l'idée rassurante, Je suis là parce que l'on me voulait. L'autre n'est pas ma création, ma créature, il n'est pas non plus mon origine. Mais s'éprouver, se vivre seul dans le monde, suspendu. Et alors le monde se déploie, il se donne tel qu'un sujet le rencontre dans sa solitude radicale, quand il tient compte de l'autre, sa limite limitée. Alors le monde s'ouvre, détail après détail, il est là et on peut le penser. Si *L'espèce humaine* redonne le monde, c'est à partir d'une solitude effroyable mais pas seulement effroyable, et il faut une force inouïe pour penser précisément ça. «On peut brûler des enfants sans que la nuit remue. Elle est immobile autour de nous, qui sommes enfermés dans l'église. Les étoiles sont calmes aussi, au-dessus de nous. Mais ce calme, cette immobilité ne sont ni l'essence ni le symbole d'une vérité préférable. Ils sont le scandale de l'indifférence dernière. Plus que d'autres, cette nuit-là était effrayante. J'étais seul entre le mur de l'église et la baraque des SS, l'urine fumait, j'étais vivant. Il fallait le croire. Encore une fois, j'ai regardé en l'air. J'ai pensé que j'étais peut-être seul alors à regarder la nuit ainsi. Dans la fumée de l'urine, sous le vide, dans l'effroi, c'était le bonheur. C'est sans doute ainsi qu'il faut dire : cette nuit était belle ».

***

… «cette nuit était belle »… : il me semble que cette façon de voir la beauté pourrait être celle du peintre Francis Bacon.

En réfléchissant à la question du sujet aux prises avec l'Histoire, me sont venus à la fois les tableaux que Francis Bacon a peints d'après le portrait du pape Innocent X de Vélasquez, et ses entretiens avec le critique David Sylvester.

Francis Bacon reprend, en série, ce portrait en le transformant, plus précisément, en le faisant crier. Je précise qu'il y a des séries de papes : certains ne crient pas, et d'autre part il n'y a pas que des papes qui crient dans les tableaux de Bacon. Mais dans la série inspirée de Vélasquez, le sujet Francis Bacon fait crier le pape, Vélasquez, l'Histoire, l'Histoire de la peinture, et sans doute comme le lui fait admettre le critique David Sylvester, en dernière analyse, le père.

Le tableau de Bacon, son geste de peintre, s'inscrivent dans le cadre de l'Histoire, l'Histoire est non seulement reconnaissable, non seulement explicitement citée, mais elle est l'objet même du tableau : que faire de cette Histoire donnée par la présence d'un tableau extraordinaire, « le plus beau », dit Bacon.

Ce qu'il crée à son tour, c'est un détournement, un retournement, comparable mais différent du « tête en bas, pieds en l'air » de Robert Antelme, ou d'autres, la moustache de Marcel Duchamp sur la Joconde.

Voici le sérieux, la puissance, le pouvoir, l'autorité, et la cruauté du pape, avec son bonnet et sa jupette, son rouge impérial, son regard et ses doigts griffus, et ces attributs sont immobilisés dans une cage, le cadre est transformé, au lieu d'être un moyen de hausser le personnage, de le grandir, le surélever, il devient un moyen pour le maintenir, l'emprisonner. Le rouge se rapproche du sang, il s'égoutte, la jupe devient des langes, et la bouche : un pur cri. Un cri pur, d'angoisse, sans objet autre que : tout. Ou, la mort. Le peintre introduit la mort de façon visible, par la représentation d'un cri d'angoisse, et place ainsi l'Histoire dans cette perspective, l'Histoire est critiquée par la mort.

Francis Bacon a lui-même commenté l'importance de Vélasquez pour lui, et la réflexion sur Vélasquez l'a amené à des formulations sur son art.

Sur Vélasquez : « On aimerait en effet faire cette chose qui consiste simplement à se promener au bord du précipice, et chez Vélasquez, c'est une chose très, très extraordinaire qu'il ait pu se tenir si près de ce que nous appelons « l'illustration », et en même temps ouvrir si entièrement aux choses les plus grandes et les plus profondes qu'un homme puisse sentir. C'est ce qui fait de lui un peintre si étonnamment mystérieux parce qu'on croit véritablement que Vélasquez a été le chroniqueur de la cour de son époque… mais je crois que nous reviendrons à faire, selon une voie beaucoup plus arbitraire, quelque chose de très semblable à ceci, être aussi précis que l'était Vélasquez quand il enregistrait une image… »

L'illustration serait une façon de chroniquer, de répéter l'Histoire dans la tableau, elle s'adresse à l'intelligence, et passe par le discours, le savoir. Pour Bacon l'illustration entraîne l'ennui.

« – Pourquoi voulez-vous éviter de raconter une histoire ?

– Je ne veux pas éviter de raconter une histoire, mais je tiens énormément à faire ce dont parlait Valéry : donner la sensation sans que pèse l'ennui de sa transmission. »

Il fait « la différence entre la peinture qui transmet directement et la peinture qui transmet à travers l'illustration » et il oppose à l'illustration, l'image, « amener par le moyen de l'image la sensibilité à s'ouvrir ». Il met en avant la sensation, la sensibilité : qui ne sont pas hors Histoire, mais qui sont une autre façon de se penser dans l'Histoire.

Il met en avant l'expérience, en ce qu'elle est transmissible, en ce qu'elle maintient la tension avec le réel.

On pourrait dire de la façon de Francis Bacon de se situer comme sujet par rapport à l'Histoire ce que lui-même a dit de Picasso et que d'ailleurs Michel Leiris a repris dans un titre d'un livre qui lui est consacré : « la brutalité du fait ».

Il est à l'opposé du naturalisme, pour le réalisme. « Je pense que notre conception du réalisme est quelque peu différente depuis le surréalisme – à vrai dire depuis Freud parce que cela nous a rendus plus conscients de la façon dont le réalisme peut dériver de l'inconscient. Et : (l'image de Picasso) rend non seulement la réalité extérieure, mais la réalité inconsciente de l'acte… je crois que le réalisme est à réinventer… (Van Gogh a parlé) des mensonges qui sont plus vrais que la vérité littérale…

« … j'espère toujours déformer les gens dans le sens de leur apparence ; je ne peux pas les peindre littéralement… cette tête-là (de Michel Leiris) n'a en réalité rien à voir avec la tête de Michel, et quand même c'est celle qui lui ressemble le plus..».

Le sujet, là, est dans la tension maintenue avec le réel et Francis Bacon se dit opposé à la peinture abstraite qui d'après lui dilue cette tension, tombe dans la décoration. La tension renvoie à un dualisme.

Il me semble que ces formulations impliquent une certaine position en tant que sujet, d'ouverture au maximum de ses possibilités à l'émotion, d'essayer de réduire au maximum ses défenses, par rapport à l'autre, à la surprise, à l'inattendu. Pas pour souffrir. Mais : quitte à souffrir.

Cf. Faulkner, *The wild palms.* «…between grief and nothing I will take grief».

Et Maurice Blanchot : «Apprends à penser avec douleur». Et : «La pensée semble immédiate (je pense, je suis). Pourtant il faut se lever tôt… Douleur, elle désunit, mais non pas d'une manière visible (par une dislocation ou une disjonction qui serait spectaculaire) : d'une manière silencieuse, faisant taire le bruit derrière les paroles. La douleur perpétuelle, perdue, oubliée. Elle ne rend pas la pensée douloureuse»…

***

Je voudrai essayer maintenant de parler de mon travail.

Je suis certainement partie d'une impossibilité de subjectiver le monde, l'Histoire. Ce n'était pas un parti-pris délibéré, c'était la façon d'essayer d'être la plus proche de ce que j'éprouvais à ce moment-là, celui de l'écriture de mon premier livre, *L'Excès-l'Usine.* Je vivais une contradiction : le sentiment d'urgence, la nécessité de témoigner, et en même temps, le seul personnage réel était un «on». Il y avait des figures, mais le personnage central était «on». L'Histoire était vécue à travers un personnage qui s'éprouvait comme absence, comme «débilité». Ce n'était pas une Histoire absurde, non, pas du tout, parce que ce «on» se confrontait à une organisation totalitaire du temps et de l'espace, celle qui régit l'usine, donc délibérée, même si la volonté pouvait sembler folle, et rendait fou. Le sujet, ce «on», vivait plutôt un «interdit de penser», pour reprendre une expression de Pierra Aulagnier. L'Histoire, toute Histoire, était perçue comme une organisation violemment extérieure, sur laquelle le sujet ne pouvait avoir aucune prise. Il est certain que lorsque j'ai connu le livre de Robert Antelme, après avoir terminé *L'Excès-l'Usine,* j'ai été très frappée par certaines ressemblances. Le sujet, ce « on » anonyme et personnel se constituait dans les trous, les écarts, les détails. La seule voie de salut, si on veut, pour ce sujet était le détail.

> « Des fois on se promène au cimetière.
> C'est loin, en dehors des rues.
>
> On entre par une grande porte ronde. La porte est large, immobile. On passe dessous.
> De l'autre côté, il y a tous les arbres.
>
> On marche dans les allées mouvantes. L'air est doux, fluide. Talus mouillés, buissons et partout les arbres, déliés. Des feuilles pendent sur les branches comme des mensonges.
>
> Sur les côtés, il y a des plaques de marbre et des petites maisons, gênantes. Les inscriptions sont faibles. On les lit. Noms, dates, histoire. Rien n'est bien marqué. Le ciel remue, plein d'eau.
>
> Des animaux jouent. C'est libre.
>
> Quelque chose est là dans l'air usé, transparent.
> On ne sait pas, on se souvient.
>
> On passe entre les feuilles. L'herbe peut glisser, si verte. Les mots n'ont pas de sens. Où, mais où, sont les morts ? » (*L'Excès-l'Usine*)

L'usine est habitée par les camps… Cela je ne l'ai saisi qu'après coup, et grâce à la lecture d'autres, grâce aux lecteurs. Je ne l'avais pas pensé avant de l'écrire.

En même temps que le désir d'être la plus proche possible de le « sensation », pour parler comme Francis Bacon, parce qu'elle était le seul refuge du sujet, il y avait un refus de subjectiver l'Histoire comme discours, une réaction consciente contre les constructions idéologiques de l'époque, nullement par regret, « je ne regrette rien », mais parce que ça ne rendait pas compte du réel, le réel, c'est-à-dire, le rapport, précis, détaillé, à réinventer, surprenant dans l'après-coup, entre le sujet et l'Histoire, son histoire. « Aucun discours ne peut dire l'usine. Il faut des mots suspendus et discordants, ouverts. L'usine, on ne peut pas en finir avec elle par les mots, et les mots qui l'écrivent doivent tenir compte de cela, leur limite. »

Donc une Histoire en un sens a-historique – le livre *L'Excès-l'Usine* faisait référence aux neuf cercles de l'Enfer –, qui pouvait sembler hors temps, mais qui me semblait la plus réelle.

Je peux parler de l'écriture comme un travail continu pour subjectiver le monde, l'Histoire. Dans mon expérience un aspect essentiel de ce travail passe par la construction du personnage.

Le personnage : pour moi, et je parle bien sûr de mon désir d'écrire, de mon projet, ce n'est pas un individu opposé au monde, à la société, dans une position romantique (fureur ou plainte), il n'est pas non plus un effet, un résultat, dans une position naturaliste. Le personnage est pris au présent, même si le temps de la narration est au passé, il est pris là où il est, il ne s'agit pas de retracer une histoire antérieure qui l'expliquerait. Mais le personnage est partie prenante du monde, il est dans le monde comme le monde est en lui.

Le personnage est un sujet : un être qui vit à la fois toutes les dimensions, la dimension du conscient et celle de l'inconscient, un être unique, qui ne peut pas être rangé dans des catégories, psychologiques, sociologiques. Qui vit la tension entre ses pulsions, ses désirs, ses idéaux, et non un simple antagonisme de traits de caractères différents. Qui vit les détails, ses détails particuliers à lui sujet. Qui est traversé par le langage, qui parle.

Qui parle. Et non qui fait des discours, même si, en parlant, il peut être pris dans des discours. Un personnage parle, souvent sans saisir ce qu'il dit, et c'est une façon de découvrir le réel de la pensée, la violence et l'infini de ce réel là. C'est un sujet qui se pose devant tous les autres, les personnages du livre, le lecteur, et peut être l'écrivain lui-même, comme un interlocuteur, qui laisse chacun libre d'engager, avec lui, ou de refuser, cet acte inaugural et toujours à recommencer, le dialogue.

Et qui agit : comment écrire l'acte. Il me semble que cela suppose de saisir le personnage sur le point de rebondir sur une limite invisible, et intérieure, qui a à voir avec la pensée de la mort.

Le personnage vit une « crise », une situation limite, qui condense ses questions et vient interroger la vie courante.

Le personnage est un porte-question, et il s'agit d'écrire le personnage au maximum de soi (narrateur), pas de le diminuer, ce sont mes propres questions, il me paraît important d'aimer, de respecter ses personnages... Ce serait comme avoir à l'égard de ses personnages une position de metteur en scène qui les laisserait improviser.

Donc des personnages qui se construisent au fur et à mesure de la narration : tenir une position de non savoir. C'est à dire : un personnage est en devenir, ce n'est pas comme s'il y avait sur lui un savoir total emmagasiné à l'avance, distillé progressivement dans un récit linéaire.

Et tenir une position de non jugement, le jugement est suspendu.

D'où le choix d'un récit *dans lequel, par lequel,* la vérité se révèle, et non qui traduirait une vérité existant antérieurement. Importance de la rencontre dans et par la narration. Les personnages se rencontrent, le lecteur rencontre les personnages. C'est une autre raison pour laquelle je souhaite un récit au présent pour le lecteur, même s'il est raconté au passé.

Un récit, pour reprendre la distinction de Brecht, qui met en valeur le déroulement, et non dénouement. Le lecteur est laissé libre.

Alors comment apparaît **l'Histoire** ? Elle apparaît en fonction des personnages sujets, en rapport avec eux, sous des formes différentes : comme fond, comme résonance, comme irruption du réel, fait divers ou événement.

– l'Histoire comme **fond** : contemporain, banal, éternel, sur lequel les personnages se détachent, fond impossible à subjectiver sauf comme débilité ou comme absence à soi, usine et folie, c'est ce que j'ai évoqué comme point de départ de mon travail.

– l'Histoire comme **résonance** : résonance signifiante, résonance émotionnelle.

L'Histoire peut résonner comme association de pensée en rapport avec la situation actuelle d'un personnage, on peut saisir ces résonances ici et maintenant, au présent.

Par exemple, le mot « Auschwitz » apparaît dans le livre *Le pont de Brooklyn* réfracté dans la question des limites : le personnage rapproche le fait d'habiter dans la ville Auschwitz, et ne pas faire de différence entre un adulte et un enfant. Ou encore, comme sont repris dans *Le Silence du Diable* la torture en Amérique Latine, les camps.

> « – Il y a toujours une limite, dit Anna.
> – Une limite ? demande Julien.

– Oui, dit Anna, une limite. Il doit y en avoir de différentes sortes, je suppose, dit Anna. Mais il y en a toujours.

– Je ne comprends pas ce que tu veux dire, dit Chico.

– Par exemple, dit Anna, j'ai appris une chose il n'y a pas très longtemps. Il y a des gens, Anna parle très lentement, qui habitent la ville appelée Auschwitz. La ville qui était à côté du camp d'extermination. Ils habitent là, maintenant.

– Ils habitent là, répète Julien.

– Ils habitent là. Ils n'ont pas bougé. Ils vivent dans ce mot-là, dit Anna.

Julien la regarde. Après, il dit :

– C'est fou.

– C'est exactement ça, dit Anna. Fou.

Après un moment, elle dit :

– Eux, ils n'ont pas trouvé de limites. Pour eux, la vie, la mort, c'est pareil.

Un autre silence. Un terrain vague, confus. Anna regarde Julien.

Elle ne sait pas pourquoi, elle éprouve le besoin d'insister.

– Oui, pour eux, la vie, la mort, c'est pareil… Ou plutôt, dit Anna, ils ne sont ni morts, ni vivants.

– Comment peux-tu dire ça, demande Julien. Il a haussé les épaules. Il suit des yeux un couple qui est en train de se lever pour partir, un petit couple d'adolescents, fluets.

– C'est comme ça, dit Anna. Je le sais. Je sais qu'il y a des gens qui sont des morts-vivants.

– Mais explique-toi, dit Chico.

– Ces gens-là, qui habitent cette ville, dit Anna, sans doute ils mènent une vie normale, ils vont, ils viennent, ils ont des envies, ils font des choses, ils jouent, ils rient, mais je suis sûre, la voix d'Anna souligne, qu'au fond ils sont indifférents à tout. Ils n'éprouvent rien.

– Parce que ? demande Chico. Il est très attentif.

– Parce qu'ils n'ont pas fait de démarcation, dit Anna. Ils n'ont pas fait de démarcation entre cette chose qui s'est passée là, chez eux, et le reste. Ils ont laissé un mélange se faire. J'ai appris, dit Anna, que certains, beaucoup même, habitent maintenant les maisons de gens déportés, les maisons de gens qu'ils ont connus, avec qui ils ont joué, enfants, par exemple. Après ça, tout devient égal. Tout devient pareil, dit Anna, tout se vaut. » (*Le pont de Brooklyn*)

L'Histoire peut aussi résonner comme état émotionnel, comme deuil, comme chaos, voir *Les Mines de sel* ou *Depuis maintenant.*

– l'Histoire comme **irruption du réel**. Le réel, c'est à dire une réalité déjà réinterprétée par le personnage, fait irruption soit comme fait divers, soit comme événement.

Comme **fait divers** : je distingue cette forme de l'événement, en ce que cette irruption n'est pas vécue par le personnage comme ayant un sens collectif, partageable. Qu'est ce qu'un fait divers ? Une condensation de quelque chose du social, des mentalités d'une époque, infra historique, mais situé historiquement, significatif. D'où un rapport possible à la poésie, quand ce n'est pas avec l'horreur. Un fait divers dans le récit vient interroger ou inquiéter le personnage sujet qui le vit selon ses associations de pensée, ses sentiments.

Voir les trois faits divers racontés dans *Les Mines de sel, pages 70 et 71* :

> « Son inquiétude se déplaçait, se fixait sur une chose, ensuite une autre, s'alimentait de tout. Elle accumulait les informations, ressassait les faits divers les plus variés, imaginait une construction d'ensemble, ne pouvait la définir.
>
> Un cas d'infanticide fit la Une plusieurs jours de suite. La femme, très jeune, avouait deux bébés tués. Le mari, qui avait été acquitté, déclarait n'être au courant de rien. Ce sont, avait-il dit, des affaires de femme.
>
> Dans un pays d'Amérique latine, Clara ne se rappelait plus lequel, peut-être le Venezuela, on découvrait l'existence d'un trafic de type nouveau. Des hommes s'étaient spécialisés dans la revente de produits alimentaires avariés, qu'ils récupéraient dans la décharge publique, illégalement et à grands risques. Un travail de mineur au milieu des détritus, des odeurs de pourriture, des émanations de gaz. A cause des gaz il y avait souvent des explosions, les hommes blessés, défigurés. On voyait une photo, des petits personnages encapuchonnés escaladant des monceaux d'ordures, empilant dans des sacs, s'enfuyant. Le journal faisait un commentaire abondant, la misère du pays, le chômage, mais ce qui restait était le nom donné à ces gens-là, on les appelait les "hommes-ordures".
>
> Pourtant l'histoire qui avait le plus frappé Clara se passait en France, dans une grande ville de province. Un juge avait ordonné, en vue d'une expertise balistique, la décapitation de cinq cadavres, après quoi il avait fait tirer sur ces "extrémités encéphaliques". La chose une fois connue avait provoqué un scandale et le juge, sans désemparer, avait contre-attaqué avec une phrase étonnante que Clara répétait avec horreur : "Le

> désir de faire éclater la vérité doit-il s'arrêter au respect du corps humain ? Je ne le crois pas", avait-il affirmé.
>
> Histoires disparates, nouvelles du chaos chaotique du monde, signes, mais de quoi, Clara parlait de mauvais rêve, disait éprouver une certitude, mais plate ou transparente comme de l'eau, éparpillée dans une infinité de points minuscules, indiscernables. Plus les images et les informations l'obsédaient, plus elle les recherchait, dans une fuite en avant morcelée, passive.
>
> D'autant plus oppressée, étouffée, envahie, que ces histoires, désespérantes, étaient en un sens éloignées d'elle. Elle avait remarqué ce paradoxe : cet éloignement produisait une immense fatigue, comme si, submergée par des histoires de papier dans un monde de papier, on avait un goût fade et écœurant dans la bouche, un goût de papier mâché, bouilli. »

Mais aussi bien le contexte général, en soi un vaste fait divers : enfants des rues, enfants assassins, et trafic d'adoption.

Quand le réel fait irruption comme **événement** pour un personnage, « quelque chose se passe » dont le sens est vécu en commun.

Comment écrire un événement? C'est la question qui s'est posée à moi dans mon dernier livre, *Depuis maintenant.* Il s'agit des « événements » de 68, de la grève et des occupations d'usines. La question s'est immédiatement redoublée : qu'est-ce que c'est qu'un événement, comment sait on que quelque chose s'est passé. Il s'agit du réel, pas de la soi-disant réalité, donc viennent toujours en même temps les questions de pourquoi, par qui, et à quel moment, donc par quel personnage, la question est posée. La question « qu'est-ce qui s'est passé » se prolonge par la question : « qu'est-ce qui reste », quel effet dans les têtes, quelles transformations, et pour qui.

« Qu'est-ce qui s'est passé » concerne l'Histoire collective, dans une dimension souterraine, ce qui a été vécu par les gens pendant la grève de 68, mais aussi une histoire, petite, l'histoire d'un homme, comment il a vécu, comment il est mort, et encore, l'histoire de la narratrice : le deuil de cette époque, et ce qu'elle retrouve, ce ne sont pas seulement les éléments de son enquête, mais ce sont aussi ses propres sentiments. A la question, Qu'est-ce qui s'est passé, le livre tente de donner une réponse multiple : par le récit des événements et travers les différents personnages, ceux qui ont vécu ces événements et le personnage, Miss Nobody Knows, qui en quelque sorte les incarne.

« – Qu'est-ce qui se passe ?
– Il ne se passe rien.
– Qu'est-ce qui s'est passé ?
– Il ne s'est rien passé.
– Pourtant j'avais cru comprendre.
– Il ne faut pas comprendre. »

(*Depuis. Maintenant*)

....

« Une fois vers la fin il y a eu un bal. Les fils tendus, la sono. Un accordéon. Tout le monde a dansé. C'était heureux et forcené en même temps. Occuper de façon visible les lieux à l'envers. Ou peut être essayer de donner une représentation physique, concrète de ça : quelque chose se passe.

Les femmes des presses surtout étaient déchaînées. Leurs grands corps, leurs petites robes à fleurs. Elles dansaient ensemble dans les bras l'une de l'autre, la cigarette à la bouche, sensuelles et massives. C'était joyeux et bizarre comme des statues tout d'un coup en mouvement. Elles chantaient les paroles, elles interpellaient ceux qui ne dansaient pas, elles s'amusaient et tournaient, présentaient leurs bouches très maquillées, rouges, leurs cheveux courts et leurs seins, et avec leur allure double, carrure d'homme et mine de femme, elles étaient comme l'usine entière, joueuse et menteuse, rassemblée.

Il fallait des mots, mais les mots étaient à peine suffisants, ils couvraient tout juste, en fait ils laissaient beaucoup dessous, et c'était voulu, ils étaient posés légèrement, à peine, personne ne voulait se les approprier, les phrases étaient comme ces fils tendus. Étonnant à quel point on ne pouvait pas dire, sans doute dire aurait été trop violent, et pour soi-même d'abord. On serait arrivé à une critique trop forte, insoutenable, de tout.

Mais assis, attentifs, sur les caisses, sur les grilles, sur les murs, ou debout, sur les tables, discutant. Positions inattendues. Jeux de ballon, jeux de boules. Musiques et pique-niques. Tout le monde enfant.

Venir la nuit.

Parler aux hommes.

La nuit, les hommes. La fonction de production transgressée, en idée et en fait. »

(*Depuis. Maintenant*)

***

Le désir d'écrire : « par tous les côtés en même temps », comme Cézanne voulait peindre et a peint.

Ne pas perdre de vue notre actuel : comment le totalitarisme industriel peut recouper la psychose, instaurer l'interdit de penser, et comment « une bande d'hommes déclassés » peuvent essayer de « priver les autres de leur sens de la réalité », c'est la définition de Hannah Arendt pour les nazis.

Être à la recherche d'une éthique, c'est-à-dire à la recherche d'une forme, pas d'une morale ni d'un jugement…

Écrire : chercher le point où le sujet rencontre le réel, écrire, c'est être aux prises avec le réel.

Et avec l'Histoire. L'Histoire est toujours là, dans les têtes, dans les faits divers qui arrivent, et dans les événements, dans les lieux et dans la mémoire, et c'est toujours « depuis maintenant ».

NOTE

1. Cette analyse de *L'Espèce humaine* reprend certains passages d'un texte paru dans un livre consacré à Robert Antelme aux Editions Gallimard : *Robert Antelme,* Textes inédits, Sur *L'Espèce humaine,* Essais et témoignages.

Geneviève Mouillaud-Fraisse

Personnages en quête d'Histoire

Au départ, immédiatement évoqués par la question de ce colloque, trois romans contemporains marqués chacun par une date historique majeure. De Kenzaburô Oé, *Le jour où Il daignera Lui-même essuyer mes larmes*[1]; de Claude Simon, *Les Géorgiques*[2]; de Salman Rushdie, *Les Enfants de Minuit*[3]. Et dès le départ, une inquiétude aussi forte que la nécessité informulée de ce choix : dans quelle mesure peut-on les lire ensemble ?

Chacun de ces romans est non seulement situé dans un cadre géopolitique différent, mais concerné par une vision principale de l'Histoire, qu'il évoque et que sur différents modes, de la critique radicale à l'interrogation nostalgique, il conteste. Pour Oé le cadre est le Japon, et la vision est celle de l'idéologie de guerre : culte supposé immémorial de l'Empereur, valeurs de permanence et d'unanimité, figure emblématique du pilote-suicide. Pour Claude Simon, le cadre est européen, et ce qu'il prend à partie, sous le nom d'Histoire avec un grand H, est la philosophie européenne de l'Histoire dans ses versions hégelienne et marxiste, notre déesse à ruses qui écrivait droit sur des lignes courbes. Pour Salman Rushdie, il s'agit du sous-continent indien, et c'est le mouvement paradoxal de la décolonisation, à la fois commencement radical et renaissance, que formulait Nehru dans son discours de minuit le 15 Août 1947 : « Vient un de ces moments très rares dans l'Histoire, où nous quittons l'ancien pour entrer dans le nouveau, où une époque prend fin, où l'âme d'une nation longtemps réprimée peut enfin s'exprimer». Le champ international de la littérature dépayse ainsi doublement le lecteur, comme si, d'un roman à l'autre, il changeait à la fois de monde et de cadre de pensée. Cependant, chacun de ces romans a conscience aussi de sa place dans la littérature mondiale, et dessine, au-delà de lui-même, d'autres horizons que le sien. Ainsi, le titre de Kenzaburô Oé est traduit de l'allemand et désigne dans le roman un malentendu culturel : des soldats japonais prennent pour chant de guerre un choral de Bach ; l'appel chrétien à la mort devient un mot d'ordre de pilotes-suicide, et l'auguste main du Sauveur devient la main, elle aussi divine et humaine, de l'Empereur. Le titre virgilien de Claude Simon fait apparaître, sous la version moderne de l'Histoire, une vision antique du temps, le retour cyclique du travail des champs et de la guerre. Mais c'est le personnage de Salman Rushdie, Saleem Sinaï, qui évoque le plus clairement, sur le mode ludique, cette pluralité des visions possibles : « Pensez un peu à cela : dans ma vision, l'Histoire est entrée dans une nouvelle phase le 15 Août 1947, mais dans une autre version, cette date inévitable n'est rien d'autre qu'un instant fugitif dans l'Ere des Ténèbres, Kali Yuga, dans laquelle la vache de la morale a dû se tenir, en chancelant, sur une seule patte ! Kali Yuga, la pire période de toutes… commença le 18 Février 3102 avant J.-C., et durera au moins 432.000 ans !… Un peu d'humilité, donc, et de sens des proportions ». A ce point, il se rappelle qu'il n'est pas hindou, mais musulman, qu'il pourrait penser encore dans un troisième calendrier, et il se demande : « Où suis-je dans cet ensemble ? » Cette question, qui rejoint celle du lecteur, ne doit pas être entendue seulement comme désarroi ; le sentiment de la relativité est aussi un pari sur l'ensemble comme horizon de pensée.

En un autre sens encore, ces romans appartiennent au même monde. Ils s'inscrivent, au-delà de toutes les ruptures, dans la tradition qui a été au siècle dernier celle du roman européen et qui est aujourd'hui internationale, le « roman historique au présent». Pas le sous-genre appelé « roman historique » ; ce ne sont pas plus des romans historiques que *La Chartreuse de Parme*, mais ils ne sont pas moins historiques, et pas moins romans. Pas moins historiques en ce sens que pour eux comme pour Stendhal, le présent est de l'Histoire, que cette conscience paradoxale née au lendemain de la Révolution en Europe, cette anticipation d'un regard rétrospectif sur le présent, est toujours là. Pas moins romans, en ce sens que l'Histoire y est toujours plus ou moins le deuil d'une Histoire, que les personnages y sont en recherche ou dans l'erreur, que les questions essentielles y sont sans réponse, et les problèmes sans résolution. Ils reprennent la question centrale du roman au siècle dernier, celle du rapport entre une histoire individuelle et une Histoire collective, mais autrement, car cette question y est posée par le personnage même, qui est, dans la fiction, l'écrivain de cette histoire et le chercheur de ce rapport.

L'événement historique y est manifeste, massif et daté. Evidemment, il ne peut jamais être raconté comme tel, on le sait aujourd'hui de tout événement; ou bien le personnage n'y assiste pas, comme l'enfant qui naît avec l'Inde n'assiste pas à sa naissance; ou il est trop loin, comme l'enfant de dix ans qui entend à la radio, dans une vallée forestière isolée, la voix inouïe de l'Empereur du Japon annoncer la défaite; ou il est au cœur indescriptible du réel en train d'éclater avec la première bombe, comme le cavalier de Claude Simon. Cependant, en un sens limité, l'événement historique est définissable comme le remaniement catastrophique d'une communauté : capitulation, déroute, fondation et partition. Comment affecte-t-il celui qui s'est trouvé, à quelque distance que ce soit, « aux prises » avec cet ébranlement? Comment l'effort pour en rendre compte rétrospectivement, divise-t-il le foyer même du récit et la voix qui le porte?

Aux prises

Le jour où Il daignera lui-même essuyer mes larmes est un montage de deux textes alternés, distingués formellement par les parenthèses doubles qui encadrent le second. Les deux ont pour matière première la conscience du même personnage, mais selon des modalités différentes. Le premier est un témoignage destiné à être lu après sa mort, qu'il dicte, sur son lit d'hôpital, à son « exécutricc testamentaire ». Il s'y désigne par *il* [4] pour, dit-il, lui faciliter le travail. Mais cette troisième personne fonctionne comme un *je* objectivé. Il affirme que la seule source est sa mémoire, son expérience vécue, et il affirme en même temps que son témoignage correspond intégralement à la réalité des faits. Il le destine à deux instances hostiles : sa propre mère et la « commission d'enquête des Nations Unies », et il veut en faire à la fois une « reconstruction de son existence » et une « chronique du temps présent». L'objet du témoignage est ce qu'il appelle «la dernière bataille de la guerre», après l'annonce de l'arrêt des combats, une tentative désespérée, lancée par un groupe d'officiers et de soldats, et dans laquelle il aurait accompagné son père : se procurer des avions pour aller en mission suicide bombarder le palais impérial. C'est à la fois une provocation pour relancer la guerre (les avions auraient été maquillés en avions américains), et un geste de fidélité paradoxale : rendre à l'Empereur, par la mort, son «essence divine». La mission n'est pas exécutée; le témoignage se termine sur la mort de son père au chef-lieu voisin, dans une bataille confuse, et sur la vision indéniable que lui-même, l'enfant, aurait eue à l'instant de cette mort : un chrysanthème éclatant de 675.000 kilomètres carrés, couvrant toute la surface du ciel au-dessus des îles japonaises...

Or, ce récit est constamment interrompu par un autre texte, qui court le long du premier, comme un commentaire hors dictée. C'est encore la conscience du même personnage, et encore en *il*, sauf les dialogues insérés, mais cette fois il s'agit du présent autour de la dictée, de tout ce qui ne peut pas entrer dans le testament, rêves de nuit, échanges avec la secrétaire, avec les médecins, et finalement avec cette mère à qui le récit était destiné, et qui arrive trop tôt, pour le contester et le déranger. Ce deuxième texte est en conflit ouvert avec le premier, qui sera détruit point par point. Il apparaît que le personnage n'est pas en cancérologie mais en psychiatrie, moins mourant que peut-être fou; que l' «exécutrice testamentaire» est sa propre épouse; il doit reconnaître successivement plusieurs erreurs de fait, qu'il réussit quelque temps à corriger dans son testament tout en préservant l'essentiel. Mais, à l'arrivée de sa mère, il refuse de reconnaître ce qu'elle affirme et qui ne se laisse ni réfuter ni intégrer : l'entreprise se serait dérisoirement résumée à l'attaque d'une banque, et surtout lui, l'enfant, au lieu d'assister à la mort de son père, se serait enfui et caché... A ce point, il coupe tout contact avec la réalité extérieure pour maintenir envers et contre tout sa version héroïque. Des écouteurs sur les oreilles, il écoute sans fin le choral de Bach que les soldats chantaient ce jour-là, et revit comme au présent ce moment de joie absolue, d'adhésion à la «communauté vivante» de la nation, d'unité entre lui et lui-même, qui conclut le testament dicté. Mais sur cette fin héroïque, le choc des deux textes a donné à entendre tout autre chose. D'abord cette unité intérieure était la suspension d'une scission intérieure insupportable. Depuis le début de la guerre, une question rituelle était posée à l'école chaque matin : «Et toi, mourrais-tu avec joie pour Sa

Majesté l'Empereur ? » L'enfant connaissait par cœur la réponse à faire : « Oui, je mourrais, je mourrais avec joie », mais se révélait aphasique, incapable de la dire, et la question lui revenait la nuit en cauchemar. L'intensité de cette résistance mesure l'intensité de son adhésion, l'ivresse de s'être senti une fois au moins prêt au suicide par fidélité. Ce qui s'entend encore entre les deux textes, c'est un rapport proprement terrifiant, de dépendance et rébellion, à cette mère qui a rejeté en bloc l'allégeance nationaliste de son père et tourné en dérision leur entreprise. Les démentis qu'elle lui apporte sont irrecevables parce qu'ils sont aussi un refus de reconnaissance. La brève allusion à la commission d'enquête des Nations Unies dit peut-être quelque chose sur l'analogie entre le rapport du vaincu au tribunal des vainqueurs et le rapport du fils à cette mère qui manie le rappel des faits comme une arme contre « les racines mêmes de son être ». Ainsi, le roman s'autodétruit en même temps que le personnage, et il est révélateur par là-même, d'une certaine vérité suicidaire, d'une adhésion dont la scission intérieure fait la force.

Le montage complexe des *Géorgiques* est sous-tendu par un récit à deux niveaux. Il présente un personnage fragmenté mais qu'on peut reconstituer par des raccords entre diverses étapes de sa vie, et que j'appellerai l'écrivain. C'est lui qui est montré écrivant un passage du livre même qu'on lit, sur ce qu'il a vécu en Mai 40, et qui est aussi donné comme le romancier inventant, à partir des documents, la biographie de son ancêtre révolutionnaire, ou réécrivant le témoignage de George Orwell sur la révolution espagnole. Tout le récit, aussi bien celui qui repose sur son expérience directe que la reconstitution biographique de l'ancêtre, a pour matière première la conscience de ce personnage se souvenant ou inventant, comme si c'était en *je*, mais ce n'est pas le cas. Le pronom de base est un *il* qui assume simultanément certaines fonctions du *il* et du *je*. Ce n'est jamais directement sa voix qui parle, c'est une autre, qui le présente, et qui parle à travers la sienne, comme la double voix d'un narrateur et d'un personnage dans le style indirect libre. Mais il est impossible ici de ne pas entendre ces deux instances comme un dédoublement, comme à la fois même et autre ; entre le personnage de l'écrivain et la voix de nulle part se produit une distance de soi à soi, irréductible et constante, celle d'une voix qui n'adhèrerait pas à elle-même.

Dans ce roman, même si le cœur du désastre est évoqué avec l'explosion foudroyante du 11 Mai, l'accent est mis moins sur l'expérience-limite que sur une de ses dimensions, la déroute. Une place essentielle est donnée à une expérience de déroute en quelque sorte à l'état pur, à distance du danger de mort. Dans l'hiver 39, un régiment transporté en train d'un cantonnement à un autre doit faire un trajet à cheval dans la nuit et la neige, et non seulement se perd mais se désagrège, comme il se « volatilisera » quelques mois plus tard sous les bombes. Expérience de perte des liens, aussi bien les liaisons instituées de la hiérarchie militaire que les liens immédiats entre les cavaliers ; fragmentation « qui ne peut être racontée elle-même que de façon fragmentaire », et pour laquelle plusieurs explications sont successivement avancées et rejetées ; signe avant-coureur de la déliaison généralisée. Dans cette expérience, le passage « du pluriel au particulier » s'accompagne paradoxalement d'une perte de singularité : « Un cavalier (l'un ou l'autre) » entend dans le noir des « bruits bizarres », comme un cavalier arrêté, qui pleurerait, puis un autre, « mais peut-être est-ce le même type et le même cheval, ou peut-être que le cavalier arrêté c'est maintenant lui, et que c'est lui qui, à son tour, émet des bruits bizarres, méprisables »... C'est seulement au-delà du désastre, au-delà de l'autre expérience dépersonnalisante du camp de prisonniers, que l'évadé solitaire retrouve dans une autre situation limite – quoi ?, une singularité certainement, ni identité ni individualité, la vie chevillée au corps de celui qui vient d'échapper à la mort. Entre l'expérience de la déroute et le projet d'écrire sur l'ancêtre révolutionnaire, il n'y a aucun lien explicite de cause à effet, seulement un montage qui invite au rapprochement. L'écrivain trouve chez l'ancêtre l'expérience en un sens la plus opposée à la sienne : une révolution fondatrice, une armée victorieuse, une république qui s'est dite une et indivisible, et dont les écrits du général en 93 portent superbement témoignage. Pourtant, le chapitre de reconstitution romanesque de cette vie le prend dans sa dernière année, sous l'Empire, à la fin d'une succession de pertes. Il a dû vivre d'abord, avec la Terreur, l'autodestruction, par le meurtre réciproque, de la Convention dont il était membre, puis la disparition même de la République et de « cette chose qui l'avait soulevé au-dessus de lui-même », pour se replier sur le fonctionnement machinal de l'appareil militaire, et revenir enfin à un autre cours du temps, virgilien, la permanence de la terre et le retour des saisons. L'écrivain acquiesce à ce détachement qu'il prête au général : « Il a fait la plus grande révolution de l'Histoire et il ne croit plus à rien ». Au contraire, quand il réécrit l'*Hommage à la Catalogne* d'Orwell, une autre phase de cette histoire européenne, une autre révolution se détruisant elle-même dans les combats entre républicains à Barcelone, il conteste de l'intérieur, avec une violence ironique, l'obstination d'Orwell à rester fidèle à la révolution et à parier malgré tout sur un sens de l'Histoire. Comme si l'écrivain de la déroute cherchait à affirmer obstinément, contre l'Histoire moderne dans sa version européenne, le défaut des révolutions, sans dépassement ni relève. Le personnage n'est pas loin, par moment, d'une fureur célinienne de négativité. Mais pas le roman, parce que le travail d'écrire, la voix qui le supporte, reste sur la corde raide du *il*, comme en retrait de sa propre fureur.

Saleem Sinaï, le héros narrateur des *Enfants de Minuit*, est né à la même seconde que l'Inde indépendante, et l'argument du livre tient dans une formule de la lettre que le Nehru du roman adresse aux enfants de ce minuit : « Votre vie sera le miroir de la nôtre ». Cela pourrait être une allégorie, c'est ainsi que le roman a parfois été lu en Inde, où l'allégorie est un genre vivant, et c'est le danger qui le guette. Le récit est à la fois parlé et écrit, simultanément en deux langues et en deux mondes, adressé à une auditrice immédiate, la servante hindoue Padma, et au lecteur lointain, anglophone, c'est-à-dire mondial. Mais de toute façon à la première personne : Rushdie raconte ailleurs [5] comme un moment décisif cette idée qui lui est venue de réécrire en *je* une première version en *il*, de faire du personnage le narrateur, non seulement de son histoire, mais de son destin. « Mon histoire est le miroir de l'Histoire de l'Inde », c'est une position subjective au bord de la folie, comme dans le roman fantastique à la première personne, et en effet, il y a quelque chose de fantastique dans cette parole-oracle. Est-ce lui, Saleem, qui fait l'Histoire ou l'Histoire qui le fait ? Acteur tout-puissant ou objet de manipulation totale ? Privilège ou malédiction ? Il ne cesse d'osciller de l'un à l'autre. Mais une mauvaise foi ludique lui permet de raconter jusqu'au bout cette double histoire. Il en donne la formule dans un tableau ironiquement universitaire, une structure à deux axes, actif / passif et littéral / métaphorique. Parfois c'est lui qui déclenche l'Histoire, mais toujours par malentendu, comme lorsqu'il dégringole sur une bicyclette sans freins au milieu d'une manifestation à laquelle il fournit involontairement son slogan. Parfois, c'est lui qui la reflète, comme lorsqu'à chaque nouvelle scission de l'Inde, son propre corps se fissure. On pense à ces tours de magie, ces jeux truqués où les règles contiennent un paradoxe qui leur permet de gagner à tous les coups. C'est la condition pour que Saleem, au lieu d'une allégorie interprétable sans reste, soit un personnage de roman, tenté, dans le désir et l'angoisse, de se prendre pour une nation.

A la vérité, l'oscillation entre privilège et malédiction est aussi une prise de parti sur l'Histoire de l'Inde. Minuit est à la fois l'heure du triomphe et de la première défaite pour le rêve d'une Inde unie et multiple. Il sépare le 15 Août, date de l'Indépendance, du 14, date de la partition, où une partie de la minorité musulmane a fait sécession pour former le « pays des purs », le Pakistan. Saleem est élevé dans une minorité de la minorité, celle des musulmans partisans de l'unité multiculturelle, et dans la ville plurielle de Bombay. Il vit ce principe de scission-purification qui est à l'œuvre dans l'Histoire de l'Inde et du Pakistan, répétition des guerres et déchaînement des identités, comme sa propre désintégration. Et le seul moment où le récit passe du *je* au *il*, cette fois un *il* classique de dépersonnalisation, est l'épisode où le personnage se retrouve enrôlé dans l'armée pakistanaise, à la fois « purifié de *lui*-même », de « tous les Saleem qu'*il* a été » et « vidé d'Histoire ». En somme, avoir cette Histoire pour histoire, c'est l'ironie habituelle aux oracles, la promesse non tenue et trop tenue.

L'autre élément fantastique se déclenche dans l'espace mental de Saleem, quand un court-circuit se produit quelque part entre nez et cerveau, là où « l'intérieur rencontre l'extérieur ». Il « entend des voix » et, essayant de comprendre à partir de sa culture musulmane ce qui lui arrive, il pense que des archanges lui parlent, et se trouve comme le prophète saisi d'inquiétude devant l'inouï. Mais ce ne sont pas des anges, ce sont les voix des autres enfants de ce Minuit, une espèce de « Radio-Inde ». On voit là en puissance la question qui sera centrale dans *Les Versets Sataniques*, le rapport à la communauté pensé sur le même mode que le rapport prophétique à la transcendance, un dedans-dehors, l'inspiration, dans laquelle l'ange, ou le *nous*, est plus soi que soi. Le Congrès des Enfants de Minuit, tous magiciens, se réunit ainsi dans sa tête, comme une autre figure de l'Inde rêvée, destinée à se fissurer comme elle.

Ainsi, ces romans exercent pleinement la fonction critique du roman et sa fonction de connaissance quant à l'Histoire dans chacun de leurs contextes. Ce qui les concerne au plus près est une question sur la communauté en temps de crise, sur la façon dont elle se lie, se clive et se défait. Les personnages le disent d'une voix divisée, bouleversés aussi dans leur rapport à eux-mêmes par cet ébranlement. Ils dessinent des figures de l'appartenance, l'adhésion totalitaire comme clivage incassable, le détachement par rapport à toute communauté et la distance à soi, le *je* entre folie et prestidigitation qui fait de son espace mental le siège d'un congrès. Figures radicalement différentes, mais qui ont en commun de donner forme à la division intérieure dans ses rapports avec le lien social.

Comment appeler ce champ de problèmes ? Cela m'évoque ce que Jean-Pierre Vernant, à propos de la Grèce ancienne, appelle « les configurations du commun et du propre dans leurs frontières respectives » [6]. Ou ce que Mino Bergamo, étudiant les mystiques du XVIIe siècle, appelle « anatomie de l'âme », une cartographie de l'espace mental dans ses rapports avec le divin [7]. Ou les topiques successives par lesquelles Freud assigne à des régions de la psyché des stades du désir, des instances de filiation et des noms de pronoms personnels. Dans son langage profane, le roman dessine des configurations de ce genre, que j'appellerai, en langage profane, des façons d'être « aux prises ».

Le secret des frères ennemis

Les romans sont concernés par l'Histoire en un autre sens encore, celui de la recherche et du dévoilement. Dans chacun d'eux, le personnage en quête d'Histoire rencontre, soit dans sa propre histoire soit dans celle qu'il a choisi d'explorer (chez Claude Simon, celle de l'ancêtre) un point d'occultation, un non-dit, ou mal-dit, et, dans les trois cas, sa révélation donne sur une version contemporaine de la vieille histoire des frères ennemis.

Dans le récit de Kenzaburô Oé, l'événement qui a fait éclater la haine manifeste entre le père et la mère du narrateur, et qui a été à distance le déclencheur de sa folie, est l'annonce, au cours de la guerre, de la désertion en Chine de son frère aîné. Les parents envoient chacun l'enfant porter des télégrammes opposés : la mère pour qu'on aide le frère à « passer de l'autre côté » et à sauver sa vie, le père pour qu'il soit fusillé mais compté parmi les morts au champ d'honneur. C'est ce qui arrivera, la famille recevra la plaque commémorative, que la mère refusera de poser sur la maison ; le père se retire alors dans la « resserre » voisine, d'où il ne sortira plus jusqu'au jour de la défaite, et l'enfant, assumant le mensonge officiel sur son frère et prenant fanatiquement le parti de son père, le suivra dans la resserre et y posera la plaque. Le nœud du conflit est une parole du père, adressée à la mère le jour de la désertion : « Tout cela n'est arrivé que parce que je l'ai laissé élever par des gens de ton espèce, dans les veines de qui coule le sang d'énergumènes dépourvus du sens de l'honneur national». Phrase aberrante, avec son allusion au «sang», car si sa femme est bien la fille d'un rebelle exécuté pour conspiration, son fils aîné, né d'un premier mariage, n'est justement pas le fils de cette femme. Cette confusion entre filiation biologique et transmission lancera l'enfant vers la terreur d'être un traître ou un déserteur en puissance, plus encore que son frère puisqu'il a, lui, du «sang» de rebelle. Le conflit familial donne ici sur le choc de deux traditions de l'histoire japonaise, à la fois opposées et inextricablement liées. Car le père aussi a été un conspirateur, avant la guerre, dans des groupes d'extrême droite, et sa tentative finale de bombarder le palais impérial aurait évidemment été un acte de rébellion. Il le sait si bien que ce jour-là il dit à sa femme : «Nous allons exécuter ce que ton père a voulu, mais n'a pas pu faire». Le narrateur est pris dans ce nœud de paradoxes niés, qui sont le ciment de son adhésion à l'idéologie de guerre. Il ne les prend pas en compte, mais le roman les révèle. Oé opère ici ce que dans deux autres romans (8), il fait avec une histoire, plus explicite, de frères ennemis au siècle dernier, l'un administrateur principal, l'autre chef d'une révolte paysanne, où ce qu'on croit être un fratricide se révèle être une complicité cachée. Il fait revivre cette part de la tradition japonaise qu'occultait l'idéologie de guerre, la tradition de rébellion, dans sa solidarité conflictuelle avec la fidélité.

Dans *Les Géorgiques,* l'histoire des frères se présente d'abord comme un secret de famille, assez littéralement un cadavre dans le placard, puisque c'est en changeant la tapisserie d'un mur qu'on découvre les papiers du général Jean-Pierre L.S.M., et parmi eux le jugement qui condamne à mort comme émigré son frère Jean-Marie. Le jeune garçon qui deviendra l'écrivain apprend l'existence de ce personnage avec saisissement : «Comment? Il avait un fr... ?» L'espèce de malédiction qui poursuit la mémoire du général chez ses descendants redevenus aristocrates n'est pas seulement celle du régicide, dont personne ne parle mais que personne n'ignore. Derrière le fantôme décapité du roi dont il a voté la mort, il y a un autre fantôme, celui du frère à la poitrine trouée; sous la première occultation, une autre, plus profonde, celle du fratricide. Et, quand celle-ci est levée, on voit apparaître à sa place quelque chose de plus obscur encore, «une autre question sans réponse». Le général a-t-il été le meurtrier ou le complice de son frère? Certainement, mais indirectement, le meurtrier, dans la mesure où il a voté la loi condamnant à mort tout émigré pris en France les armes à la main. Quant au reste, le seul document sur son attitude au moment du procès est une lettre, qui ne sera jamais fournie au lecteur, comme s'il fallait que quelque chose là lui échappe, mais que des indices permettent de reconstituer. Jean-Pierre L.S.M. y nie que l'accusé soit son frère et traite ses aveux d'imposture. C'est un reniement. Mais il reste que le hors la loi est demeuré pendant quatre ou cinq ans « chez lui », comme il le dit aux juges, sur le domaine familial, et que son frère ne l'a pas dénoncé. Ignorance ou complicité ? L'a-t-il rencontré, au cours d'une des brèves apparitions qu'il y faisait entre deux guerres ? Le roman ne tranche pas, mais suggère, sur le mode du *peut-être*, une telle rencontre. Le thème des frères ennemis est un classique du roman historique sur la Révolution ; mais il ne s'agit pas ici de la confrontation politique entre le républicain et le monarchiste. Les documents sont pourtant clairs : Jean-Marie a émigré à la suite de la déchéance du roi. Mais le roman en fait moins un royaliste qu'un rebelle à tout ordre social. Cette histoire de frères met en lumière un autre conflit, interne au général. La Révolution a remplacé en politique, le principe de filiation par le principe de contrat social, celui qu'invoque le général dans son discours sur la mort du roi. La fraternité qui accompagne « Liberté-Egalité », celle qui termine toutes les lettres de l'an II («Salut et fraternité ») est celle des citoyens d'une république indivisible ; les lettres du général en l'an III sont pleines d'appels à cesser les divisions, et insistent sur le mot *frères*. En même temps, cette exigence maximale d'unité est précisément ce qui fait marcher la guillotine entre les républicains, et qui fera de la Convention un « monstre acéphale ». Dans la biographie du général, sans que le roman fonctionne jamais sur le mode de l'explication causale, cette autodestruction de la fraternité républicaine accompagne la possible hésitation à dénoncer le frère par filiation. Qui sont les siens ? Que ce soit par affiliation ou par filiation, la communauté fraternelle est hantée par le meurtre, et la guerre des frères est hantée par leur communauté. Le roman insiste sur la ressemblance en négatif entre les deux frères, et peut-être entre les deux attitudes, adhésion à l'ordre fondé sur une révolution, et rébellion contre cet ordre.

Dans *Les Enfants de Minuit*, Saleem n'a pas de frère, mais un alter ego, l'autre d'un échange d'enfants, qui lui est tardivement révélé, qu'il révélera plus tard encore au lecteur, et jamais à ses frères de Minuit. Il est biologiquement le bâtard d'une servante hindoue engrossée par son maître anglais, pauvre parmi les pauvres ; l'autre enfant, Shiva, est le fils biologique des parents musulmans et riches de

Saleem. Comme toutes les histoires d'enfants échangés, celle-ci montre l'arbitraire de la filiation (personne ne s'est aperçu de l'erreur) et souligne en même temps son importance. Saleem et Shiva sont frères d'appartenance, nés à la même seconde de Minuit, et ce principe d'affiliation est affirmé par Saleem : « Les enfants de ce Minuit n'étaient pas seulement les enfants de leurs parents mais de leur temps. » Saleem rencontre Shiva par l'intérieur, par le réseau télépathique qui fait de lui l'ordinateur central du Congrès de Minuit. Au départ, il ne sait pas encore l'histoire de l'échange, et il aborde Shiva de façon ouverte, comme le plus proche de lui par l'heure de naissance. Leur dialogue porte sur l'objectif du réseau : à quoi utiliser leurs dons magiques et leur capacité de rassemblement ? Saleem, le riche, propose l'objectif humaniste et démocratique des fondateurs de l'Indépendance. Shiva, le pauvre, veut faire du Congrès de Minuit un gang pour le pouvoir et « les choses », c'est-à-dire l'argent. Leur conflit est la première faille dans la communauté, la lutte des classes s'invite dans le concert multiculturel. Mais tout s'aggrave lorsque Saleem apprend qu'il occupe la place de Shiva. Il craint de perdre la famille qui est la sienne par transmission, et aussi ses privilèges ; il craint que Shiva n'apprenne la vérité par télépathie, et il commence à débrayer son réseau intérieur. Ainsi, il pratique lui-même l'occultation que son récit n'a cessé de dénoncer dans l'histoire officielle de l'Inde, et il montre les limites de son humanisme. Shiva, lui, joue plus directement un rôle destructeur. Il dénonce au pouvoir ce Congrès concurrent, trop fidèle aux objectifs initiaux du Parti du Congrès. Tous seront torturés, au cours de l'Etat d'Urgence, jusqu'à se trahir les uns les autres, puis stérilisés. Sur le destin de Shiva, Saleem ne dira jamais toute la vérité. Est-il mort ou vivant au moment où Saleem attend la mort ? Cela reste la tache aveugle de l'histoire. Mais il est présent dans l'avenir de cette histoire. En effet, Saleem et Shiva ont partagé l'amour d'une autre enfant de Minuit, Parvati la sorcière. Elle a un enfant, né de Shiva, reconnu et nommé par Saleem, ce qui rétablit ironiquement la filiation initiale. La complexité de cette histoire de parenté évoque évidemment la mythologie hindoue, mais tout autant l'hésitation contemporaine entre les principes d'appartenance : sol et sang, classe et religion, de quoi mettre une nation à feu et à sang. Et pourtant, les ennemis frères sont ensemble les pères du même enfant d'Enfants de Minuit.

Ce que manifeste dans ces romans d'aujourd'hui la question du frère, c'est d'abord qu'aucun principe d'appartenance ne va de soi, ni ne se laisse non plus éliminer ; c'est la présence, au cœur de chaque appartenance, d'un non-dit, mal dit, ou à moitié dit, sur ce qui la divise ; c'est la présence, dans la division même, d'un lien qui insiste ; c'est ce qu'une communauté résiste toujours à reconnaître en elle-même, le conflit dans son rapport paradoxal avec la liaison.

NOTES

1. Roman ou longue nouvelle ? Ce récit de plus de 100 pages a été écrit en 1972, séparément, et plus tard ajouté à un recueil antérieur, *Dites-nous comment survivre à notre folie.* Traduction française, Gallimard 1982. Deux lectures sont possibles. Je le prends ici comme un roman, sans référence au recueil.
2. Editions de Minuit, 1981.
3. *Midnight's children,* Jonathan Cape Ltd, 1981 ; Traduction française, Stock, 1983.
4. Mon ignorance du japonais m'oblige à faire confiance sur ces questions de pronoms à la traduction de Marc Mécréant.
5. Dans une conférence du 7 Octobre 1983 à l'Université d'Aarhus, Danemark, parue dans la revue *Kunapipi.*
6. J.-P. Vernant : *L'individu, la mort, l'amour, soi-même et l'autre en Grèce ancienne,* Gallimard, 1989.
7. Mino Bergamo : *L'anatomie de l'âme,* traduction française, Jérôme Millon, 1994.
8. *Le jeu du siècle* et *Lettre aux années de nostalgie.*

ANNE ROCHE
Survivants

VERS LA FIN DE LA GUERRE DU VIETNAM, j'ai vu un film américain que j'ai longtemps cru s'appeler *Le Survivant.* Le titre existe bien, mais il désigne un autre film, une histoire de science-fiction. J'ai retrouvé le vrai titre il y a peu, grâce à la perspicacité de Martin Winckler à qui j'avais raconté l'histoire et qui a dépisté le titre paronomastiqué par moi : *Le Mort-Vivant.*[1] C'est l'histoire d'un jeune soldat qui est tué au Viet-Nam. Mais sa mère ne veut pas entendre que son fils est mort. Elle interdit qu'on parle de cette mort, qu'on le pleure, bref une dénégation, assez courante en soi comme phénomène. Ce qui est plus original, c'est que ça marche : le mort *revient.* D'abord en à peu près bon état. Puis ça se déglingue, et le film redevient un film d'horreur assez banal.

Survivant, mort-vivant. Ce que dit cette histoire, c'est l'impossibilité d'un deuil, et le caractère mortifère de cette impossibilité. Mais le survivant, justement, a à faire un deuil : lequel ?

Le mot *survivant* désigne celui qui a survécu à ce qui aurait pu, aurait dû être sa mort, qui a une « sur »-vie, quelque chose qui est en plus, un supplément. Le contraire, au moins en apparence, du *Jour en moins* de Guy Walter [2]: des jours en plus, nombre de jours en plus.

Mais cet événement qui aurait pu être mortel, et ne l'a pas été (du moins pas tout à fait : transformant ce qui reste de vie en sur-vie, donc une espèce de sous-vie) n'est pas forcément vécu par ego (celui qui le raconte) : il peut avoir été vécu par les parents d'ego, et être transmis, (parlé ou non) malédiction, héritage, traumatisme.

C'est ce que disent les tragiques, en particulier Sénèque : le spectre de Tantale, dans *Thyeste*, voudrait bien que la malédiction s'arrête avec lui, accepte de revenir dans les tourments des Enfers pour que ses descendants, eux, ne soient pas contaminés par son crime sacrilège : mais non, la peste se transmet, et va crescendo, on commence par servir son fils aux dieux, puis par faire manger ses neveux par leur propre père, et on finit par embraser l'entier du monde connu avec la guerre de Troie. Variante psy : trois générations pour fabriquer un psychotique.

Choisir d'interroger, donc, des « fils », permet-il d'éluder le paradoxe décrit par Geneviève Mouillaud-Fraisse : « la chose dont il devrait témoigner, la mort, à la limite, est ce qui rend tout témoignage impossible, et l'approche la plus authentique de cette expérience (évanouissement, folie, amnésie, etc.) affecte et menace l'existence même du récit avec la voix qui le porte. »[3] En fait, on va le voir, les récits des fils sont menacés du même risque, travaillés de la même impossibilité.

J'ai choisi d'interroger, d'abord, trois « fils » : deux qui sont nés après la catastrophe (l'holocauste) à laquelle leurs parents ont, plus ou moins, survécu, mais qui sont eux aussi des survivants, dans un après coup d'autant plus dur à vivre qu'il s'y ajoute énigmes, non dits ou trop dits, demande d'amour ou de pardon lourdement formulée par les parents, peut-être culpabilité.

Maus, de Spiegelmann[4], où le père (survivant des camps) raconte à son fils ce à quoi il a survécu : la focalisation étant portée moins sur le récit du père que sur le récit-cadre, qui raconte précisément la transmission,

Un jour en moins, de Guy Walter, où les parents du narrateur, qui n'ont pas connu la déportation mais l'exclusion, la clandestinité… n'en parlent pas à leurs enfants, (car la mère « raconte » mais ne « parle » pas), croyant peut-être ainsi les protéger d'un savoir trop dur, mais en fait transmettent sans s'en rendre compte une terreur d'autant plus délétère qu'elle n'est pas verbalisée, ce qui amènera le petit enfant à un passage à l'acte destructeur.

Le troisième, enfant lors de la catastrophe, s'inscrit dans un processus complexe de transmission, puisqu'il assiste à la rédaction, par son père, de ce qu'ils vivent de la persécution des Juifs en Pologne, puis à l'enfouissement de ce témoignage, qui ne sera retrouvé que plus de trente ans après, et qu'il en transmet quelque chose à son tour à son propre fils, né en Israël et qui sera tué en Galilée : *Le Livre retrouvé* de Simha Guterman[5].

Mais aussi une fille, qui a survécu, non à l'holocauste, non à une catastrophe collective, mais à une tragédie intime et longtemps tue (reste à savoir si le caractère monstrueux de l'acte destructeur ne s'enracine pas à son tour dans les trajets complexes de l'histoire...) : *La Traversée des Lignes* de Béatrice de Jurquet[6]. On pourra juger abusif que j'intègre ce texte avec les trois autres. Ce choix peut néanmoins se justifier sous deux angles : sur le plan de la subjectivité, la quasi-destruction d'un être suspend la question de sa cause ; sur le plan du travail du texte, les stratégies mises en œuvre, très différentes comme on le verra, autorisent pourtant un rapprochement.

Maus

La bande dessinée intitulée *Maus* est, on le sait, à la fois un témoignage sur la persécution antisémite en Pologne, puis la déportation et l'extermination, par un homme qui les a vécues, et les conditions de recueil de ce témoignage, par le fils de cet homme, qui est à la fois le scénariste et le dessinateur. La plus importante particularité du texte d'Art Spiegelmann réside dans l'enchâssement du récit : Spiegelmann se représente en train de recueillir le récit de son père. Même quand il y a apparemment présentification du vécu du père, quand le dessin donne à voir les événements du passé et non le présent du récit, le lecteur ne peut jamais perdre de vue qu'il est devant un récit et non devant « la chose même », l'illusion mimétique lui est interdite.

A cet enchâssement s'ajoutent d'autres moyens formels qui convergent au même effet. Tout d'abord, il s'agit d'une bande dessinée « non réaliste » (par opposition à des dessins plus ou moins réalistes, même s'ils ne sont pas « photographiques », type Goetzinger, Bilal, Ferrandez, etc.) : par exemple, lorsqu'Anja et Vladek marchent dans la nuit, sans savoir où ils pourraient se réfugier, les chemins rigides qui s'ouvrent devant eux ont la forme d'une croix gammée. D'autre part, trait qui a été le plus souvent souligné par la critique, les personnages ont des corps humanoïdes, mais des têtes d'animaux : les Juifs sont des souris, les Allemands des chats, les Polonais des porcs[7]. Dans les moments métatextuels, où Spiegelmann décrit ses pannes d'écriture, ses relations avec son analyste, son éditeur, les publicitaires... il se représente comme un humain, adulte puis petit garçon, portant un masque de souris.

Le présent de l'écriture, c'est-à-dire le moment où Spiegelmann se met en scène prenant des notes, puis enregistrant avec un magnétophone, revient ponctuer le récit d'ensemble et le perturber à un double titre : perturbation chronologique, le lecteur est constamment bousculé des années trente ou quarante aux années soixante ; perturbation thématique ou générique, la gravité, le tragique du passé font contraste avec la banalité un peu sordide du présent, où le père, geignard, tyrannique, maniaque, avare jusqu'à la mesquinerie, apparaît « comme les caricatures racistes du vieux Juif avare ».[8]

Dernier procédé pour interdire l'illusion, les ruptures iconiques : elles sont pour l'essentiel de trois ordres. D'abord, l'insertion de photographies : celle de Richieu, le dédicataire du livre, « mon frère fantôme, puisqu'il a été tué avant ma naissance, à l'âge de cinq ou six ans »[9]. A l'avant-dernière image du livre (la dernière étant une tombe), le père dit à Art : « Je suis fatigué de parler, *Richieu*, et c'est assez d'histoires pour maintenant » [10]. Ce lapsus, unique, mais placé à un endroit stratégique du texte, signe à la fois la survivance du petit mort mais aussi la survie problématique de l'enfant vivant.

Photo de vacances de la mère et du fils, elle-même enchâssée dans un autre niveau de la fiction : une main dessinée brandit la photo, de biais, sur un fond noir rectangulaire où s'inscrit le titre du récit suivant, *Prisonnier sur la planète enfer*, sur lequel on reviendra.

En second lieu, on repère de multiples ruptures matérielles à l'intérieur du récit principal : présence ou absence de cadre à l'image, mise en page variable des dialogues et des didascalies, télescopage du plan verbal et du plan graphique : par exemple, la case où Anja lit une lettre anonyme dénonçant son fiancé se met de travers et fait tomber la lettre. [11]

Enfin, insertion d'un autre récit, d'un graphisme différent, titré « *Prisonnier sur la planète Enfer* » et sous-titré « Dossier médical » : c'est le récit du suicide de la mère, qui a survécu à l'holocauste mais pas à ses suites, suicide précédé d'une demande d'amour sans réponse, repoussée – elle ne peut être que repoussée – d'où culpabilité et haine du fils : cri de haine contre la mère dont la mort l'a à jamais enfermé dans un camp – graphisme du costume à rayures que le fils n'a jamais porté mais où la mère symboliquement l'emprisonne.

Cette dernière rupture iconique, quoique restreinte dans l'espace (quatre pages)[12], me semble marquer le foyer du texte, et peut-être son point de départ. Le suicide de la mère, qui « n'a même pas laissé une lettre », ébranle évidemment le père et le fils : l'absence de lettre est dramatiquement redoublée par la découverte que fait le fils, à la fois que sa mère tenait un journal, et que le père, dans un moment de dépression, l'a détruit. Un élément essentiel de la transmission a été brisé (par le père, qui devait être l'agent de la transmission), et le volume I de *Maus* s'achève par l'image du fils, adulte, qui s'éloigne de la maison paternelle en disant « Assassin ». Assassin peut-être aussi par l'ellipse : « Puis j'ai pas besoin de raconter, on était tous deux très heureux et on a vécu ensemble très très heureux », dit le père lorsqu'il retrouve enfin sa femme après la déportation. Mais « cette ellipse qui met fin au témoignage insiste sur la vertu de la parole face à l'horreur d'une expérience, en cela elle assure la fidélité du récit à la fonction de survivance, mais efface, dénie les conséquences vives de cette expérience sur la vie tout entière jusqu'au suicide d'Anja. »[13]

Le livre retrouvé

La transmission est également au cœur du texte dont Simha Guterman est le premier auteur, mais non le seul. L'histoire même du texte est significative : en 1978, un manuscrit en yiddish est trouvé à Radom (Pologne), dans une bouteille ; c'est un récit de l'histoire des Juifs de Plock de septembre 1939 à mars 1941, date de la liquidation du ghetto. Le manuscrit, déposé à l'Institut historique juif de Varsovie, est déchiffré, résumé en polonais, puis identifié comme étant l'œuvre de Simha Guterman, dont le fils, Yakov, né en 1935, vit en Israël. Yakov ne lit pas le yiddish manuscrit et ne peut d'abord lire les écrits de son père.

« Je ne parle pas la langue que mes parents parlèrent »[14].

On pourrait presque s'arrêter là : dans cette communication impossible se lit la coupure. Mais le récit a d'autres intérêts. D'abord, sa valeur de témoignage sur une réalité peu connue : « L'impact sur les esprits de la solution finale semble avoir relégué à l'arrière-plan, dans une semi-amnésie, tout ce qui a précédé les déportations massives du printemps 1942 /…/ Simha montrait au contraire combien persécutions et terreur étaient déjà là… »[15]. Puis sa valeur littéraire, manifestée notamment par un récit enchâssé, à caractère métatextuel : histoire d'un manuscrit rédigé par son arrière-arrière-grand-père, un rabbin, et qui n'est pas transmis à son destinataire, non transmission à laquelle un autre rabbin donne une explication théologique (le monde n'est pas mûr pour recevoir le message) alors que la vraie raison est plus prosaïque (une rivalité entre hassidim), récit ironique, à la Singer.

Sans pouvoir entrer dans le détail du récit, je m'attacherai plutôt au dispositif de transmission qui se met en place autour de la rédaction de Simha. Yakov, le fils, complète le récit de son père, par une narration qui commence en 1941 (il a six ans). Caché par une religieuse, puis par des paysans, il apprend la mort de son père, tué lors du soulèvement de Varsovie : Simha meurt non en Juif mais en Résistant antinazi [16]. En 45 ou 46, il retrouve sa mère, et ils recherchent ensemble les bouteilles où Simha, en divers lieux où ils passaient, avait enfoui ses manuscrits. Ils ne retrouvent rien. Les pogroms d'après-guerre les décident à partir en Israël, où Yakov se marie, a un premier fils, Raz, né en 1961. Lui et son fils sont des militants de *Shalom Arshav* (*Peace Now*) et favorables au dialogue avec les Palestiniens. Raz est tué en 1982, au Liban.

«Ainsi, pris entre deux bords de mort» (Jacques Roubaud)

On peut s'interroger sur la nature de ce qui a été transmis. Sur le plan philosophique et politique, Yakov affirme que Simha était sioniste, ce qui ne ressort pas du texte : une des rares occurrences du mot semble impliquer que Simha ne se range pas dans ce camp :

« (à propos des Juifs qui tentent de passer en U.R.S.S.) Tous, sauf les sionistes, tombèrent d'accord : puisque le fils d'Altman était déjà là-bas, il aurait dû y rester coûte que coûte. » En revanche, Simha se définit à plusieurs reprises comme socialiste. Nicole Lapierre reconnaît que «ses convictions sionistes sont absentes (du livre) » et des souvenirs des survivants de Plock, mais que «Yakov est formel sur ce point».[17] Il faut peut-être rappeler que le mot sioniste n'a pas le même sens dans les années trente, quarante, ou aujourd'hui. Mais s'il y a – ce qui est possible – déformation ou interprétation du message légué par Simha, n'est-ce pas là encore une manière pour le texte de Yakov, inconsciemment peut-être, de marquer l'interruption meurtrière de ce qu'aurait dû être la transmission ?

La bande dessinée de Spiegelmann met en jeu, on l'a vu, des techniques assez subtiles de montage, de mixage générique et de fragmentation ; le dispositif de transmission chez Simha Gutermann nous intéresse plutôt par ce qu'il dit de l'histoire et de sa suite. Avec les récits de Guy Walter, qui touchent bien au même drame, on va rencontrer une énonciation toute différente, qui ne travaille pas sur la rupture – du moins pas de façon simple – mais sur le ressassement, la répétition, le creusement des énigmes.

Le Puîné

« Nous étions tous les deux des survivants, des enfants de survivants et nous ne pouvions en accepter la douleur et la charge qu'à deux »[18]. Le second récit de Guy Walter, apparemment, traite d'une perte intime, vécue dans l'enfance, perte du frère, non par la mort, mais par une séparation. « Récit secret » d'après Hector Bianciotti [19] : oui si l'on entend par là récit ésotérique, qui ne se livre pas d'emblée, qui demande décryptage ; non si l'on entend par là histoire privée, histoire anhistorique. Enfants de survivants, l'aîné et le puîné ont une relation intensément investie. La perte du frère aîné, par les apprentissages qu'il fait le premier, par l'avance irrémédiable qu'il prend sur le petit frère, surtout par la lecture, est bien un drame intime. Est-il ou non doublé – à tous les sens du mot doublure – par le statut d'enfants de survivants ?

Mais la question du survivre se pose surtout dans *Un jour en moins* [20]. Récit énigmatique, d'abord par sa forme : répétition, rhapsodie, reprise de mots ou de syntagmes, qui font s'incarner dans le lecteur le tâtonnement et l'angoisse d'une recherche : « Je ne cesse de m'approcher, malgré moi, d'une enfance gelée. Je ne cesse de m'approcher d'une parole qui n'a pas eu d'enfance, d'une parole froide. » (11) « Récit tremblant avec des points d'hésitation et des points d'aveuglement. » (13) La transmission se fait, ici, de l'enfant enseveli à l'adulte qui aujourd'hui écrit, mais, comme toutes les transmissions, elle est à la fois délicate, dangereuse, et difficile à déchiffrer :

« Ce que l'enfant lègue à l'adulte, ce sont tous les mots qu'il a endormis pour qu'ils se taisent. Ce sont des mots insupportables qu'il a fallu faire taire. » (14-15)

Un jour, l'enfant accomplit un geste suicidaire : il se jette dans le vide. Se tuer pour tuer les mots : « Il espérait que de son corps mort et défait, de son ventre transpercé sortiraient ces mots cruels et impossibles. » (17)

L'acte mortel échoue, l'enfant survit : il faudra donc tuer autre chose. « Puisqu'il ne pouvait tuer le temps, puisqu'il ne pouvait tuer ce qui ne l'avait pas tué /…/ il mourrait à sa mémoire. Ce temps-là, ce temps de chute et de tombée, ferait un souvenir, c'était inévitable /.../ mais il n'aurait pas de mémoire, il l'en privera. /.../ Ce souvenir existerait mais il aurait la forme d'un trou et l'inconsistance d'un vide. Ce souvenir serait un manque de mémoire, un trou dans le temps. » (18)

L'enfant a survécu, mais pas l'enfance : « son enfance tomba la première et mourut. L'enfant seul se releva vivant. Son enfance était morte. » (19)

Le passage à l'acte a été relaté à la troisième personne, avec pour sujet « l'enfant » : ce n'est qu'ensuite que le Je-narrateur du début reparaît, pour lever partiellement l'énigme de ce geste : « Ce que je sais maintenant, ce que je ne pouvais savoir lorsque je me suis jeté du haut de l'étage c'est que ce geste de mort m'avait été dicté par une histoire nocturne. /.../ Ce que je compris alors avec gravité, c'est que l'amour porté par une mère peut amener les pieds d'un enfant sur un bord inévitable. /.../ Les gestes d'amour qui m'avaient été prodigués ne cessaient pas d'exister et ils ne servaient pourtant à rien. » (20)

Ce que l'enfant vit alors, dans ce *jour en moins,* c'est qu'il est « cet enfant obscurci par la noirceur des jours qu'il n'avait pas vécus /.../ cet enfant des jours invivables » (24).

Que s'est-il donc passé dans cette nuit, qui la rend semblable à aucune autre nuit ? Apparemment, une scène primitive (30) : « Cette nuit-là entra dans ma nuit. /.../ Une seule nuit parce qu'elle est obscure pèse beaucoup plus lourd qu'un seul jour. » (31) Mais les nuits des parents ne sont pas que des nuits d'amour :

« Maman aime bien raconter ses rêves. Moi, je n'aime pas du tout qu'elle les raconte. Maman fait souvent des cauchemars. Ou bien elle fait des rêves bizarres. Elle rêve parfois que nous mourons, mon frère ou moi ou mon frère et moi. » (37)

« Il arrive à papa de parler en dormant. Je ne l'ai jamais entendu moi-même. C'est maman qui le raconte. /.../ Il paraît que papa grince des dents pendant son sommeil. /.../ Il lui arrive de pleurer assis sur le rebord de la baignoire. Je l'entends du fond de mon lit. » (37-8)

En écho, *Maus* :

– AAWOOWWAH !
– Qu-qu'est-ce que ce bruit ?
– Oh, rien... c'est juste Vladek. Il gémit toujours dans son sommeil. Quand j'étais

petit, je croyais que tous les adultes faisaient ce bruit en dormant. »[21]

« Maman parle souvent de la guerre. Papa n'en parle jamais. /.../ Quand elle parle de la guerre, elle n'arrive plus à s'arrêter. En général, elle raconte plusieurs fois la même chose. Raconter pour elle, c'est évidemment raconter la guerre. » (39).

Le texte ici fait une différence entre raconter et parler : raconter fait peur, peut-être que c'est du même ordre que le grincement de dents du père ou le gémissement de Vladek Spiegelmann, une émission qui échappe, involontaire, insue, et donc impuissante à transmettre une signification à celui qui l'écoute : une sorte de narration, mais sans destinataire et sans message autre que la douleur. Tandis que parler serait de l'ordre de l'échange, du possible – de la réparation.

Le lecteur est parfois amené à se demander qui raconte :

« Nous étions tassés les uns contre les autres. Des mains touchaient d'autres mains. Des mains se posaient contre des poitrines ou contre des gorges qui pleuraient. /.../ Nous espérions en levant nos regards vers un ciel de cave et d'ombre concrète que les bombes nous épargneraient. » (49)

Ce NOUS est mystérieux : est-ce simplement le récit de la mère, qui va être désigné par la suite, et qui ici entrerait dans le texte sans autre marque d'énonciation que la première personne du pluriel, ou s'agit-il d'une captation de l'imaginaire de l'enfant, qui relaterait en première personne ce qu'il ne peut avoir vécu ? Quoi qu'il en soit, le silence du père et les paroles de la mère sont en équivalence, ils laissent l'enfant démuni : « Je veux rester seule, me dit-elle. Je resterai seule à porter ma quantité de douleur et de ténèbres. » (50)

Le père est pourtant protecteur, tutélaire, comme en témoigne le chant d'amour de l'enfant au père, leur contact charnel, mais il est impuissant devant le « trou définitif » creusé par « le mot : juif ». (85) Comme Perec dans *W et le souvenir d'enfance,* lorsqu'après la guerre sa tante l'emmène voir une exposition sur les camps de concentration[22], l'enfant d' *Un jour en moins* découvre une image qui vient horriblement combler le trou creusé par la non-parole des parents :

« Je suis un enfant qui regarde une photographie de déportés /.../ Le jour où j'ai découvert cette image, j'ai compris que c'était au fond de leurs yeux, de leurs prunelles que j'avais perdu mon enfance, que c'était au fond de leurs yeux qu'elle était tombée. J'ai compris que dans l'obscurité dilatée de leurs yeux la nuit s'était réfugiée, que ce qu'il restait de nuit dans le ciel, de nuit céleste n'était en fait qu'une nuit fallacieuse et une nuit décimée. » (86-7)

Et le livre se ferme sur une anecdote qui pourrait être drôle : le grand'père appelle l'enfant, lui promet un cadeau, caché dans une de ses mains fermées. L'enfant choisit une main, elle est vide. L'autre, elle est vide. « Tiens, me dit-il, tu as gagné, je te le donne. Je cherche, ébahi. Prends-le, insiste-t-il. J'ai glissé ma main dans la sienne et je l'ai pris. Je l'ai pris. Fernand était juif. » (91)

Ultime métaphore de la transmission : ce qui est transmis, c'est RIEN, ce qui n'est pas la même chose que « ce n'est rien ».

La traversée des lignes[23]

Le programme du colloque le rappelle :

« Comment articuler la dimension de la subjectivité avec celle de l'Histoire, alors que ce rapport se présente souvent comme non-articulation, invasion du sujet par une catastrophe venue d'ailleurs, effondrement du sujet avec le projet collectif qui soutenait son existence même ? »

Il va s'agir ici d'une détresse individuelle (une enfant violée par son père, et qui ne peut le dire, longtemps, et une narratrice qui peut aujourd'hui à peine l'écrire). Mais précisons d'emblée qu'il serait réducteur de ramener ce texte à une histoire d'inceste : certes, l'inceste y est, et central, – le *mot* n'y est pas – mais « traduire » ainsi le texte serait du même ordre que de « traduire » l'univers de *W* en disant « camp de concentration », c'est à la fois vrai et faux, cela ne tient aucun compte de l'élaboration symbolique du texte et du large spectre de significations intimes qui est drainé par l'histoire.

Tout enfant victime d'un tel geste se sent souvent coupable, on le sait : ici, la culpabilité est aggravée par une forme spécifique de censure, qui est celle de l'écrivain : a-t-on le droit de dire la souffrance intime après Auschwitz ? Cette question est l'une de celles qui empêche la narratrice de se lancer dans l'écriture, empêchement dit dès la première page du texte, dans une incidente : « malgré un sentiment d'illégitimité qui ne me quitte pas » (3).

Plus loin, la culpabilité est clairement désignée :

« Des enfants, avant moi, en Allemagne et près de l'Allemagne, avaient marché dans la neige, effrayés, perdus, jusqu'à une chambre où ils n'ont pas dormi, où ils sont morts seuls, gazés, totalement seuls, d'une mort lente et sans mots.

Personne n'a voulu ma perte. A cause de ces enfants, j'ai honte de parler de moi sur cette neige que j'ai traversée, moi vivante, jusqu'à un lit où j'ai dormi. » (8)

« J'aurais voulu parler au nom de tous, mais c'était chacun pour soi. Aucun destin collectif ne peut justifier un récit qui ne m'est pas demandé. » (5)

Et pourtant, « les choses infimes ne doivent pas pâlir face à l'immense » (41). Dès lors, sans jamais gommer l' « immense » qui reste toujours présent en arrière-plan, la narratrice, poussée par une urgence intérieure, entreprend de raconter. « Où est passé ce qu'on n'a pu recueillir ? » (5) Comme l'enfance de Guy Walter, ou comme celle de Perec, c'est une enfance morte, engloutie :

« Comme tout le monde, ou presque, j'ai eu un père et une mère, un pot, un lit-cage, un hochet /.../ Comme tout le monde, j'ai tout oublié de mes premières années d'existence. »[24]

« Comme tout le monde, j'ai eu une enfance, y compris celle qu'on appelle petite. Des six premières années de ma vie, je ne sais à peu près rien. N'émergent aucun lieu, visage, souvenir. Quelque chose a été englouti. Quelque chose ou quelqu'un. » (3)

Comme le fils Guterman incapable de déchiffrer l'écriture du père, la narratrice se voit confrontée à un passé indéchiffrable :

« Change impossible d'une monnaie qui n'a plus cours, à la frappe illisible. Lecture inutile d'une carte périmée, aux frontières si souvent déplacées que plus personne ne saurait dire où elles étaient. » (4)

Il s'agit bien d'une écriture d'exploration, qui ne sait pas d'avance où elle va, ce qu'elle va trouver, aux antipodes des anciennes idéologies de l'expression :

« Ce que j'ai à dire, je ne sais pas ce que c'est. Je ne suis pas sûre que j'aie à le dire /.../ Sans écho dans une mémoire commune, les mots s'étiolent. Nul signal qui puisse apparaître et se fondre dans une langue partageable. » (5)

Que serait cette « mémoire commune » ? Il ne s'agit pas, comme dans les textes précédents, de s'appuyer – ou non – sur l'histoire d'un peuple persécuté. Les premiers repères d'un enfant, l'amarrage à la famille, ou à ce qui en tiendrait lieu, font défaut : la première expérience est l'orphelinat militaire, en Allemagne, l'enfant a six ans. Elle sait aujourd'hui pourquoi ses parents l'avaient laissée là, mais « là-bas, je ne sais pas ce que je savais, ce que je ne savais pas et que j'aurais dû savoir ». (6) Comme Perec encore :

« Mon enfance fait partie de ces choses dont je sais que je ne sais pas grand'chose /.../ cette mort que je n'avais jamais apprise, jamais éprouvée, jamais connue ni reconnue, mais qu'il m'avait fallu, pendant des années et des années, déduire hypocritement des chuchotis apitoyés et des baisers soupirants des dames. »[25]

La mère de la narratrice n'est pas morte, elle réapparaît, elle vient enlever l'enfant à l'orphelinat, mais c'est un peu trop tard :

« Il se peut que, souvent appelée, cette représentation (la scène du retour de la mère) ait tellement servi qu'elle se soit déformée au cours de mes âges. Dans une autre vie, je savais quelque chose que je ne sais plus. Je ne sais pas ce que je ne sais pas. La neige a tout recouvert. Je ne parle plus et ma mère, je ne l'ai pas reconnue. » (7)

Or, cette expérience primitive de la perte est paradoxale par rapport à la famille de la narratrice, famille « enracinée » :

« On était de là, des Pyrénées, c'était sûr et certain, enracinés depuis des siècles. On savait où on vivait. On n'était pas sans feu ni lieu. On habitait. On ne changeait pas tout le temps… » (11)

Mais la fille va se révolter, renier les valeurs de la tribu. Malgré quelques figures lumineuses, comme celle de la grand-mère paternelle, marginale mais la plus aimée, la famille a « la passion du dedans » et la fille rebelle a « celle du dehors. Ça ne pouvait pas bien finir. » (12) Est-il abusif de lire, dans cette « passion du dedans » à quoi la narratrice échappe, une forme atténuée mais nette du meurtre collectif qui gère les trois autres récits ? A cet enracinement s'opposent d'abord la vie errante imposée par le métier du père, puis le choix de vie de l'adolescente, de la jeune femme. Mais faut-il parler de choix ? Il y a avant tout un « ordre de dispersion »[26], la nuit tragique où se consomme l'irréparable :

« C'était une nuit sans espoir de jour. Une nuit qui sera étrangère face aux lendemains, face à d'autres nuits où le père reviendra. La mort au cœur de la nuit, reçue dans le calme et la terreur du calme. Une nuit récitée sans récit, une nuit de prière aux mots de plomb. Une nuit finale qui n'a pas fini. Une nuit de sang-froid, de sape souterraine et personne au bout. » (23)

Or, la terreur qui règne sur l'enfant a quelque chose d'aléatoire :

« Il fallait obéir, mais obéir n'était pas suffisant. Obéir était la seule règle, mais il n'y avait pas de règle. » (60) A nouveau, on est forcé de penser à Perec, au jeu de la « bataille navale mouvante »[27], image apprivoisée de l'arbitraire sauvage qui régit l'univers W.

L'art du récit, et sa difficulté, consistent à trouver des équivalents verbaux à cet aléatoire, à ces errances, et peut-être surtout à l'émergence de la mémoire, une mémoire torturée, trouée. La chronologie y est perturbée, ce qui est probablement le signe de toute modernité : ainsi la mort du père est racontée vers le début du texte, puis on le verra vivant. Le texte pratique aussi le mélange des genres, avec des poèmes qui font irruption dans la prose narrative, mais aussi, ce qui est plus rare, des formes d'énonciation incidente, qui glissent, dans une simple subordonnée, des faits importants, non dits auparavant : « Quand j'ai revu (mon chien), de joie, il sauta sur moi à me faire chanceler. Je me rappelle que *lorsque mon père me frappait,* je souhaitais que mon chien ne fût pas là. » (45)

Enfin, la multiplicité des points de vue ou la présence de variantes rend indécidable de ce qui est raconté : par exemple, la mort du père fait l'objet de plusieurs versions, dont celle de la D.S.T., pluralité d'autant plus mystérieuse qu'une trace qui pourrait faire preuve en est soustraite : le livre d'or signé par plusieurs personnalités politiques lors de ses obsèques disparaît, seul objet dérobé lors d'un cambriolage. « Le sens de tout cela m'échappe. » (37)

Tous ces traits de discontinuité ou d'incertitude pourraient paraître « factices », mais ils ne sont que le reflet de la mémoire perdue : « des plans dissociés se chevauchent comme des plaques sous la terre. J'ai dû perdre la mémoire en plusieurs fois. » (57)

Comme Perec encore, la narratrice de *La Traversée des lignes* « n'a pas de souvenirs d'enfance » : mais contre l'amnésie, contre l'effritement du sujet, un Je survit, se reconstitue dans l'écriture, finit par désobéir à l' « ordre de dispersion », et restaure son unité, tout en gardant intacte la « passion du dehors » qui la préserve des frilosités identitaires.

Conclusion

« De cette étrange guerre occultée dans laquelle je me suis trouvée prise, pas de témoin. D'un destin individuel, je ne trouve pas les mots qui justifieraient leur emploi parce qu'ils seraient frères de ceux de chacun. Les mêmes tracés pourtant se retrouvent dans la petite histoire et dans l'autre, la plus ou moins grande. /.../ Dénis et silences sont cousus du même fil. » écrit Béatrice de Jurquet. Mais que l'histoire soit « personnelle », apparemment peu croisée par la grande Histoire, ou hachée par celle-ci, la différence au bout du compte n'est peut-être pas essentielle. L'histoire, dans ces récits de survivants, apparaît sous deux espèces : à la fois comme événement inouï (la guerre, la Shoah, la catastrophe) mais aussi comme longue durée, héritage, inscription dans une continuité, étayage du sujet. « Aux prises avec l'histoire », dans cette « fragile intersection »[28].

NOTES

1. *Dead of night,* 1972 : en fait c'est un film canadien, et «… une fable sur le Viêt-Nam, bien qu'on ne précise pas de quelle guerre revient le mort-vivant. » (Jean Tulard, *Guide des films,* Robert Laffont, Bouquins, 1990, tome II, p.245). J'aurais juré le contraire.
2. Guy Walter, *Un jour en moins,* Verdier, 1994.
3. Geneviève Mouillaud-Fraisse, « Claude Simon : le témoignage de survivant et la traversée des genres », *Cahiers de la Villa Gillet,* n° 3 (nov.1995) p.125.
4. Art Spiegelmann, *Maus. Un survivant raconte,* traduit de l'anglais par Judith Ertel, 2 volumes, Flammarion 1987 et 1992.
5. Simha Guterman, *Le livre retrouvé,* édité et présenté par Nicole Lapierre, Plon 1991.
6. A paraître chez Circé, 1997.
7. L'unique Française du récit, Françoise, l'épouse de Spiegelmann, est une souris parce qu'elle s'est convertie à la religion juive ; avant, son identité est incertaine, sur un brouillon – intégré au texte — elle est successivement un élan ou un caribou femelle, une grenouille… Quand elle propose d'être figurée par un lapin, il refuse : « Trop mignon, trop gentil /…/ J'veux dire pour les Français en général. Il faut pas oublier les siècles d'antisémitisme… Et puis l'affaire Dreyfus ! les collabos ! les… » (vol. II p.11).
8. *Ibid.* I p.131.
9. *Ibid.* II p.15
10. *Ibid.* II p.136.
11. Pour plus de détails sur les aspects techniques de la bande dessinée, cf. Benoît Gilles, *Maus, poétique de la survivance,* mémoire de DEA, Aix-en-Provence 1995, 143 pages.
12. Maus, *op. cit.* I p.100-103.
13. Benoît Gilles, *op. cit.* p.42.
14. Perec, *Récits d'Ellis Island.*
15. Nicole Lapierre, dans son avant-Propos au *Livre retrouvé, op. cit.*p.19.
16. A noter qu'il rejoint, probablement par hasard, la Résistance de droite.
17. *Ibid.*,.p.270.
18. *Le Puîné op. cit.,* p.45. A partir d'ici, les références seront données dans le corps du texte.
19. *Le Monde* du 19 avril 1996.
20. Cf. note 1.
21. Maus, *op. cit.* II p.74.
22. Georges Perec, *W ou le Souvenir d'enfance,* Denoël 1975, p.213.
23. Les références au tapuscrit sont données dans le corps du texte.
24. Georges Perec, *W… op. cit.,* p.21.
25. *Ibid.* p.21 et p.54-5.
26. Béatrice de Jurquet, *Cour intérieure,* Editions de l'Aube, 1991, p.64.
27. Georges Perec, *W…, op.cit.,* p.195-6.
28. *Ibid.,* quatrième de couverture.

Habib Tengour

La preuve par l'image: Le récit hagiographique et l'histoire de vie

À l'heure où l'Algérie, aux prises avec son histoire nationale, traverse une épreuve difficile, celle de la guerre civile qui impose à chacun de se déterminer tôt ou tard, de choisir douloureusement un camp, prendre pour objet d'étude l'hagiographie locale peut paraître incongru. Mais l'actualité, pour terrible et désolante qu'elle soit, ne doit pas empêcher le chercheur et le poète de se pencher sur une tradition constitutive de son histoire personnelle et collective.

Je m'intéresse depuis longtemps à l'hagiographie de l'Ouest algérien et aux récits historiques ou mythiques de fondation des tribus. Cet intérêt a un but : cerner la spatialité culturelle de la société traditionnelle, pour tenter de repérer les lieux d'émergence du sujet, agent historique autonome, si tant est que là réside la question essentielle de la modernité[1].

La tradition orale[2] n'offre jamais un récit linéaire complet. Ce sont des bribes d'histoires, des propos décousus, des narrations éclatées. L'on a affaire à un kaléidoscope et à un puzzle difficile à composer. Il faut identifier les pièces une à une, les reconstruire parfois par la confrontation des témoignages, les imaginer même pour entrevoir la trame du récit. Certaines pièces sont incomplètes, d'autres manquent : oubli ou occultation ? On ne sait pas. La tradition orale se déroule dans l'évidence auditive du dit sans se préoccuper d'expliciter ses silences.

L'itinéraire est long, sans tracé préalable, déroutant, souvent monotone. Il exige que le chercheur s'arme de la *« belle patience »* souvent invoquée par le poète.

Quel que soit le résultat obtenu, une chose est certaine : la voix ancestrale ne s'élève jamais à la légère. Intarissable, pénétrante, elle rythme l'élan et la gesture sociale. Elle irrigue la conscience collective et nourrit l'imaginaire du groupe. Loin d'être répétition d'un verbe sclérosé, elle perpétue encore une vitalité pour une inscription ingénieuse et opératoire dans l'espace-temps des membres du groupe.

Pour moi, le déclic reste la nostalgie de l'intonation. Elle est caractéristique du récit hagiographique. D'emblée, la voix installe l'écoute dans l'a-temporalité de la tradition, cet espace en dilatation continue du symbole et de l'ellipse / éclipse du sens à goûter en gaieté abondante ou bien sombrer dans la mélancolie.

L'intonation renouvelle, à chaque fois, le dit en modulant les mots ; elle assure sa permanence et sa continuité par la réitération du récit ; elle permet une réception efficace de ce qui doit imprégner un vivre présent à l'exemple d'un vécu authentique.

J'ai choisi comme exemple, un saint très connu dans la région de Mostaganem : sidi Ben Châ'a. Il s'agit bien sûr d'une recomposition à partir d'éléments disparates recueillis tout au long de mon enquête. Ma réécriture du récit de vie, tirée des relations écrites et orales, n'en demeure pas moins fantasmatique malgré sa construction apparemment élaborée et rationnelle.

Sidi Ben Châ'a est le saint (*walî*) le plus illustre des Béni Zeroual et sa notoriété dépasse le cadre étroit de la tribu. Il est un des rares thaumaturges locaux à être mentionné dans des traités d'hagiographie et à avoir attiré l'attention de chercheurs coloniaux[3].

C'est un personnage complexe, ambigu, violent, trouble : savant et populaire, historique et mythique à la fois. Il appartient à la fois à la catégorie des *« gens de la transe »* et à celle des *« gens de la connaissance »*[4]. La tradition orale des Béni Zeroual regorge de ses prodiges et de ses exploits rapportés avec ferveur et crainte. Avec humour, souvent !

Sidi Ben Châ'a s'appelait en réalité Mohammad al-Ghâli. Ce sont ses ennemis qui l'ont surnommé ainsi du nom de sa mère Ch'â'a, ce qui équivaut à une insulte car dans la tradition arabe la filiation[5] doit se rapporter au père. Par défi, il garda le nom de Ben Châ'a et s'en fit une gloire. D'après une autre tradition orale, Ch'â'a serait le nom de sa nourrice. Or il existe plusieurs saints dans l'Ouest algérien à porter ainsi le nom de leur nourrice : tels sidi Mhammed Ben Awda, sidi Gad Ben Marzûqa, sidi 'Abdelqâder Ben Khadda, etc.[6]

Dans la région, ses thuriféraires comme ceux qui honnissent son nom le reconnaissent sous l'appellation de Ben Châ'a[7]. Ainsi chez les Béni Zeroual et les Béni Dergoun, Mohammad al-Ghâli est vénéré en tant que sidi Ben Châ'a, toute malveillance étant absente d'une telle dénomination d'autant que les autres, les ennemis, ne prononcent jamais son nom.

Sidi Ben Châ'a est dit aussi *« dakhîl banî Zarwâl »*. L'expression se trouve dans la tradition écrite : par *dakhîl* on désigne l'étranger au groupement tribal dans lequel il s'est installé et qui a fini par en être partie intégrante. Un « intrus » en quelque sorte. En tant que *dakhîl* son origine est donc extérieure à celle de la tribu[8]. Ainsi Ben Châ'a est-il considéré comme un *« shrîf »* véritable par ses partisans, descendant de 'Ali ibn Abi Tâlib et de Fatima, fille du Prophète, par leur fils al-Hasan.

Lui-même aurait affirmé qu'il n'y avait dans toute la région, que deux *« shurfa »* : sidi 'Afîf et lui, écartant ainsi toute prétention à la noble ascendance par quelque saint local. La généalogie chérifienne de sidi Ben Châ'a est une pièce à conviction que possèdent la plupart des familles qui se réclament du saint, attestant par ce biais leur propre appartenance au *« sharaf »*.[9]

Sidi Ben Châ'a est aussi un *« mrâbet »* originaire de la Sâqiya al-Hamra. En fait, c'est son père 'Abdallah ash-Sharady qui aurait émigré de ce lieu légendaire vers la fin du XVe siècle pour venir s'installer dans la plaine du Chélif, après une halte transitoire dans la région de Saïda. 'Abdallah ash-Sharady était un saint homme, modeste et appliqué, dont le portrait effacé place le sacré dans la banalité du quotidien. Cependant, malgré les traditions encore vivaces à son sujet, 'Abdallah ash-Sharady ne bénéficie pas d'une coupole (*« qubba »*) mais d'une simple enceinte (*« huwwita »*) non loin du sanctuaire de son fils illustre ; il ne figure pas non plus parmi les saints auxquels la population des Béni Zeroual voue un culte particulier. Il est entièrement éclipsé par son fils, jusqu'au nom même. D'ailleurs, il n'intervient jamais dans les récits avec sidi Ben Châ'a : effacement total d'un père simple géniteur du véritable thaumaturge, fondateur des lignages maraboutiques, fonctionnant lui-même comme père, d'où l'impossibilité d'un face-à-face que la tradition a enregistré « normalement ». L'absence de récit mettant en scène le père et le fils dans une relation inscrite dans un espace-temps est d'autant plus intéressante confrontée aux deux traditions les plus importantes concernant Ben

Châ'a : celle relative au meurtre de la mère et celle approuvant l'inceste. Le rôle de 'Abdallah ash-Sharady se borne à n'être qu'un maillon de la chaîne généalogique, laquelle est nécessaire au surcroît de prestige de sidi Ben Châ'a.

On constate que les quatre grandes figures qui se disputent la prééminence des Béni Zeroual sont toutes autochtones[10] et sidi Ben Châ'a n'est érigé en « patron » que grâce à une origine d'un ailleurs qui n'est pas assumé directement par lui mais par un ascendant providentiel. Ceci dans le cas où la généalogie serait pure fiction. Il est probable que, comme l'affirme Bodin sans fournir de preuves, sidi Ben Châ'a ait été un berbère Zénète[11]. Mais c'est là une affirmation qui s'est trouvée contredite par toutes les informations que j'ai recueillies sur le terrain[12]. Ce qui est certain c'est que tous les Ouled sidi Ben Châ'a, les *« Ch'â'iyyin »*, forment les lignages maraboutiques des Béni Zeroual et personne à l'intérieur comme à l'extérieur de la tribu n'a jamais contesté leur appartenance idrisside.

La période d'installation de 'Abdallah ash-Sharady reste floue pour beaucoup de mémoires. C'est que la tradition orale s'attache peu à la chronologie. Ce qui importe davantage, c'est l'évocation du temps ancien : l'autrefois d'il y a longtemps. L'époque semble plus ou moins coïncider avec le moment où les Béni Zeroual sont chassés du Ghrîs par les Béni Rached, leurs frères de race, et viennent occuper la rive droite du Chélif. C'est la fin du XVe siècle[13].

La date de la mort de Sidi Ahmed Ben Yûsef, 1524, a été consignée et on sait que Ben Châ'a a recueilli ses dernières instructions. C'est là un fait capital pour situer historiquement notre personnage. Autre fait : un des saints les plus célèbres de la région de Mostaganem, sidi Lakhdar ben Khlûf, a été le disciple de sidi Ben Châ'a à qui il a rendu hommage dans un poème où il le prénomme « *Sha'shû'* » ; mais ce qui importe davantage pour la datation est que sidi Lakhdar ait chanté la bataille de Mazagran contre les Espagnols en 1558 à laquelle il participa[14]. Nous avons là deux repères précis.

A suivre la tradition lettrée, on peut avancer qu'au début du XVIe siècle la notoriété de sidi Ben Châ'a était grande dans la région étant donné l'estime dont il jouissait auprès de son maître sidi Ahmed Ben Yûsef qui lui aurait donné sa bénédiction (*« baraka »*) et l'aurait initié non seulement à la voie mystique de la *« tariqa shadhiliya »* mais aussi à la maîtrise de pouvoirs surnaturels, notamment enlever au feu toute chaleur ; grande surtout par l'influence qu'il exerçait sur des disciples qui allaient acquérir une renommée parmi les saints.

Dans un manuscrit hagiographique sur sidi Ahmed Ben Yûsef, le *« Ribh »*[15], on relève le passage suivant : *« Parmi eux (les disciples de sidi Ahmed Ben Youssef), figure l'ami de Dieu et le saint homme Sidi M'hammed Ben-Châ'a-l-R'arbî, l'un des illustres disciples du chîkh Ahmed Ben Youssef. Ben Châ'a fut l'instrument de grands miracles et bénéficia de grâces suréminentes. Il eut de nombreux disciples qui tirèrent profit de vivre en sa compagnie et de le servir. Il composa dans une langue châtiée, des poésies à la gloire du prophète et sur les circonstances de l'après-mort et de la résurrection. Le chîkh lui avait permis d'user du pouvoir magique attaché à la connaissance des noms d'Allah et de pratiquer la divination par l'écriture »*[16].

Aujourd'hui, sidi Ben Châ'a est vénéré par toutes les fractions des Béni Zeroual et certaines des Béni Dergoun. Il est pourtant exécré au plus haut degré par toutes les tribus voisines : Flîta, Medjaher, Ouled sidi Bou Abdallah, etc. Cette répugnance (*« kurh »*) est tellement forte que le nom de Ben Châ'a ne peut être prononcé devant un membre de ces tribus sans provoquer des réactions violentes instantanées, telles :

– Formules rituelles de conjuration du mal : *« A'ûdu billâh min ash-Shitân ar-Radjîm »*, *« Yâ latîf »*,...

– Crachats par terre ou sur la personne qui a osé prononcer le nom maudit. Souvent on simule le crachat par l'expression-onomatopée : *« tfûh »*

– Silences gênés, abaissement des yeux, voire fuites en se cachant le visage...

Quand des personnes de ces tribus sont obligées d'évoquer le nom de Ben Châ'a, elles utilisent l'expression *« dâk ar-radjel »* (cet homme-là), en baissant les yeux. Pour rien au monde elles ne prononceraient le nom de Ben Châ'a. Dermenghem rapporte le cas de secrétaires d'administration qui refusaient d'écrire le nom de Ben Châ'a sur les registres d'état-civil[17]. Ceux qui acceptaient de le faire se lavaient les mains tout de suite après.

Enfant, j'ai été témoin de certaines scènes qui m'avaient intrigué : ma grand-mère avait une amie *flitiya* qui, lorsqu'on lui disait : *« Ben Châ'a fûg rasek »* (Ben Châ'a sur ta tête), arrachait son foulard et le jetait par terre en crachant et en invoquant la protection de Dieu.

Un jour, un de mes oncles qui s'appelle Ben Châ'a, avait demandé de l'eau à boire à une vieille dame.

Elle s'approcha de lui, un broc à la main.

– Comment t'appelles-tu ? questionna-t-elle.

En entendant le nom de Ben Châ'a, elle jeta le broc à la tête de mon oncle.

Je voyais des mendiants refuser une forte somme pour ne pas demander l'aumône au nom de sidi Ben Châ'a. Dans la région de Mostaganem, de telles scènes étaient courantes jusqu'à la lutte de libération.

La première anecdote est intéressante en ce qu'elle révèle une complexité des rapports sociaux; en effet, des liens très forts existaient entre membres de tribus traditionnellement rivales (amitiés, alliances, mariages, entraides, etc.). Cependant, le tabou sur Ben Châ'a pouvait jaillir à tout moment et se manifester publiquement sans pour autant choquer. C'est une convention connue et acceptée de part et d'autre.

La « sainte horreur » dont sidi Ben Châ'a fait l'objet est entourée de mystère. Je ne comprenais pas qu'un saint puisse être détesté. Les explications fournies étaient toujours évasives, insatisfaisantes. Elles renvoyaient toutes aux rivalités segmentaires :

– Il y avait les gens qui croyaient en sidi Ben Châ'a, qui lui étaient soumis (*« tay'in lîh »*), ayant reconnu dans ses prodiges la manifestation de Dieu.

– Il y avait ceux qui le haïssaient : *« yakkarhûh »*, parce que leur tribu était rivale des Beni Zeroual.

Cela faisait partie des traditions héritées, desquelles on ne pouvait s'écarter sans encourir la mise au ban.

Le désir de savoir, de percer ce fait étrange et troublant, m'a amené à souvent réitérer mes questions, à noter la tradition orale des Béni Zeroual et de leurs ennemis, puis à fouiller dans les archives et écrits de la colonisation en quête d'une compréhension de l'innommable, d'une vérité de la forclusion du nom « répugnant ».

La note de Marcel Bodin sur sidi M'hammed-ben-Châ'a et le chapitre consacré au *« Marabout maudit »* dans l'ouvrage de Dermenghem sur *le culte des saints dans l'Islam maghrébin*, fournissent des indications intéressantes à confronter avec les témoignages d'aujourd'hui.

D'après les propos de ses ennemis, Ben Châ'a aurait été un hérétique, un jouisseur et un fornicateur[18]. Il aurait rendu licites les rapports incestueux et aurait tué traîtreusement un savant théologien d'al-Asnam dont il convoitait l'épouse. Le modèle du couteau ayant servi au meurtre est caractéristique de l'artisanat des Béni Zeroual; il est considéré, selon Bodin, comme tabou par toutes les tribus de la région : il ne peut servir à égorger les animaux ni être utilisé comme ustensile de cuisine[19].

Il existe une autre version de ce crime rapportée par Trumelet[20] qui le situe dans la région de Mazouna : Ben Châ'a était étudiant dans la ville de Mazouna, grand centre culturel de l'époque. A la mort de son père, il décide d'épouser sa veuve. Plusieurs juristes des environs lui accordent une consultation favorable. Mais un saint cadi de la région de Mazouna refuse d'agréer ce que la *« shari'a »* considère comme une liaison incestueuse. Alors Ben Châ'a le tue et prend la fuite.... Le visage de Ben Châ'a devient noir, d'où le surnom d' » Abyssin » (*« al-Habshi »*) qui lui sera donné.

Il est cependant saisi par le repentir (*« tawba »*) et devient un saint vénéré dans la région de Blida, alors que Mazouna et sa région exècrent encore sa mémoire.

Ce récit, Trumelet le romance avec foule détails exotiques, dans un style fleuri et sur un ton condescendant, cherchant davantage à amuser le lecteur qu'à faire œuvre de folkloriste sérieux et attentif aux traditions de la société observée ; cela renseigne davantage sur les fantasmes du « militaire-ethnologue » à l'égard de la religion populaire en Algérie que sur celle-ci. Cependant, la trame de l'histoire recueillie subsiste et elle peut être comparée aux autres trames.

J'ai retrouvé aussi deux autres versions de cette histoire de meurtre dans les archives d'Outre-mer à Aix-en-Provence : l'une consignée dans une lettre adressée à Dermenghem par un administrateur de Zemmora du nom de Méritrich, en date du 30 août 1951 ; l'autre étant dans le *« rapport d'ensemble sur la délimitation de la tribu des Medjadja »* au siècle dernier. Je les reproduis en annexe.

Toutes ces versions s'accordent pour taxer sidi Ben Châ'a (ou ses descendants) de meurtriers lubriques.

Ce qui n'est pas du tout le cas dans les traditions que j'ai recueillies auprès des Béni Zeroual. Pour ces derniers, le meurtre de sidi Mhammed ben Ali des Medjadja n'était qu'une intrigue, une machination visant à discréditer sidi al-Habshi, le fils de sidi Ben Châ'a.

Un tel complot contre le fils d'un saint aussi redoutable n'a pu avoir lieu que parce que sidi Ben Châ'a lui-même l'avait permis par une *« da'wa »* (imprécation) lancée contre son fils à la foi tiède. C'est le résultat terrible de l'échec à l'épreuve subie.

Cet événement serait à l'origine des deux ligues (*« çoff »*) qui partagent les tribus de la plaine du Chélif : le *« çoff »* des partisans de Ben Châ'a et de sa descendance, ceux qui sont sous leur tutelle (*« tâ'a »*), et le *« çoff »* des ennemis de sidi Ben Châ'a, ceux qui gardent en eux le « kurh », cette répulsion quasi-viscérale.

Dans le premier « çoff », le nom de Ben Châ'a est porté dans chaque famille[21] ;

il y a étalage ostentatoire du nom, alors que le deuxième « çoff » se distingue par le rejet physique du nom de Ben Châ'a, sa forclusion totale.

L'attitude des tribus de la plaine du Chélif à l'égard de sidi Ben Châ'a a tendance aujourd'hui à se dédramatiser, à perdre de sa virulence instinctive ; elle n'est pas pour autant entièrement effacée dans l'inconscient collectif de la région. Le nom de Ben Châ'a demeure encore imprononçable pour certains, sujet d'orgueil pour d'autres.

Avant d'examiner les différentes versions de l'assassinat du shaykh de Mazouna, il faut rappeler que bien qu'illustre disciple de sidi Ahmed Ben Yûsef, étant l'un des *« madhabîh »*, sidi Ben Châ'a n'en a pas moins été, selon la tradition populaire, maudit par son maître pour n'avoir pas obéi à ses instructions et s'être sauvé du lieu assigné par celui-ci. L'on comprend souvent ainsi que les faits, les événements ne sont que des épiphénomènes par rapport au verbe énonciateur, à la *« da'wa »*, laquelle cause, par la réalisation de son énoncé, les incidents adéquats.

La parole se concrétise par l'énonciation et la raison événementielle est à saisir dans l'enchaînement des paroles créatrices des saints, lesquelles manifestent le secret (*« sirr »*) du Créateur unique.

A considérer attentivement les différentes versions de la cause du « kurh » de sidi Ben Châ'a, on peut avancer les remarques suivantes :

– Tout d'abord, le sang versé : il y a eu meurtre du shaykh Mohammad ben Ali Bahlûl.

– L'arme du crime est un couteau particulier dont la vue conserve encore une puissance évocatrice de l'événement chez les populations de la région.

– Le mobile du crime : la consultation juridique.

– Les divergences concernent le meurtrier présumé : Sidi Ben Châ'a ou sidi al-Habshi ou des descendants du saint, mercenaires à la solde du bey Benshekrû, ou un camarade jaloux d'al-Habshi appelé Ben Shekor.

Le point important de l'événement reste la cause de l'affaire « quasi oedipienne » : la volonté de légitimer le mariage du fils avec l'épouse du père, la « belle-mère ». Cette volonté, fruit d'un violent désir, s'exprime à la mort du père géniteur ; elle est cependant contrecarrée par un shaykh vénérable, véritable figure du père spirituel, obstacle à éliminer pour lever l'interdit.

Se remarquent deux glissements importants par rapport au mythe d'Oedipe : celui de la mère à la belle-mère et celui du père au maître. Le désir du fils concerne la femme du père (mort) ; un tel désir nécessite le meurtre du maître, gardien de la « Loi » (de l'interdit de l'inceste).

Comment analyser de tels glissements ? Parler même de glissements suppose que le mythe d'Oedipe est un archétype universel des pulsions de l'enfant à l'égard du père et de la mère. Or, n'est-ce pas gommer un peu vite tout l'apport culturel propre à chaque société dans les rapports de parenté ? L'analyse demande, en effet, à ne s'aventurer qu'avec précaution dans ce domaine.

Je prends tel postulat : le mythe d'Oedipe est un repère méditerranéen, aussi toute trame incestueuse, localisée dans le pourtour de la Méditerranée, peut être rapprochée du repère « initial » ; ce qui permet d'en aborder les glissements et / ou changements révélateurs du fonctionnement mythique du lieu en question.

Ce fonctionnement mythique se perçoit à travers des signes linguistiques qu'il faut cerner précisément.

Comme le constate Lévi-Strauss : *« le mythe fait partie intégrante de la langue; c'est par la parole qu'on le connaît, il relève du discours »* [22]. Discours dans / hors l'histoire, à la fois morcelé et entier, refermé sur lui-même. Mais l'analyse structurale, en isolant la compréhension du mythe, et du lieu et du temps, en ne s'attachant qu'à la combinaison de ses divers éléments, dissociés de façon abstraite, me semble une approche trop « froide » d'un aspect essentiel des mentalités collectives. N'étant pas « mythologue », je me contenterai à ce propos d'hypothèses qui me « séduisent ».

Concernant les deux glissements relevés, on remarque leur similitude : il y a déplacement de sens dans les liens de parenté; déplacement s'opérant du réel vers le symbolique (mère / belle-mère, père / maître). Ce symbolisme recouvre lui-même une réalité (belle-mère autre épouse du père = polygamie ; maître = principe d'autorité = rigueur de la Loi divine = celui qui connaît) à la fois sociale et fantasmatique travaillant l'enfant à l'instar de ses relations parentales réelles.

Alors qu'Oedipe résout une énigme-piège qui lui masque la véritable énigme, celle de sa relation avec sa mère, sidi Ben Châ'a (ou « l'autre-lui ») pose lui-même la question à résoudre de la licité / (non licité) de la relation fils– (belle) mère (veuve). Le premier, guidé par son inconscient « manque » ses actes et s'aveugle ; cependant que le second viole consciemment et en connaissance l'interdit (ou bien est bouc-émissaire, ce qui revient au même). Pour les deux, le jeu de la devinette, la consultation, le franchissement du seuil sont tachés de sang.

Si l'on ajoute à cette histoire de meurtre du maître commis par al-Habshi, celle de la « da'wa » que sidi Ben Châ'a lance à sa mère, la complexité du rapport fils / mère (désir d'amour / désir de meurtre) devient troublante et le rapprochement avec la mythologie oedipienne s'impose. Et le saint, comme le héros, est celui qui enfreint un tabou profondément ancré dans le groupement social.

C'est en cela qu'il est extra-ordinaire et que de lui se dégage un magnétisme ambivalent à terroriser l'entourage et charmer ou répugner.

La figure de sidi Ben Châ'a laisse entrevoir un aspect de la sainteté, étonnant à première vue, qui est transcendance du bien et du mal, dépassement de l'ordre moral social, expression des pulsions refoulées, etc.

En fait, la dangereuse ambiguïté révélée par les récits populaires dénote une perception complexe du phénomène du sacré par des masses, souvent taxées d'ignorance.

De tous les saints des Béni Zeroual, c'est sidi Ben Châ'a qui est le saint patron de la tribu. Son *« ta'm »* (célébration votive autour d'un repas) clôture somptueusement le cycle des frairies des Béni Zeroual. C'est autour de son personnage que s'articule l'imaginaire de la tribu, car c'est lui, et non Zeroual, qui en est le véritable pôle central. Par un phénomène de déviation de la mémoire collective, sidi Ben Châ'a accapare toutes les qualités de l'ancêtre fondateur :

– L'origine illustre (Le saint est issu de la noble lignée de Ali et Fatima).

– L'extra-territorialité (le lieu d'origine de l'ancêtre est un ailleurs mythique, en dehors des limites du territoire tribal).

– La dotation de pouvoirs extraordinaires (les prodiges opérés).

– La structuration du tissu social : l'ancêtre légitime les institutions et les principales règles d'organisation sociale de la tribu (différenciation du groupe, hiérarchisation par l'institution des lignages maraboutiques ou statut particulier ; introduction de la « tariqa shadhiliya » dans la tribu).

– Enfin, l'organisation de l'espace : car l'ancêtre qui fonde le nom, organise le groupe, l'inscrit sur / dans un territoire. Lorsque sidi Ben Châ'a se manifeste comme « wali », les Béni Zeroual occupent déjà un territoire non choisi par lui. Cette occupation était cependant contestée par les tribus environnantes et sidi Ben Châ'a semble avoir joué un rôle important dans la fixation définitive des Béni Zeroual dans la plaine du Chélif. On peut avancer que le territoire de la tribu est symboliquement délimité (et son occupation légitimée) par la « baraka » de sidi Ben Châ'a, laquelle ne s'exerce pleinement qu'en ce lieu. Un fait est certain : c'est grâce à la politique turcophile de Ben Châ'a, suivant en cela une ligne définie par son maître sidi Ahmed Ben Yûsef, que les Béni Zeroual purent conserver leur territoire.

Le glissement de référence de l'ancêtre éponyme au marabout saint patron de la tribu est un point important et qui touche l'ensemble des tribus de la région. Cette « révision » de la mémoire collective se situe souvent à la fin du XVe–début XVIe siècle. La tradition orale semble bouleversée par cette période sans en fournir d'explication. Histoire et mythe se confondent dans le récit.

Je souhaiterais maintenant vous introduire dans le récit hagiographique lui-même. C'est en l'écoutant et en le réécoutant que l'on peut en saisir le sens. Selon la tradition, la compréhension du récit hagiographique ne passe pas par une réfléxion mais une méditation auditive.

Voici donc quelques bribes que j'ai traduites[23] du mieux que j'ai pu pour en rendre l'intonation :

Sidi Ben Châ'a et sa mère (1ère version)

Un jour, sidi Ben Châ'a et sa mère voyageaient à dos de mule. A un moment, quelqu'un appela de très loin :

– Où es-tu, ô toi qui secours le faible ?

C'était une femme, d'une faction rivale, dont l'âne avait renversé la charge de charbon et qui n'arrivait pas à la soulever.

Sidi Ben Châ'a entendit l'appel, aussi alla-t-il l'aider. Lorsqu'il revint à sa monture, sa mère lui demanda où il avait disparu sans prévenir. Sidi Ben Châ'a ne répondit pas.

Ils continuaient toujours leur route, quand des anges appelèrent :

– O sidi Ben Châ'a, viens nous aider. Le soleil s'est arrêté dans sa course et nous n'arrivons pas à le faire tourner. Toi seul peux nous aider à le faire.

Sidi Ben Châ'a les suivit sur le champ.

A son retour, sa mère lui demanda :

– Où as-tu été cette deuxième fois ?

Il baissa la tête sans répondre. Elle reprit avec force :

– Dis-moi pourquoi tu t'es absenté deux fois sans m'en aviser ? Je veux savoir ce que tu me caches !

Sidi Ben Châ'a dit :

– Si tu veux vraiment savoir, ô ma mère, eh bien écoute : la première fois, une femme m'a appelé par mon nom de « protecteur ». Elle est de nos ennemis mais elle cherchait quelqu'un

pour ramasser sa charge de charbon ; alors, je l'ai aidée et, regarde, mes mains sont encore noires du charbon que j'ai transporté.

Et sidi Ben Châ'a se tut. La mère demanda :

– Et la deuxième fois ?

Sidi Ben Châ'a dit :

– Si tu tiens à savoir, ô ma mère, eh bien voilà : la deuxième fois, ce sont les anges qui m'ont appelé à leur secours. Je suis monté au ciel pour les aider à pousser le soleil qui ne voulait plus tourner. J'ai fait tourner le soleil avec les anges.

La mère soupira et dit :

– Mon pauvre fils, que me racontes-tu là ? La terre ne t'a pas suffi, il a fallu que tu troubles le ciel !

Sidi Ben Châ'a regarda sa mère bien fixement. Il était en colère mais se maîtrisait. Il dit :

– O ma mère, tu as de la chance de m'avoir enfanté. Je n'ai rien à dire. Seulement, tu n'as pas voulu croire en moi et tu m'as traité de menteur. Que Dieu fasse disparaître ta tombe !

Puis, il se tut.

Le soir, ils arrivèrent devant un oued qu'ils traversèrent. Lorsqu'ils atteignirent l'autre berge, sidi Ben Châ'a se retourna : sa mère n'était plus là.

Il la chercha vainement.

Et personne, jamais, ne retrouva sa dépouille. Ainsi, est-elle morte sans avoir de tombe. C'est pourquoi, des gens disent que sidi Ben Châ'a a tué sa mère. Il a seulement dit : « Que Dieu fasse disparaître ta tombe ! » Il l'a maudite et c'est péché de maudire ses parents. Mais c'est Dieu qui décide. Lui seul a la puissance.

Sidi Ben Châ'a et sa mère (2e version)

Ben Châ'a n'était pas son vrai nom. Il s'appelait Mohammad al-Ghâli et avait pour mère Sehâba, la fille de sidi Bû 'Abdallah. Il était encore bébé, qu'un jour il disparut de son berceau. Sa mère inquiète, le chercha partout et le trouva à l'écart de la maison, allongé sur le dos, en train de remuer ses mains et ses jambes comme s'il poussait quelque chose.

Sehâba soupira :

– Tu m'as fait peur mon petit, que fais-tu ici ?

A sa grande surprise, le bébé lui répondit :

– J'étais en train de faire tourner le soleil avec les anges.

Sehâba se fâcha et dit :

– La terre ne t'a pas suffi, voilà maintenant que tu introduis le ciel dans tes égarements !
Sidi Ben Châ'a lui dit :
– Puisque tu n'as pas cru en moi, ô Sehâba, Dieu fasse qu'une inondation t'emporte !
Et, un jour, effectivement, une crue de l'oued l'emporta.
...
Sehâba avait une servante qui s'appelait Shu'â'a. Après la disparition de sa maîtresse, elle s'occupa de Mohammad al-Ghâli, le soigna et l'éleva jusqu'à ce qu'il grandisse. Aussi le surnomma-t-on Ben Châ'a, le fils de Shu'â'a.

Sidi Ben Châ'a maudit al-Habshî

Sidi Ben Châ'a était en voyage avec son fils al-Habshî. A un moment, le fils voit son père disparaître puis réapparaître aussitôt sans rien dire. Le phénomène se reproduit en cours de route et, au bout de la troisième fois, al-Habshî interroge sidi Ben Châ'a :
– Comment se fait-il que tu aies disparu trois fois ?
Sidi Ben Châ'a ne veut pas répondre mais le fils insiste :
– Où as-tu été ? Explique-moi.
Après un long silence, sidi Ben Châ'a lui dit :
– Je me suis absenté pour trois raisons : la première fois, une femme avait renversé son chargement de charbon et m'a appelé à l'aide pour le remettre sur le dos de sa monture. La deuxième fois, une mère m'a prié de sauver son fils qui se trouvait au milieu d'un incendie. Quant à la troisième fois, se sont les anges qui n'arrivaient pas à faire tourner le soleil et qui m'ont demandé de leur donner un coup de main.
Al– Habshî regarde son père avec tristesse et pitié. Il dit :
– Mon pauvre père, tu as épuisé la terre et rajouté le ciel à tes mensonges !
Sidi Ben Châ'a lui dit avec colère :
– Puisque tu n'as pas voulu croire et que tu n'as rien compris, alors sois maudit parmi les preux et les puisssants.

Le faux coupable

Al habshî était étudiant à Mazouna chez un maître très savant et très pieux. Un jour, pour tester le niveau de connaissance ses élèves et leur clairvoyance, le maître leur pose une question juridique subtile :

– Un homme épouse une femme et meurt sans avoir consommé le mariage. Est-il permis au fils de cet homme de prendre sa belle-mère veuve pour épouse ?

Devant une question aussi difficile, les élèves intimidés se taisent sauf un, nommé Ben Shekor qui répond :

– Oui, le fils peut épouser la veuve de son père si celui-ci n'a pas consommé le mariage.

Mais al-Habshî se lève et rétorque :

– Ceci est contraire à la Loi car un tel mariage est incestueux.

Le maître rabroue Ben Shekor pour sa réponse eronnée et félicite al-Habshî pour sa clairvoyance et le cite en exemple à ses autres camarades.

Jaloux de l'approbation du maître et de l'affection qu'il portait à al-Habshî, Ben Shekor rumine une vengeance redoutable.

Ben Shekor et al– habshî avaient un couteau semblable. Un jour, Ben Shekor assassine le maître puis subtilise le couteau de son compagnon. Quand le cadavre est découvert, on se met à chercher le coupable. On trouve un couteau taché de sang. On interroge les étudiants. Il n'y avait que deux étudiants à avoir ce type de couteau. On les convoque devant les juges.

– Où sont vos couteaux ? Montrez-les ! Leur demande-t-on.

Ben Shekor présente le sien, qui était en réalité celui d'al-Habshî. Quant à al-Habshî, son fourreau était vide. Aussi est-il présumé coupable sur le champ et arrêté malgré ses protestations de bonne foi. Le couteau taché de sang témoignait contre lui.

A l'époque, le pouvoir appartenait aux Turcs qui le condamnèrent à mort. Il a été transféré à Alger pour l'exécution de la sentence. Al-Habshî a eu la tête tranchée.

On dit que depuis lors, les gens de Mazouna détestent les Ouled sidi Ben Châ'a.

Sid Ahmed az-Zerrûqi renverse Alger (1ère version)

On raconte que al-Habshî, fils de sidi Ben Châ'a, fut exécuté à Alger.

Sidi Ben Châ'a dit à son autre fils, Zerrûqi, un jeune libertin :

– Si tu avais de l'honneur, tu irais à Alger me chercher la tête de ton frère al-Habshî !

Sid Ahmed az-Zerrûqi a été énervé par les remontrances de son père. Il fit cinq pas puis donna un coup de bâton par terre. Une source jaillit aussitôt à l'endroit où le bâton avait frappé le sol. Et Zerrûqi s'écrie :

– Je ne suis que le dernier des fils de Ben Châ'a, un sans foi ni loi, mais je te laisse témoigner de la baraka de mon père. Je veux que l'hiver tu serves aux hommes pour leurs ablu-

tions et que l'été tu les rafraîchisses !

A chacun des cinq pas, un arbre avait poussé.

Sid Ahmed az-Zerrûqi arriva à Alger, bouillant de colère. Il donna un coup de bâton à la ville qui bascula.

C'est alors que sidi 'Abd-Rahmân, saint patron d'Alger, sortit et retint la ville dans sa chute. Sidi 'Abd-ar-Rahmân dit :

– Holà Zerrûqi, du calme. Que viens-tu faire ici ? Chaque lion est maître dans son bois !

Zerrûqi dit :

– Je veux la tête d'al-Habshî et le couteau qui l'a fait condamner.

Sidi 'Abd-ar-Rahmân les lui remit et sid Ahmed az-Zerrûqi retourna à Beni Zeroual.

Sid Ahmed az-Zerrûqi renverse Alger (2e version)

Sid Ahmed az-Zerrûqi allait s'asseoir près d'une source pour attendre les jeunes filles qui venaient puiser l'eau. Il avait un tambourin et les jeunes filles arrivaient, il obligeait chacune d'elles à exécuter une danse pendant que lui battait la mesure. Après cela, celles qui avaient dansé pouvaient puiser l'eau à leur guise et remplir leurs tonneaux.

Il était en train de s'amuser de la sorte quand sidi Ben Châ'a arriva sur les lieux et l'interpella rudement :

– Tu n'as ni pudeur ni fierté à t'amuser pendant qu'on tue ton frère al-Habshî ! Va à Alger et ramène moi sa tête.

De rage, sid Ahmed az-Zerrûqi prit son tambourin et le brisa par terre. Puis, il fit trois pas et se retrouva à Alger. Apercevant la ville, il redoubla de fureur et, d'un coup de pied, il la renversa.

Au même moment, sidi 'Abd ar-Rahmân s'interposa et évita de justesse que la ville ne s'écroulât.

– Que t'arrive-t-il, ô Zerrûqi, dit sidi 'Abd-ar-Rahmân ; oublies-tu que chaque ville a ses maîtres ?

– Il me faut la tête d'al-Habshî, mon frère ! dit sid Ahmed az-Zerrûqi.

Sidi 'Abd-ar-Rahmân alla la lui chercher et sid Ahmed az-Zerrûqi revint à Beni Zeroual.

Le saint dans le récit hagiographique n'a pas une vie spécifique. La trame de son vécu se déroule sur un canevas commun à presque tous les thaumaturges de l'Ouest algérien. Sujet d'une histoire personnelle, il n'est en fait que l'illustration d'une parabole. Même lorsque le saint homme est un personnage historique bien réel, le récit de sa vie n'épouse pas la linéarité d'une durée, construite (voire déterminée) par une succession d'événements. La narration n'est pas inscrite dans la progression d'un temps historique irréversible mais éclatement dans la fragmentation a-chronique d'une mémoire. La vie du saint n'est pas racontée pour sa singularité exceptionnelle ou révélatrice de quelque rapport nécessaire au sein de la société ; elle est racontée pour mémoire. Le récit distribue, à plat, plusieurs moments retenus pour leur efficacité à faire émerger ce qui est supposé être là chez chaque auditeur : un élan de l'âme, libéré par l'écoute. Opérer une dilatation. C'est pourquoi la psychologie et les développements de l'action tiennent peu de place. A cause de cette incapacité à baliser le destin de son héros dans une trajectoire circonstanciée, ayant début et fin, combinant temps, espace, mouvement et action transformatrice d'un sujet individualisé au sein de son groupement, le récit hagiographique ne peut jamais être romanesque. *« Si élaborées soient-elles, les vies de saints ne sont pas des romans en raison du peu d'intérêt que l'auteur attache au sort de son héros dans le siècle, et que seule compte pour lui l'idée à illustrer »* avait déjà remarqué Ossip Mandelstam[24].

Le récit emprunte à l'épopée et au poème la mise en espace de passions, l'exacerbation de moments privilégiés en vue de découvrir des traces (*Atlâl*). Cette mise à nu de l'empreinte déclenche la vision esthétique. Les images produites sont autant de preuves de la manifestation divine. Le sujet ne compte pas, nous avons affaire à une illustration. Les divers fragments du récit sont autant de touches pour faire ressortir l'image. Chaque fragment se suffit à lui-même comme histoire et l'articulation des diverses pièces n'obéit pas à une logique chronologique ou psychologique mais à l'éclairage de la parabole. La forme de la narration hagiographique oscille dans un équilibre précaire entre la cohérence d'une construction vraisemblable d'un vécu et une stylisation esthétique de l'image polysémique du saint.

A peine émergé du magma tribal, le sujet mystique s'anéantit dans l'objet de sa quête. L'étrangeté de son récit illumine les mots de la tribu. Il est vérité mémorable, et c'est en cela qu'il s'oppose au dit fictif du poète.

NOTES

1. En effet, la société moderne algériennc, malgré la cassure coloniale et l'entreprise de construction de l'État national après la lutte de libération, reste, dans ses représentations, ancrée dans la spatialité traditionnelle caractérisée par la prééminence du groupe sur l'individu. L'histoire n'y est conçue que comme expression d'un sujet collectif. La modernité ne saurait être une greffe extérieure mais doit prendre racine dans la tradition même ; d'où l'intérêt du repérage des possibilités d'apparition d'un sujet historique individuel.
2. En Algérie, comme dans toutes les sociétés arabo-islamiques, la tradition orale coexiste avec une tradition du texte. L'histoire du groupe, liée à une transcription par écrit de la chronologie des événements marquants, est chose courante. Notre propos ne se situe pas dans cette problématique de l'historicité.
3. Ces études sont toutefois peu nombreuses et allusives.
4 *Ridjâl al hâl* et *ridjâl al maqâl*, il s'agit là de la typologie populaire courante.
5. *Nasab* en arabe ; la filiation forme une des cinq composantes du nom (*ism* = prénom, *kunya* = le prénom du fils aîné introduit par Abu, *nisba* = qualificatif d'origine, *laqab* = surnom).
6. Sur ces saints (*awliyâ*), cf. E. Dermenghem et Trumelet. Le nom mettant en avant la filiation par la mère renvoie aussi à une référence christique (Jésus fils dc Marie).
7. Prononciation dialectale de Ibn Shu'â'a.
8. Lors de la discussion à la Villa Gillet, Jacques Hassoun a proposé la traduction d'*infiltré* pour *dakhîl* suggérant une approche intéressante de l'étrangeté du sacré.
9. Une telle généalogie assure la prééminence du lignage à l'intérieur du groupement tribal. Voir à ce propos notre article : *L'Ailleurs-là de l'errance mythique : la généalogie maraboutique.* in Les actes du Colloque international sur l'oralité africaine. CNEH / Alger 1992.
10. Cf. notre article : *L'espace hagiographique des Beni Zeroual* in *Espaces maghrébins : pratiques et enjeux.* URASC / ENAG Alger 1989.
11. Cf. Marcel Bodin : *Notes sur Sidi M'hammed ben Châ'a patron des Beni Zeroual*, in Bulletin de la Société de Géographie et d'Archéologie d'Oran / 1930.
12. Ce qui n'est guère étonnant quand les tribus de la région, d'origine berbère, se prétendent toutes arabes.
13. Le Ghrîs appartenait aux Beni Ifrân et aux Beni Zeroual mais le shaydk Abû Râs ne fait allusion qu'aux premiers : « Le territoire sur lequel les Bânou Rached remplacèrent les Bânou Ifrêne, était situé dans le pays de R'eris » R.A. /1883, p.152.
14. Victoire de Hasan Pacha contre les Espagnols, près de Mostaganem. Sidi Lakhdar ben Khlûf l'a célébrée dans sa *« qacida »* qui commence par : *« Yâ fârès man tamma djît al-Yûm ghazwat mazzaghrân ma'lûma »*. Le texte de ce poème se trouve dans le Diwan de sidi Lakhdar réuni par Mohammed Bekhoucha (Rabat, 1958).
15. *Ribh at-tidjâra wa maghnam as-sa'âda fimâ yata'allaq bî ahkâm az-ziyâr 'ala darîh al-walî sidi Ahmed ben Yûsef dakhîl Milyâna* de Si Ali ben Ahmed ben Hadj Moussa Djazâiri. Un exemplaire du manuscrit est conservé à la B.N. d'Alger mais je n'ai pu y avoir accès.
16. Passage cité par M. Bodin, *op. cit.*
17. Cf. *Le culte des saints dans l'Islam maghrébin*, p.245.
18. D'après un article de l'*Écho d'Oran* (cf. Annexes), sidi Ben Châ'a serait natif de la tribu des Zekâra, des berbères zénètes ; or, à en croire l'étude de Mouliéras : *Une tribu zénète anti-musulmane, les Zkâra*, cette tribu aurait longtemps résisté à l'islamisation et conservé ses coutumes païennes.

En fait, les Zkâra de Mouliéras correspondent davantage à la projection fantasmatique de l'indigène qu'à une réalité constatée.

19. C'est un couteau de fabrication rudimentaire : une lame emmanchée dans un bout de bois; la partie où la lame est dans le bois est entourée d'un fil de cuivre. Le tabou touchant le couteau existe jusqu'à nos jours chez les Beni Zeroual.
20. Cf. *L'Algérie légendaire* et *Les saints de l'islam, légendes hagiologiques et croyances musulmanes algériennes. Les saints du Tell*, Paris, 1881, p.369 à 384.
21. Ben Châ'a est couramment utilisé comme prénom chez les Beni Zeroual et les Beni Dergoun. Il accompagne en général un deuxième prénom comme Mohammad, al-Habib, Mahieddîn, etc. (Ce qui donne les noms suivants : Moha b. Châ'a, al-Hbîb b. Châ'a, B. Châ'a Mahiddîn, en transcrivant la prononciation locale). Pour les filles, c'est le prénom de Ch'â'a qui est donné.
22. Cf. C. Lévi-Strauss : *Anthropologie structurale*, Paris, 1971; P.230.
23. Ces textes ne sont pas accompagnés de tout l'appareil critique dont s'entoure l'ethnologue et que nous avons préféré laisser de côté pour laisser opérer l'alchimie du verbe.
24. Cf. *La fin du roman*, in Ossip Mandelstam : *De la poésie*. éd. Gallimard, Paris, 1990, p. 101.

FRANÇOISE VERGÈS

« Nous tisserons le linceul du vieux monde » L'idéal d'émancipation dans le monde colonisé.

LE SUJET POSTCOLONIAL aux prises avec l'histoire de l'empire, dont les traces sont toujours lisibles dans le monde européen, doit essayer de comprendre un passé où se mêlent esclavage, massacres coloniaux, racisme, désir de reconnaissance, imitation de celui qui l'asservit, diglossie, multiculturalisme et métissage. Il existe une colère qui résulte de la difficulté à faire entendre cette histoire : quel tribunal jugera les crimes coloniaux ? Nous répétons les noms de Sétif, Guelma, Haïphong ; nous évoquons les morts de 1947 à Madagascar, ceux de 1959 en Martinique, ceux d'Octobre 61 à Paris, mais on nous répond trop souvent que nous ne gagnerons rien à revenir sur cette histoire. Cependant nous restons confrontés à celle-ci.

Cette confrontation au passé colonial se double aujourd'hui d'une réflexion sur notre position d'immigrants dans l'ancienne métropole. Car nous sommes les héritiers du mouvement qui a conduit, depuis des siècles, les natifs des colonies à venir découvrir le lieu présenté comme celui de tous les rêves, de tous les désirs, la métropole coloniale. Cette migration a eu comme effet la création de ce que Salman Rushdie a appelé *imaginary homelands*, territoires imaginés dont les habitants « s'enracinent plutôt dans des idées que dans des endroits, dans des souvenirs plutôt que dans des choses matérielles ; des habitants qui ont été obligés de se définir – parce qu'ils étaient ainsi définis par les autres – à travers leur propre altérité »[1]. En tant que sujets post-coloniaux entre deux langues, deux *homelands*, deux cultures, nous sommes « hantés par le sens d'une perte, l'urgence de réclamer, de sans cesse regarder en arrière, au risque d'être transformés en statues de sel »[2]. Mais « si nous regardons en arrière, nous le faisons en sachant que notre séparation physique [d'avec la terre natale] signifie que nous ne pourrons jamais retrouver précisement ce qui a été perdu ».

D'un côté, le sujet postcolonial se trouve pris dans la soumission, la plainte, le ressentiment, l'enfermement dans des figures canoniques (le dominé, le rebelle). De l'autre, il réalise que son être-entre-deux-mondes lui donne de la distance, lui permet d'appréhender son monde de façon critique, sans romantisme ni désespoir.

Aujourd'hui, alors que les problèmes de représentation, d'image, et d'identité reviennent occuper l'espace des débats dans le monde postcolonial, nous nous tournons vers notre héritage afin de démêler les fils de notre histoire. Si, comme l'écrit Primo Levi, la mémoire historique signifie notamment se donner une image de soi dans le passé qui soit acceptable, que faire d'un passé « d'aliénation, » de soumission, d'asservissement ? Le grand mouvement de décolonisation des peuples dans ce siècle a bouleversé l'ordre du monde politique. Mais avec la fin de l'empire colonial, il y eut imposition non seulement d'un modèle économique (avec la notion de développement), d'un modèle politique (avec la notion d'un état centralisateur) mais aussi d'un modèle du « moi » (avec la notion d'un *self* libéré, désaliéné). C'est ce dernier aspect que je voudrais discuter ici. Le modèle est celui d'un moi dominé mais finalement rebelle, dont le trajet vers la « désaliénation » s'est inscrit de façon immuable ; trajet de rédemption, de la domination à l'aliénation, puis de l'aliénation à la découverte d'un « moi authentique » (même si ce moi est maintenant appelé « divers », « multiple »). Il s'agit d'étudier comment un lien s'est noué entre l'obligation de découvrir un « moi émancipé » et la lutte politique. Que doit-on connaître de « soi » afin de se penser « désaliéné » ?

Mais le projet d'affranchissement, porteur d'un idéal de reconstruction symbolique du monde et du moi, s'est heurté à des réalités internes et externes qui ont semblé ébranler les fondations mêmes de ce projet. Pourtant, il ne peut être question de remettre en cause la légitimité de la lutte anticolonialiste. Malgré ses ratés, elle a donné au monde colonial l'idée du possible. On peut cependant s'interroger sur certains présupposés du discours d'émancipation et je voudrais ici revenir sur un des aspects de ce discours adopté par la plupart des dirigeants anticolonialistes : l'émancipation comme régénération, comme avènement d'un monde nouveau, d'un homme nouveau. L'idéal d'émancipation européen a profondément marqué le discours de la décolonisation. On sait qu'il y eut deux formes de décolonisation dans le monde colonial français. Pour la plupart des colonies, la décolonisation a signifié l'indépendance, la rupture des liens administratifs et politiques avec la métropole, la constitution d'un État-Nation. Pour d'autres, essentiellement les Vieilles Colonies, la fin du statut colonial s'est exprimée par une demande de plus grande intégration dans la nation française[3]. Ces demandes aux conséquences différentes eurent en commun un idéal inspiré de l'idéal européen. Le discours de l'émancipation du joug colonial aura emprunté à l'Europe ses représentations, ses images, ses utopies et ses rêves.

Si l'on doit rappeler le rôle fondamental des récits de résistance, des mythes, de la religion, de la langue dans l'élaboration de la lutte anticoloniale et de sa légitimité[4], on ne peut négliger l'apport d'une tradition venue de France. L'idée d'une transformation volontaire de l'homme, transformation conçue comme « miraculeuse » ou « laborieuse »[5], anime les révolutionnaires français, idéal repris par l'élite anticoloniale. On pourrait se tourner vers la remarque faite par Mona Ozouf sur la Révolution pour éclairer un aspect du discours anticolonial : « Comme la religion, la Révolution française apporte la promesse inouïe d'un monde neuf pour un homme renouvelé. Mais contrairement à la religion, elle accepte l'épreuve redoutable de l'expérience historique. » Un monde neuf pour un homme renouvelé. Cet idéal affirme que l'émancipation n'est pas seulement acquisition de la souveraineté mais accomplissement, régénération de soi, un soi conçu comme une unité provisoirement entamée, diminuée, mais qui ne demanderait qu'à renaître comme vérité. L'entrée de cette vérité dans le réel est le moment fondamental, le moment où le caché, l'enfoui va se révéler. La décolonisation devient ainsi, en partie, fille de la Révolution et de la République française qui voyaient dans la vertu, dans la régénération de la société, la marque de la rupture avec un passé honni[6]. D'une part, le discours de l'émancipation donne aux colonisés la légitimité de penser une alternative au colonialisme. Il dit qu'il est juste de se révolter, que la colonisation n'est ni destin ni fatalité, que les Européens ne sont pas des êtres supérieurs, que l'égalité et la liberté sont des principes universels. Les dominés disent : « Si nous sommes ce que vous dites – monstres, inhumains – et cependant vos égaux, alors qui êtes-vous ? » D'autre part, ce discours de l'émancipation apporte avec lui une conception du moi et de l'autre soumise à l'idéalisation du « *self* ». Redevenir soi c'est retrouver ses racines, se libérer, s'émanciper de l'autre, car ce dernier vous prive de vous-mêmes. À la base de l'idéal d'émancipation anticolonialiste, il y a donc des idées politiques et des conceptions psychologiques empruntées au colonisateur. Il s'agirait pour le sujet post-colonial aux prises avec cette histoire de repenser l'attraction de l'Occident, de ses idéaux et de ses représentations, repenser notamment ce qu'a signifié la superposition de l'émancipation politique et de « l'émancipation psychologique » (l'expression bien qu'impropre renvoie à une psychologie qui pense les souffrances de la psyché comme une erreur momentanée, un oubli de soi causé par des causes externes qu'il suffit de dépasser). Il va de soi que le colonialisme a pu produire chez les colonisés des affects spécifiques, sentiment d'infériorité, envie, désir jamais assouvi d'imitation, que Frantz Fanon et Albert Memmi furent les premiers à mettre en lumière. Si l'on ne peut en aucun cas négliger la dimension psychologique, l'impact sur le sentiment d'exister, sur le sentiment de soi chez les colonisés, produits par leur victoire sur les colonisateurs et la reconquête de la terre natale, on peut cependant interroger les présupposés du discours qui a accompagné cette reconquête.

Colonialisme et idéaux républicains

Dès les premiers temps de la colonisation, le pouvoir colonial forge un vocabulaire susceptible de diffuser les idées de la mission qu'il s'est donnée, celle d'apporter les lumières aux peuples non-européens. Que ce discours ait servi d'écran aux violences, massacres, exploitation, racisme, ne lui enlève pourtant pas de sa force. La colonisation était fille de la Révolution et de la République. La nation républicaine s'est formée dans l'empire et l'empire s'est voulu le prolongement au-delà des frontières de la France des idéaux républicains (il suffirait de relire des républicains convaincus comme Jules Ferry ou Victor Hugo pour se souvenir de la conviction largement partagée que la colonisation participe à la regénération du monde, que la France a une « mission » dans le monde). La colonisation a cherché à mettre en représentation les idéaux de la république, idéal de la liberté (Nous apportons aux peuples encore soumis à la féodalité l'ivresse de la liberté), et idéal de la fraternité (Ces peuples sont nos frères et la France notre mère à tous). Mais ces frères africains, asiatiques, malgaches, enfants d'esclaves, de peuples conquis, de travailleurs engagés, les Français n'en voulaient qu'à moitié. Le racisme colonial, la nature même de la relation coloniale qui transforme le colon en un individu médiocre et corrompu et fait du colonisé un être humilié[7], ainsi que le statut politique des colonies niaient les principes de la république. Les idées de liberté, d'égalité et de fraternité continuèrent cependant à se répandre. Comme l'ont souligné de nombreux historiens de la décolonisation, les idées politiques empruntées au colonisateur se sont retournées contre ce dernier. Avant d'envisager le rejet de la France, il y eut chez les colonisés l'idée de « deux Frances ». D'un côté, la France des droits de l'homme et de la formule républicaine *Liberté, Égalité, Fraternité* qui, en s'inscrivant au front des colonies, faisait connaître l'idéal de l'émancipation révolutionnaire. De l'autre, la France de la législation et du racisme coloniaux qui violaient ces principes : la société coloniale ne pouvait se maintenir que par la violence, violence toujours latente, et souvent ouverte. De ces deux France, il va de soi que la seconde était plus fortement présente que la première.

L'emprunt des idéaux de la révolution permit cependant aux colonisés de se distancier du monde de leurs pères et du monde colonisateur. La participation des troupes coloniales dans la Première guerre, la défaite de la France en 1940, le fait que la majorité des troupes sous commandement français qui participa à la libération de l'Europe venait de l'empire colonial (ces soldats n'étaient pour la plupart toujours pas des citoyens français) affectèrent profondément le rapport des colonisés à la métropole. Les soldats coloniaux participaient à une guerre de libération contre un régime qui avait fait du racisme, de la ségrégation, et d'une politique administrative basée sur l'ethnie, ses principes de gouvernement. Leur participation massive à cette libération de l'Europe, du cœur de l'empire colonial, légitima leur révolte. Les colonisés n'acceptaient plus d'être définis comme le négatif des dominants. Le renversement du monde colonial devenait pensable et paraissait réalisable. Les dominés rejetaient l'ordre colonial et imposaient leur existence politique.

L'idéal d'émancipation

Le discours politique anticolonial s'est accompagné d'un discours psychologique, d'un discours sur la personne du colonisé, sur son accomplissement individuel. À partir du moment où la question de l'émancipation politique s'est confondue, s'est superposée à la question de « l'émancipation psychologique », l'idéal d'une reconquête du moi s'est ajouté à la tâche de reconquérir la terre natale. Cette superposition, qui lie deux types de finalité très différents, a imposé un idéalisation surmoïque de l'émancipation. Les lenteurs de la transformation, les résistances à cet idéal furent interprétées comme des restes d'arriération. Traditions, croyances religieuses, formes culturelles furent accusées. Ce discours a été toutpuissant ; il grisait par ses promesses. Il contenait une part de sacré. Il désignait le « Tiers-Monde » comme la promesse d'un « nouvel humanisme », bâtisseur d'une « nouvelle humanité »[8]. Dans cet espace de discours, des figures étaient dessinées. Il y eut des héros, des événements et des lieux emblématiques de l'émancipation coloniale. Ce discours faisait croire avec passion au mythe de la rupture historique du monde colonisé avec la métropole coloniale.

Aujourd'hui, il s'agit de se pencher sur un discours de subjectivation politique qui a effacé la singularité des combats, a promu la notion d'un agent héroïque qui, par un acte spectaculaire, reconquiert sa terre et son moi. Cette tâche s'accompagne d'une autre, inséparable, qui consiste à rappeler l'importance de l'empire dans la constitution de la société française post-impériale, dans son imaginaire, sa représentation de l'autre, son racisme. Ainsi, s'il y a une comparaison à faire de la politique actuelle envers les « étrangers » avec Vichy, c'est une comparaison avec la politique de Vichy envers les habitants de l'empire qui serait utile. Car si le racisme a un pied dans l'antisémitisme, il a l'autre dans le racisme colonial[9]. Vichy a combattu fermement toute politique d'assimilation aux habitants de l'empire et a refusé à ceux qui vivaient en France, ou à leurs enfants nés en France, toute possibilité de devenir citoyens français.

La tâche est donc double. D'un côté, repenser les fondements du discours d'émancipation. De l'autre, participer à la réflexion sur un passé qui, dans l'ex-métropole coloniale ou dans ses ex-colonies, continue à façonner les représentations, à inscrire ses marques.

NOTES

1. Salman Rushdie, *Imaginary Homelands. Essays and Criticism, 1981-1991.* London : Granta Books, 1991.
2. *Ibid.* p.10.
3. Dans toutes les colonies, les mouvements anticolonialistes ont envisagé l'intégration. Le refus têtu des colons, la complicité ou la faiblesse des gouvernements français avec les intérêts coloniaux ont poussé les anticolonialistes vers la rupture, particulièrement quand ils ont compris que le projet d'Union française (proposée après la guerre) était un leurre. Par contre, dans les Vieilles Colonies – Martinique, Guadeloupe, Guyane, Réunion – les anticolonialistes choisissaient de se battre pour l'intégration qu'ils obtenaient en 1946. Ces colonies devenaient alors départements d'Outre-Mer. Pour moi, étudier ce mouvement d'intégration en le comparant avec d'autres mouvements d'intégration, comme celui des Noirs américains, serait plus fécond que de le comparer aux mouvements indépendantistes qui lui furent contemporains. On peut remarquer que la demande d'intégration a été plus forte dans des pays où il y avait eu l'esclavage.
4. Voir par exemple le très beau livre de Fanny Colonna, *Les Versets de l'invicibilité. Permanence et changements religieux dans l'Algérie contemporaine.* Paris, 1995.
5. Voir : Mona Ozouf, *L'Homme régénéré, Essais sur la Révolution française.* Paris, 1989.
6. Voir à ce sujet : Antoine de Baecque, « La Révolution française : Régénérer la culture ?», in J.-P. Rioux et J.-F. Sirinelli, *Pour une histoire culturelle.* Paris, 1997.
7. Voir pour l'analyse du « complexe du colonisateur » : Octave Mannoni, *Prospéro et Caliban. Psychologie de la colonisation.* Paris, 1984 ; Frantz Fanon. *Peau noire, masques blancs,* 1975. Paris, et *Les Damnés de la terre.* Paris, 1981 ; Albert Memmi, *Portrait du colonisé* précédé du *Portrait du colonisateur,* Paris, 1973. Pour des témoignages, voir entre autres : Guy Porée et Evelyne Maspéro, *Mœurs et coutumes des Khmèrs.* Paris, 1938 ; Léon Werth, *Cochinchine,* Paris, 1997. Tous ces auteurs s'accordent à conclure que les colons sont des personnes souvent très ordinaires, qui, se trouvant dans une situation inattendue de grands privilèges, économiques mais aussi narcissiques, deviennent des médiocres et des racistes. Pour Porée et Maspéro, « Les coloniaux n'auraient pas quitté Viroflay ou leur petit coin de province si la vie coloniale ne leur permettait d'avoir domestiques et auto, et d'être cités dans les 'mondanités' des journaux locaux. » Pour Memmi, le colonisateur « s'efforce de falsifier l'histoire, il fait réécrire les textes, il éteindrait les mémoires. »
8. Fanon, *Les Damnés de la terre. op. cit.*
9. Rappelons qu'antisémitisme et racisme étaient souvent liés dans l'empire. Voir par exemple, la réaction d'antisémitisme violent accompagné d'un racisme anti-arabe tout aussi violent de la communauté européenne contre le projet Blum-Violette en Algérie.

Les auteurs

Georges BENSOUSSAN est historien. Il a notamment publié *Histoire de la Shoah* (PUF, 1996) et *Génocide pour mémoire : des racines du désastre aux questions d'aujourd'hui* (Félin, 1989).

Claude BURGELIN est essayiste. Professeur de littérature à l'Université Lumière Lyon 2, il a notamment publié *Georges Pérec* (Seuil, 1988) et *Les parties de Dominos chez M. Lefèvre* (Circé, 1997).

Florence DUPONT est latiniste et anthropologue, professeur à l'Université de Nancy 2 et chercheur au Centre Louis Gernet. Elle a publié notamment *L'invention de la littérature. De l'ivresse grecque au livre latin* (La Découverte, 1994) et *Les monstres de Sénèque* (Belin, 1995).

Dimitri ESSAKIA est dramaturge en Russie. Ses ouvrages ne sont pas traduits en français.

Ludovic JANVIER est poète et écrivain. Il a notamment publié *Monstre, va* (Gallimard, 1988) et *En mémoire du lit* (Gallimard, 1996).

Leslie KAPLAN est écrivain. Elle est notamment l'auteur de *Depuis maintenant . Miss nobody knows* (POL,1986) et *L'excès-l'usine* (POL, 1987).

Jean-François LAÉ est professeur de sociologie à l'Université de Paris 8. Membre du groupe de recherche et d'analyse du social et des sociabilités (GRASS-CNRS), il a publié notamment *Les récits du malheur* (avec Numa Murard, Descartes et Cie, 1995) et *L'instance de la plainte* (Descartes et Cie, 1996).

Olivier DOUVILLE est maître de conférences en psychopathologie à l'Université de Rennes 2. Il a notamment publié, *Psychiatre au Maghreb : situations d'enfance, destins d'adolescence* (Information psychiatrique, 07/1994) et, *Anthropologie et clinique : recherches et perspectives* (AARCP, PAG).

Jacques HASSOUN est psychiatre et psychanalyste. Essayiste, il a récemment publié : *Caën* (Autrement, 1997) et *L'obscur objet de la haine* (Aubier, 1997).

Jean-Pierre MARTIN est écrivain, essayiste et maître de conférences en littérature à l'Université Lumière Lyon 2. Il a publié notamment *Le piano d'Epictète* (Corti, 1995) et *Contre-Céline* (Corti, 1997).

Geneviève MOUILLAUD-FRAISSE est écrivain, essayiste et maître de conférences en littérature française et écrivain. Elle a publié *Sur la fission du coeur* (Noésis, 1992) et *Les fous cartographes, littérature et appartenance* (L'Harmattan, 1995).

Michel POIZAT est psychosociologue, chercheur de l'unité de recherches "Psychanalyse et pratiques sociales de la santé" (CNRS, Université de Picardie). Il est notamment l'auteur de *L'Opéra ou le cri de l'ange* (essai sur la jouissance de l'amateur d'opéra) (Métailié, 1986) et *La voix sourde : la société en face de la surdité* (Métailié, 1996).

Anne ROCHE est écrivain, essayiste et professeur de littérature à l'Université de Provence. Elle a publié notamment *Les écrivains et le front populaire* (Presses de la Fondation Nationale des Sciences Politiques, 1986) et *Celles qui n'ont pas écrit : récits de femmes de la région marseillaise, 1914-1945* (Edisud, 1995).

Habib TENGOUR est un poète et écrivain algérien. Il a notamment publié *L'épreuve de l'Arc* (Sindbad, 1990) et *Secrète au grand jour* (Po&sie, 1995).

Denis VASSE est psychanalyste et jésuite. Il a notamment publié *L'ombilic et la voix : deux enfants en analyse* (Seuil, 1974) et *Inceste et jalousie* (Seuil, 1995).

Françoise VERGES est politologue. Elle est l'auteur de nombreux articles.

Sommaire des précédents numéros

Numéro spécial 1995

IMAGES DE LA MALADIE **1790-1990** • Jean-Claude Beaune, *Ouverture : Savoir être malade* • Odile Marcel, *Objectivation et souffrance : les images de la maladie dans le mouvement de la civilisation en Europe* • Jean-Philippe Antoine, *Joseph Beuys : montrer ses blessures ou panser ses limites* • David Le Breton, *Le retournement du corps : une anthropologie de la figuration anatomique* • Alain Roger, *L'art et la maladie – Humanisme et survie* • Antoine de Baecque, *D'entre les morts : Les cadavres vivants du jeune cinéma américain* • Larys Frogier, *Résister en corps dans la crise du sida* • Patrice Bourdelais, *Entre combat politique et découvertes médicales : l'iconographie du choléra en France au xixe siècle* • Marie-Christine Vernay, *Les images de la maladie dans la danse contemporaine* • Jean-Jacques Wunenburger, *Défiguration et transfiguration du corps : Les conditions de la représentation visuelle du mal.*

Numéro 4 (mai 1996)

«**TÉMOIGNAGE ET FICTION** » **(II)** • *Expériences sociales du témoignage.* • Martin Winckler, *Témoin à gages* précédé de *Afflictionnaire médical* • Anne Roche, *Passage du témoin* • Jean-François Chiantaretto, *Autobiographie et témoignage : l'écriture de sa cure* • *Risques et limites du témoignage.* • Olivier Chazaud, *Le témoin et son double* • Marie-Claude Schapira, *Jorge Semprun, L'Ecriture ou la Vie (Le témoignage interdit : parler sans dire)* • Claude Mouchard, *Têtes chercheuses*

SEMAINE EUROPÉENNE DU ROMAN • «De l'invention romanesque et démocratique» • Francesco Biamonti, Bernard Simeone, *Des cris, mais sous forme de rêves* • Adam Thorpe, *Sur le mal du pays* • Pavel Huelle, *Ecrire après Beckett* • Gert Jonke, *Pays du roman, roman du pays ou comment j'ai pris possession de mon pays dans le roman* • Hugo Loetscher, *Raconter comment je raconte ou changer la perspective* • Ulrich Woelk, *Peut-il y avoir une littérature européenne ?* • Viktor Pelevine, *Littérature comme pseudo-événement* • Bernardo Atxaga, *Littérature et démocratie* • Lidia Jorge, *Roman et altérité.*

Numéro 5 (novembre 1996)

RÉCITS D'ESPACE • Georges-Arthur Goldschmidt, *Les surprises de l'espace* • Henri Gaudin, *Embrasure* • Jean-Christophe Bailly, *La pierre que la Russie a jetée en moi* • Claude Burgelin, *L'autobiographie : une conquête spatiale* • Jacques Rancière, *Espaces politiques, espaces fictionnels* • Predrag Matvejevitch, *Espaces adriatiques* • Jacques Réda, *Des rencontres mémorables...*

COLLOQUE PASOLINI : A PROPOS DE *PÉTROLE* • Hervé Joubert-Laucencin, *Cuisine de sorcières :* Pétrole *et cinéma* • Catherine Lépront, *Récit en création – achevé et inachevé. Récits de la création* • Jacqueline Risset, *Proust, Dante et* Pétrole • Jean-Marc Baillieu, Pétrole : *titre, motif, matière* • René de Ceccatty, *Le sexe comme métaphore* • Bernard Chouvier, *De Borges à Pessin.*

Numéro spécial 1996

« **LIEUX OU ESPACES DE MÉMOIRE** » • Mary Carruthers, *« Locus Tabernaculi », Mémoire et lieu dans la méditation monastique* • Jean-Philippe Antoine, *Invention spacieuse et scène de la parole : les fresques monumentales en Italie au tournant des Duecento et Trecento* • Christian Jacob, *Lieux de la carte, espace du savoir* • Pierre Fédida, *Écriture de la mémoire et lieux de la parole dans la psychanalyse* • Israel Rosenfield, *L'étrange, le familier et l'oublié : mémoire, langage et « image du corps »*

BULLETIN D'ABONNEMENT

Je désire souscrire un abonnement d'un an aux Cahiers de la Villa Gillet (soit deux numéros semestriels + un numéro spécial), à partir du numéro ....
Prix de l'abonnement 1996 – FRANCO DE PORT:
France 300 F
Etranger 360 F
(Prix de vente au numéro : 100 F en 1996 – 110 F en 1998 + frais de port)

Les adhérents de l'Association des Amis de la Villa Gillet peuvent bénéficier d'un tarif réduit sur les abonnements (indiquer le numéro de carte d'adhérent) :
France 250 F
Etranger 310 F

VENTES AU NUMÉRO

N° 1	Novembre 1994	80 F	La lecture. Semaine européenne de poésie
N° 2	Avril 1995	100 F	Le témoignage (1). Hamlet. La reprise au théâtre. Autour de *Dédale*
N° spéc.	Octobre 1995	100 F	Images de la maladie : 1790-1990
N° 3	Novembre 1995	100 F	Le témoignage (2). Autour des *Dits et Écrits* de Foucault. Témoignage et fiction (1)
N° 4	Mai 1996	100 F	Témoignage et fiction (2) – Semaine européenne du roman
N° 5	Novembre 1996	100 F	Récits d'espace • Au sujet de *Pétrole* de Pasolini
N° spéc.	1996	100 F	Colloque «Lieux ou espace de la mémoire ?»

Je désire commander
.... exemplaire(s) du N° 1 soit ....F
..............exemplaire(s) du N° 2 soit ....F
..............exemplaire(s) du N° 3 soit ....F
..............exemplaire(s) du N° 4 soit ....F
..............exemplaire(s) du N° 5 soit ....F
..............exemplaire(s) du N° spécial 1995 soit ....F
..............exemplaire(s) du N° spécial 1996 soit ....F

frais de port : 22 F pour un numéro + 10 F par numéro supplémentaire
(envois par avion : nous consulter)
soit ....F
TOTAL DE LA COMMANDE : ....F

Mon règlement est fait, **à l'ordre de la VILLA GILLET** par chèque bancaire ou postal.

NOM et Prénom : ....
Adresse ....
Code postal ....Ville..

Date et signature :

Achevé d'imprimer
sur les presses de
l'Imprimerie France Quercy
113, rue André Breton
46001 CAHORS
d'après montages et gravure
numériques
(Computer To Plate)
Dépôt légal : mars 1998
Numéro d'impression : 80324